김덕수 교수의
경제IQ 높이기

김덕수 지음

한국경제신문

Copyright ⓒ 2003, 김덕수

이 책은 한국경제신문 한경BP가 발행한 것으로
본사의 허락없이 이 책의 일부 혹은
전체를 복사하거나 전재하는 행위를 금합니다.

■ 머리말

　월드컵을 개최한 2002년은 우리 국민들에게 영원히 잊을 수 없는 뜻 깊은 한 해로 기억될 것 같다. 축구라는 스포츠를 통해 활화산과 같은 한민족의 저력을 발견할 수 있었고, 이제 우리도 모든 분야에서 세계를 선도할 수 있다는 자신감을 갖게 되었기 때문이다. 세계의 변방에 머물렀던 한국 축구는 거스 히딩크(Guus Hiddink)라는 이방인 감독의 탁월한 리더십에 힘입어 세계 4강신화를 창조했다. 하물며 경제규모(명목 국내총생산 기준) 면에서 세계 10위권을 맴돌고 있는 한국경제가 세계경제 4강 대열에 합류하지 말라는 법이 없다. 만약 2002년 여름을 뜨겁게 달구었던 국민들의 역동적인 에너지와 우리 사회를 이끄는 지도자의 새로운 리더십이 상승작용을 일으킨다면, 우리도 세계경제 질서를 주름잡을 수 있는 '팍스 코리아나'의 찬란한 시대를 열어갈 것으로 확신한다.
　필자는 개인적으로 위기(危機)라는 한자어를 매우 좋아한다. 그 이유는 위기가 위험과 기회를 동시에 내포하고 있기 때문이다. 위험이 닥쳤을 때, 그를 극복하지 못하고 쉽게 포기하는 사람에게는 그 어떠한 기회도 돌아오지 않는다. 그러나 위험은 그 요인을 정확하게 분석하고, 합리적 대응방안을 준비하는 사람들에게는 절호의 기회를 제공해준다. 이제 중요한 것은 위험을 기회로 전환시키려는 우리들의 긍정적인 마음가짐이다. 이는 마치 푸른 들녘의 아침 이슬을 젖소가 먹으면 국민 건강에 도움을 주는 우유가 되지만, 독사가 먹으면 사람에게 치명적인 독이 되는 것과도 같다.

인류 역사에 길이 남을 위인이나 그들의 위대한 업적은, 결코 평온하거나 안락한 상황에서 만들어지지 않았다. 그들의 숭고한 인간 승리는 온갖 역경과 시련에 굴하지 않고, 지칠 줄 모르는 용기와 도전정신으로 위험한 순간을 정면 돌파했기 때문에 가능했다. 한국경제도 예외가 아니다. 한국경제가 세계경제 4강의 대업을 완수하기 위해서는, 순간 순간의 위험을 모면하려고만 할 것이 아니라 능동적인 자세로 위험을 즐기면서, 기발한 발상과 톡톡 튀는 아이디어로 새로운 기회를 창조해나가는 지혜를 발휘해야 한다.

필자는 한국경제가 세계경제 4강에 진입하기 위해서 풀어야 할 숙명적인 과제를 크게 4가지로 설정해보았다. 우선 히딩크를 능가할 수 있는 정치 리더가 등장해서 통합과 화합의 정치를 통해 우리 국민들의 역동적인 에너지를 하나로 결집시킬 수 있는 뛰어난 리더십을 발휘해야 한다. 또 어설픈 지시와 알맹이도 없는 종합대책회의로 국정 운영의 난맥상을 초래했던 전근대적인 의사결정 과정은 이제 용도 폐기시켜야 한다. 그 대신, 효율과 합리성을 중시하는 시스템적 사고가 국정 운영, 기업 경영, 가계 경영을 주도해나가야만 우리에게 희망이 있다.

아울러 세계화된 개방사회에서 우리 스스로를 옭아매고 있는 편협한 '우리이즘'과 '대충주의'도 하루 빨리 청산해야 한다. 그래야 21세기의 미래 비전을 찾을 수 있다. 국민들의 자발적인 나라사랑과 국민대통합도 미래에 대한 확신과 비전을 공유할 때에만 가능하다는 사실을,

우리는 2002년 여름의 거리 응원전을 통해 확실하게 경험하지 않았던가! 주문자상표부착생산방식(OEM) 기술에 길들여진 '손끝기술'과 낙후된 기술혁신 시스템도 창의력에 기초한 두뇌기술과 새로운 수(受)·파(破)·창(創) 프로세스로 대체시켜야 기술 강대국으로 발돋움할 수 있다. 세계의 경제 강대국들 가운데 기술경쟁력을 갖추지 않은 나라가 있는지, 냉철하게 찾아보라. 아마 찾기가 그리 쉽지 않을 것이다.

이 책에서는 귀납적인 접근방식을 통해 한국경제의 문제점을 진단해보고, 그를 토대로 세계경제 4강 진입을 위한 추진전략을 제시했다. 이 책은 총 4부로 구성되어 있으며, 각 부마다 9개의 작은 주제들을 다루고 있다. 그리고 각 부의 말미에는 그 주제들을 종합적으로 아우를 수 있는 소결론을 덧붙였다. 필자는 한국경제의 비상(飛上)을 가로막는 4가지 요인들을 하나의 역풍으로 간주했다. 그리고 이들 역풍을 제대로 연구하고 분석함으로써 한국경제가 새롭게 도약할 수 있는 에너지로 전환시킬 수 있다면, 그 역풍은 오히려 '우리의 희망'이라는 연을 높이 날릴 수 있는 소중한 바람이 될 수도 있다는 생각을 하게 되었다. 부디 한국경제가 높이 솟아오르는 연처럼 세계를 향해 도약했으면 하는 바람이다.

이 책에서 다룬 내용은 대부분 필자가 최근 몇 년 동안 전국의 여러 곳에서 강연했던 주제들이다. 정부기관에서부터 공기업·대기업·중소기업·교육연수원·공무원연수원·농업진흥청·농업기술센터·소비자단체·주부대학 및 여성단체, 공주대 경영대학원과 교육대학원, 충남 지역의 민방위 교육에 이르기까지 필자의 부족한 강의를 진지하게 경청해주셨던 수많은 분들이 있었기에 이 책의 출간이 가능했다. 이 자리를 빌어 그 모든 분께 깊은 감사를 드린다.

또 이 책은 기존의 강연노트를 바탕으로, 2002년 여름방학 때부터 본격적으로 쓰기 시작했다. 주로 새벽시간을 이용해서 원고를 썼는데,

어느 때는 논리의 전개가 얽히고 설키는 바람에 단 한 줄의 글도 쓰지 못하고 고민만 하기도 했다. 필자는 그럴 때마다 낚싯대를 둘러메고 공주시 정안면에 있는 '능애 낚시터(TV 드라마 '태조 왕건'에서 견훤의 이복동생인 능애 장군으로 열연했던 탤런트 전병옥씨가 운영하는 유료 낚시터)'에 가서 철야 민물낚시를 즐겼다. 신기했던 것은 잠 한숨 자지 않고 낚시를 했는데도 피곤한 줄 몰랐으며, 낚시를 하고 오면 한동안 글이 잘 씌어졌다는 사실이다. 그런 의미에서 필자에게 고급 수준의 민물낚시 요령을 상세하게 가르쳐주고, 낚시를 갈 적마다 동행해주셨던 김학수·이일주·변우열·황호형·서광수 교수님이 이 책 출간의 산파역할을 맡아주신 셈이다.

또 독자들이 심적인 여유를 갖고 편안하게 책을 읽을 수 있도록 36컷의 만화를 재미있게 그려준 시사만화가 유판식 화백과 성가신 편집 작업을 묵묵히 도와준 공주대학교 기획연구처의 정재희 선생에게도 마음의 빚이 그대로 남아 있다. 끝으로 부족한 필자의 논리에 예리한 통찰력을 보태주고, 냉철한 비판까지 아끼지 않았던 학문적 동지이자 사랑하는 두 아들(동녘, 기찬)의 엄마인 김인옥 박사와, 볼품없는 원고를 이렇게 훌륭한 책으로 만들어준 한경BP의 가족들께도 고마운 마음을 꼭 전해야 할 것 같다.

2003년 9월
계룡산 자락에 위치한 갑사(甲寺)의 대웅전 앞에서
김 덕 수

CONTENTS 차례

머리말 3

1. 리더십 부재와 반복되는 국가적 위기

1. 국가적 시련이 반복되는 진짜 이유 13
2. "뭉치면 살고, 흩어지면 죽는다"고? 21
3. 소설 《춘향전》과 한국식 개혁의 좌절 28
4. 히딩크가 보여준 디지털 리더의 7가지 절대 덕목 35
5. 실력 없는 나라의 불가피한 고통 43
6. 지식사회의 우물에서 철지난 숭늉을 찾는 사람들 49
7. 국가 재산마저 내팽개치고 있는 헛똑똑이들! 55
8. 붕어와 한국정부의 공통점 61
9. 신림동 고시촌에서 한미 양국의 국력 차이를 읽다! 69

소결론 : 세계경제 4강 진입을 위한 한국적 리더십의 제안 76

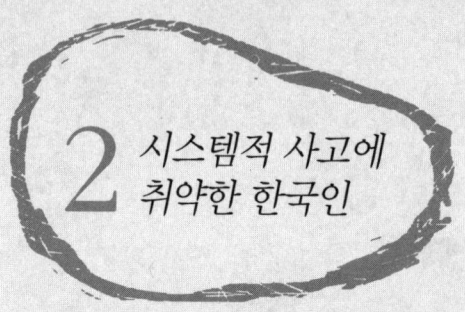
2 시스템적 사고에 취약한 한국인

1. 가짜 휘발유의 유통을 근절시킬 수 있는 비법 83
2. 객기(客氣)와 허풍(虛風) 89
3. 사무라이 경제가 카우보이 경제에게 깨진 이유 95
4. 왜 붕어빵 속에는 붕어가 없을까? 103
5. 국법을 희롱하는 한국, 한국인 108
6. "목격자를 찾습니다"라는 플래카드가 난무하는 사회 115
7. 효과와 효율의 본질적인 차이 121
8. '종합'이라는 망령에 홀린 사람들 127
9. 시장경제 시스템의 부재와 IMF 금융위기 134

소결론 : 시스템적 사고! 어떻게 구축할 것인가? *143*

3 '우리이즘'과 '대충주의'가 판쳤던 나라

1. 집 가(家), 그리고 질서의식과 서비스 정신의 실종 151
2. 007 제임스 본드와 박찬호 선수 159
3. 18K 반지가 24K 반지보다 더 단단한 이유 167
4. 폼생폼사의 어글리 코리언 173
5. 교수들에게 장관직을 맡겨서는 안 되는 이유 180
6. 숫자 개념에 약한 한국인 188
7. 겁 없는 일본 화폐, 눈치보는 한국 화폐 198
8. 철새와 돼지를 위한 변명 205
9. 엉터리 투성이의 동상(銅像) 천국, 그 이름은 대한민국! 213

소결론 : '우리이즘'과 '대충주의'의 극복방안 *222*

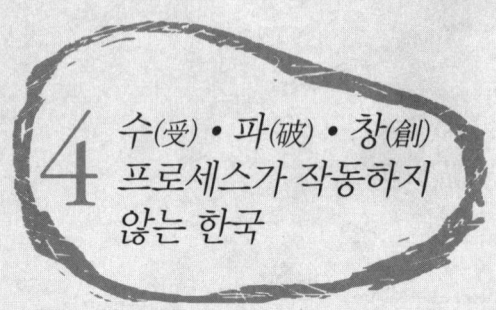

4. 수(受)·파(破)·창(創) 프로세스가 작동하지 않는 한국

1. 세계 초일류기업이 되기 위한 전제조건 229
2. 화투의 비밀 코드도 모르면서 고스톱에 목숨을 거는 사람들! 237
3. 조선 도공(陶工) 이삼평 선생의 기념비 앞에서 247
4. 업(業)을 알면 살고, 업(業)을 모르면 죽는다! 254
5. 빌 게이츠의 성공과 이찬진 사장의 좌절 262
6. '태산의 오수(泰山の午睡)'와 팍스 저패니카 270
7. 조선 명의(名醫) 허준이 정말로 위대한 이유 278
8. 《주자가례》와 사색당파 286
9. 상도(商道)를 모르면 거상(巨商)이 될 수 없다! 292

소결론 : 수·파·창 프로세스의 작동을 위한 전제조건! *300*

참고문헌 305

제1부
리더십 부재와 반복되는 국가적 위기

도무지 이해할 수 없는 한국의 중앙정보부장

국가적 시련이 반복되는 진짜 이유

역사에서 실패의 교훈을 찾는

정치 리더가 없는 한, 이 땅에 희망은 없다!

지난 오천 년의 유구한 역사 속에서 우리 민족이 걸어온 행로는, 한 마디로 이민족들의 침략과 그에 맞선 응전의 수난사라고 해도 과언이 아니다. 한반도 주변에 포진했던 이웃나라들은, 우리의 국력이 어떠하냐에 따라 이웃사촌으로 친하게 지내기도 했고, 때로는 가해자가 되기도 했다. 특히 그들이 가해자였을 때, 우리 민족은 피해자로서 엄청난 시련과 고통을 겪어야만 했다.

⫸⫸ 우리 민족이 착했기 때문에, 숱한 외침을 당한 것은 아니다!

어떤 사람은 우리 민족이 경험했던 시련의 원인을, 맹자의 성선설(性善說)에 바탕한 한민족 특유의 '선(善)'에서 찾을지 모른다. 그러나 필자는 그와 같은 주장에 힘을 보태고 싶지 않다. 왜냐하면 우리의 전통에는 '선' 하나만으로 묶을 수 없는 역사적 사실이 존재하기 때문이다. 신라의 장보고나 고구려의 광개토 대왕처럼 해상을 정복하거나 중국의 광활한 대륙을 장악했던 인물의 존재가 그 대표적인 예다.

해상무역의 주도권과 중국의 대평원을 빼앗긴 사람들이 자신을 굴복시킨 장보고와 광개토 대왕을 과연 착한 사람이라고 평가해줄까? 어림도 없는 일이다. 우리 역사에서 장보고와 광개토 대왕의 호연지기(浩然之氣)가 빛을 발하는 한, 우리가 경험했던 시련을 한민족 특유의 '선'에서 찾으려는 시도는 어설픈 역사 읽기에 불과할 뿐이다.

그와 같은 의미에서 우리는 한민족이 이웃나라들로부터 큰 고통과 시련을 당할 수밖에 없었던 원인을 다른 측면에서 냉정하게 찾아볼 필요가 있다. 어쩌다 실수로 겪은 국가적 시련이라면 대수롭지 않게 넘어갈 수 있다. 그러나 국가의 존립 자체가 위협받는 상황이 반복되고 있다는 것은, 무언가 국정 운영의 시스템상에 근본적인 문제가 있다는 점을 시사해준다. 여기에서는 임진왜란 · 한일합방 · IMF 금융위기 등을 중심으로 '국가적 시련이 반복되는 진짜 이유'에 대해 좀더 구체적으로 살펴보고자 한다.

〉〉〉〉 선조의 판단력 부족과 함량 미달의 리더십

1592년에 발발해서 한반도를 피로 물들였던 임진왜란을 살펴보자. 당시 집권자였던 선조는 1590년에 황윤길과 김성일을 각각 조선통신사의 정사(正使)와 부사(副使)로 임명해서 일본에 파견한다. 그들의 주된 임무는 일본의 내정과 문물을 두루 살피고 귀국하는 것이었다. 그런데 일본에 다녀온 황윤길과 김성일의 견해는 서로 판이하게 달랐다.

서인(西人)이었던 황윤길은 도요토미 히데요시(豊臣秀吉)의 조선 침략 가능성을 예견하고, 재빨리 전쟁에 대비해야 함을 선조에게 주청했다. 즉 병화(兵禍)를 예견한 황윤길의 일본관(日本觀)은 '일본은 있다' 였던 것이다. 그러나 동인(東人)이었던 김성일은 '일본은 없다' 라는 일본관에 입각해서 도요토미 히데요시의 능력을 얕잡아보았다. 따라서 그는 일본의 침략 우려는 한낱 기우에 지나지 않는다는 정세보고를 했다.

두 사람이 제시한 대일(對日) 정보의 진위는 2년이 채 지나지 않아서 판가름났다. 그러나 서로 다른 정보를 수렴하는 과정에서 시종일관 낙관론을 견지했던 선조의 '일본 읽기'는 그야말로 형편없는 것이었다. 결국 그의 어설픈 선택은, 무려 7년 동안 전체 국토를 초토화시키며 자행된 살육으로 이어졌다. 이제 분노를 느끼며 되돌아보는 임진왜란은, 오늘을 사는 우리들에게 정치 리더의 현명한 리더십이 얼마나 중요한 것인지에 대해 뼈저린 교훈을 던져주고 있다.

》》》 대원군의 오만과 엄청난 착각

1910년 한일합방 이래로 34년 11개월 동안 지속된 일본 제국주의(이하 일제)의 식민통치 또한 우리나라 정치 리더들의 무능과 결코 무관하지 않다. 구한말 국권상실의 표면적 원인은 일제의 야욕에 있었다. 하지만 근본적으로는 일제가 우리를 손쉽게 집어삼킬 수 있도록 국력을 약화시킨 대원군의 쇄국정책이 문제였다.

일본의 사무라이들은 1853년 매튜 페리(Matthew Perry) 제독이 이끄는 흑선(黑船)과 영국 군함의 함포 위력에 놀란 나머지 토막존왕(討幕尊王)·탈아입구(脫亞入歐)·화혼양재(和魂洋才)의 기치를 내걸고 메이지(明治)유신을 단행했다. 메이지유신은 긴 칼을 갖고서는 도저히 대포와 싸워 이길 수 없다는 사무라이들의 절박한 현실 인식에서 비롯되었으며, 이는 일본의 산업화와 부국강병의 강력한 촉매제 역할을 했다.

이처럼 시대변화에 능동적으로 대응하고 있는 일본을 옆에 두고도, 대원군은 그것을 직시하지 못했다. 그는 오히려 제너럴 셔먼호 사건(1866년)·병인양요(1866년)·신미양요(1871년) 등에서 거둔 작은 승리감

힘없는 나라의 댄서가 겪는 고통

에 도취한 나머지 전국적으로 척화비를 세우는 일에만 매달렸다. 그리고 선진 문물의 국내 유입을 배격하는 쇄국정책을 한층 강화시켰다.

게다가 만리장성과 자금성의 규모에 놀란 대원군은 청나라가 세계 최강의 국가라고 믿은 반면, 조선 군대에게 세 번씩이나 패한 서구열강의 힘을 과소평가하는 실수를 저질렀다. 만일 조선도 일본이 당했던 것처럼 미국과 영국 함대의 막강한 함포 위력을 경험했다면, 그들의 힘을 제대로 파악하고 발빠른 개국을 단행하지 않았을까 하는 아쉬움이 밀려온다. 그러나 세상 물정에 어둡고 고집만 셌던 대원군을 정치 리더로 옹립시킨 우리 민족에게는 안타깝게도 그런 기회가 돌아오지 않았다.

조선 정부와 대원군이 무섭게 변화하는 일본의 실체를 정확히 알아차린 것은, 청·일 전쟁에서 청나라가 크게 패배하고 난 이후부터다. 청나라의 맥없는 침몰은 대원군에게 매우 큰 충격을 안겨주었다. 그 후 조선 정부는 유행가 '댄서의 순정'에 등장하는 비운의 댄서처럼 이름도, 성도 모르는 뭇 남성들의 품에 안겨 순정을 팔아야 하는 비참한 처지로 전락하고 말았다. 1882년에 맺은 한·미 수호통상조약을 시작으로, 서구 열강들과 철지난 통상조약을 잇따라 체결하면서 보여준 조선 정부의 나약한 모습에서 그것을 읽을 수 있다.

한편, 그 시기의 일본은 메이지유신을 성공적으로 마무리하고, 서구 열강들로부터 배운 식민지정책을 주변 국가들에게 시험할 수 있는 기회를 호시탐탐 엿보고 있었다. 결국 조선은 세계 질서의 변화를 냉철하게 인식하고, 그에 탄력적으로 대처할 수 있는 뛰어난 정치 리더를 갖지 못함으로써 일제의 식민지로 전락하는 비운을 맞았으니, 이 어찌 통탄스럽지 아니한가!

〉〉〉〉 김영삼의 '유교적 도덕주의'와 한국경제의 몰락

우리 민족에게 있어 대원군이 저지른 과오는 한번으로 끝나지 않고 김영삼 전 대통령(이하 YS)에 의해 재현되었다. 한동안 잘 나가는 것 같았던 한국경제가 어느 날 갑자기 IMF에 의해 무장해제를 당했다. IMF 금융위기가 들이닥친 것이다. 금융위기를 전혀 예측하지 못했던 국내 경제학자들은 IMF의 한국 상륙이 시작되자마자 저마다 입을 열며 '우리나라 금융위기의 원인과 대응방안'에 대해 떠들어댔다.

그와 같은 경제학자들이 장황하게 떠벌렸던 온갖 해명과 진단이 과연 타당한 것이었는지는 여전히 의문이다. 필자는 개인적으로 선배나 동료 경제학자들의 주장을 그다지 신뢰하지 않는다. 왜냐하면 국가가 직면한 경제문제는 시스템적 사고를 통해 접근해야만 해결이 가능한데, 그들이 강변하는 주장들은 대부분 복잡하게 얽히고 설킨 경제문제의 해결과는 너무나도 동떨어진 패설(悖說) 수준에 불과하기 때문이다.

오히려 필자는 '문화'라는 거시적 거울을 통해 한국경제의 위기를 새롭게 조명해보고자 하는 문화인류학자들의 견해에 귀를 기울이고 싶다. 《문화에 발목잡힌 한국경제》의 저자인 김은희 박사의 주장은 평소 필자의 생각과 일치하는 것이라서 반갑기 그지없다. 그는 법치를 강조하는 세계화의 도도한 물결을 '유교적 도덕주의'라는 구시대적 논리로 거부했던 YS의 무지와 무능이 IMF 금융위기를 불러온 최대요인이라고 지적했다.

　실제로 YS는 대통령에 취임하면서 자신의 정부만이 상하이(上海)임시정부의 법통을 이어받은 진정한 문민정부라고 역설했다. 또한 '역사 바로 세우기'란 도덕적 명분을 내세워, 과거 총칼로 정권을 찬탈했던 전두환·노태우 전 대통령과 그 하수인들을 반민주적인 부정부패의 척결 대상으로 지목해 감옥에 보냈다.

　이와 같은 이벤트식 개혁을 통해 국민들의 폭발적인 지지를 얻는 데 성공한 YS는 자신의 능력을 과신한 나머지, 국가가 함부로 간섭하지 말아야 할 사적(私的) 영역까지 멋대로 개입하는 실수를 저지르고 말았다. 청와대의 '골프 금지령'이 그 대표적인 예다. 골프 금지령은 우리나라의 민주화 운동을 이끌었던 YS식 민주주의가 서구 민주주의의 관점에서 바라볼 때 얼마나 반민주적인가를 단적으로 입증해준 사건이다. 자본주의 사회에서 골프를 칠 것인지, 말 것인지는 전적으로 사적인 취미의 문제다. 골프를 즐길 만한 경제적 여유가 있고, 남에게 피해를 주지 않는 한, 골프를 자유롭게 즐길 수 있는 사회가 바로 자본주의 사회다.

　어떤 사람은 골프를 즐기기 위해 다른 사람들보다 더욱 창의적으로 일함으로써 많은 부(富)를 축적하려고 할 것이다. 그런데 YS는 조선 시대의 사치 금지령에 해당되는 골프 금지령을 내림으로써 국민들이 열심히 일할 수 있는 동기와 유인을 빼앗아버렸다. 검증되지도 않은 도덕성의 기치를 높이 내건 YS가 자본주의 경제체제에서 기본적으로 보장돼야 할 부의 축적을 부정적인 시각으로 바라본 것은, 비단 이뿐만이 아니었다.

　대통령 선거과정에서 자신의 정적(政敵)이었던 고(故) 정주영 현대그룹 명예회장(전 통일국민당 대표)을 의식한 YS는, 취임 초에 가진 기자회견에서 "지금부터는 가진 자가 고통받는 시대를 만들겠다"고 으름장을 놓았다. "부자가 권력까지 소유하면 나라가 망한다"는 YS 특유의 독선과 아집은, 상공업자들이 중앙무대의 정치권력으로 진출하는 것을 원천 봉쇄했던 조선시대의 사농공상관(士農工商觀)과 일치한다.

》》》》 YS는 박정희를 탓할 자격이 없다!

　그는 또 압축성장과정에서 대두된 우리 사회의 여러 병폐와 모순을 '한국병'으로 규정짓고, 그에 대한 모든 책임을 군사독재정권과 재벌들에게 뒤집어씌웠다. 그런 다음, '자랑스런 신한국의 건설'이라는 미명 하에 대대적인 사정조치를 단행했다. 그러나 YS의 개혁은 사회 각 부문에 걸쳐 공정한 경쟁을 촉진하는 시장경제 시스템의 정비로 이어지지 못하고, 여론의 집중 표적이 된 몇몇 정적과 피라미급 인사를 감옥에 보내는 수준에 그치고 말았다.

　또한 치솟는 인기와 도덕성(?)으로 무장한 YS가 부도덕한 재벌들에 대해 가질 수 있었던 권위와 명분이 하늘을 찌르면서 민간기업에 대한 정부의 간섭과 규제는 한층 강화되었고, 그 와중에서 정경유착의 강도는 날로 심화돼갔다. 이는 YS 정권에 밉보였다가는 살생부에 등재되어 가차없는 퇴출을 강요받게 될지도 모른다는 기업들의 위기의식이 팽배해 있었기 때문이다. 결국 YS의 경제정책은 부의 축적을 부정적으로 바라보는 '유교적 도덕주의'와 그에 따른 반재벌 내지 반기업적인 형태로 추진되었으며, 그 결과는 한국경제에 대한 대외신인도 붕괴로 이어졌다.

취객처럼 비틀거리는 YS 정권의 부실한 경제정책은 경제활동 전반에 불안과 불확실성을 가중시켰고, 이들이 서로 상승작용을 일으키면서 국가적 위기는 확대되고 있었다. 이는 곧 외국 자본의 국내 이탈과 환율상승을 불러왔고, 급기야 사태의 심각성을 깨달은 YS는 자신의 아들뻘 되는 미국 빌 클린턴(Bill Clinton) 대통령의 호된 질책을 들으면서 IMF의 국내 상륙을 허락하고 말았다. 이것이야말로 '삼전도(三田渡) 치욕의 20세기 버전'이 아니고 또 무엇이겠는가. 이와 같은 의미에서 반기업적인 정책으로 국가경제를 거덜낸 YS는, 1960~70년대의 난제였던 보릿고개 문제를 쾌도난마(快刀亂麻)의 자세로 해결한 박정희를 비판할 자격이 조금도 없다.

지금은 세계 여러 나라들이 하나의 거대한 네트워크 체제로 촘촘하게 묶여 있는 열린 세상이다. 거미줄처럼 연결된 네트워크 체제 속에서 우리나라가 주도적인 역할을 하려면 무엇보다도 정치 리더들이 전략적 사고와 변화 마인드를 통해 국민들의 자발적인 자기혁신을 유도해낼 수 있어야 한다.

이제 인치(人治)나 행치(行治)가 설 땅은 그 어디에도 없다. 글로벌 스탠더드는 법과 제도의 철저한 준수, 완전한 시장개방과 공정한 경쟁을 강력하게 주문하고 있다. 만일 어느 정치 리더가 이와 같은 글로벌 스탠더드를 외면하고 YS처럼 빛바랜 '유교적 도덕주의'를 고수하는 한, 그 나라는 네트워크체제 내에서 왕따를 각오해야 한다. 또한 왕따를 당한 나라는 독방에서 비극적인 최후를 맞이할 수밖에 없다. 그런데도 앞으로 우리의 정치 리더를 학연·혈연·지연·종교연만으로 다시 뽑아줄 셈인가!

"뭉치면 살고, 흩어지면 죽는다"고?

뭉치면 죽는 세상인데도,

한국에서는 아직도 '뭉치자'는 주장이 힘을 얻고 있다!

8·15 해방 직후인 1945년 10월의 어느 날, 여의도 비행장에 내린 이승만은 특유의 떨리는 목소리로 "뭉치면 살고 흩어지면 죽습네다"로 시작되는 도착성명을 발표했다. 그 후 지난 50여 년 동안 '이승만식 단결론'은 우리 민족의 생존 이데올로기로서 국민들의 마음 속에 각인되어왔다.

지금까지 여러 정치적 상황에 따라 정권유지나 연장을 위한 구호들이 난무했지만, "뭉치면 살고 흩어지면 죽는다"라는 말처럼 엄청난 계략이 숨겨져 있는 것도 찾아보기 힘들다. 특히 개인의 개성이 철저하게 무시되고 오로지 조직 구성원으로서의 톱니바퀴 역할만을 강조하는 이 표현은, 우리나라 국민들의 집단이기주의를 부추기는 최면논리로 작용하고 있다.

시대착오적인 주장이 약발을 받는 이상한 한국사회

〉〉〉〉 지나치게 똘똘 뭉쳐서 순식간에 망한 나라

그 동안 "뭉치면 살고 흩어지면 죽는다"는 정신으로 일치단결해서 우리가 얻은 것은 과연 무엇인가? 정치권과 재벌이 정경유착을 통해 뭉친 결과, 국가경제는 도탄에 빠졌다. 또 법조계가 전관예우·전별금·떡값 등으로 똘똘 뭉치다 보니 이제는 신성한 국법마저 희롱의 대상으로 전락하고 말았다.

1997년도 말, 국내 언론들도 환란(換亂)위기의 조짐을 모른 척하자고 뜻을 모았고, 공직자들 또한 도원결의를 통해 온갖 부정과 비리를 일삼았다. 서울대 총장을 포함한 일부 부유층 사람들은 신통치 않은 자기 자식들의 명문대 진학을 위해 고액과외로 뭉쳤다. 그들이 누구였는가. 날마다 우리 국민들에게 "나라가 어려울 때일수록 서로 뭉쳐야 한다"

고 호소했던 분들이 아닌가!

앞으로 우리나라가 진정한 선진 시민국가로 발돋움하기 위해서는 더 이상 뭉칠 것을 강요하지 말아야 한다. 또 우리는 근본적으로 뭉치는 것보다 흩어지는 것을 좋아하는 민족이다. 앞으로 해외여행을 할 기회가 있으면 한국인 관광객과 일본인 관광객의 행태를 직접 눈으로 확인해보기 바란다.

일본인 관광객들은 모이 주는 사람을 쫓아다니는 병아리떼처럼, 깃발을 든 관광가이드의 뒤를 졸졸 쫓아다니면서 관광을 한다. 그러나 한국인 관광객들은 그렇게 행동하지 않는다. 관광가이드가 제아무리 큰 소리로 떠들어도 자신에게 흥미가 없으면, 들은 척도 하지 않고 마음이 맞는 사람들끼리 짝을 지어 흩어진 다음, 여기저기를 기웃거리며 관광을 한다. 그래서 관광가이드가 고안해낸 것이 "몇 분 후에 다시 이 자리에 모여주세요"라는 간곡한 부탁의 말이다.

이뿐만이 아니다. 예비군 교육장이나 민방위 교육장에 한번 가보라. 예비군 교관이나 민방위 강사가 교육을 위해 "집합해주세요"라고 말하면, 마치 뭐 씹은 얼굴을 하다가도 "해산!" 또는 "10분 간 휴식" 하면 "와!" 하고 좋아하는 게 우리나라 사람들이다. 그런데도 "뭉치자"고? "뭉쳐서 일 한번 해보자"고?

이제는 흩어져야 성공한다

실제로 흩어지는 정책을 펴서 성공을 거둔 사례는, 가까운 우리 역사에서 얼마든지 찾아볼 수 있다. 조선시대 귀양제도를 한번 살펴보자. 만약 조선조의 임금들이 한양 땅에다 대규모의 집단교도소를 짓고, 그곳에다 자신의 정치노선에 반대하는 정적이나 신하들을 모조리 하옥시켰다고 가정해보자.

옥에 갇힌 정적이나 신하들은 하루에 한 차례씩 주어지는 운동시간 때, 교도소 담벼락에 옹기종기 모여 앉아 임금을 한없이 원망했을 것이다. "내가 저(임금)한테 잘못한 게 뭐 있어? 나는 할 만큼 했어. 그런데도 나를 감옥에다 가두다니. 어디 두고 보자. 내가 이렇게 가만히 앉아서 당하기만 할 것 같은가?" 그러고는 군부에다 온갖 연줄을 총동원시켜 임금을 죽이거나 정권을 전복시키기 위한 반정(反正)만을 도모하는 바람에, 정국은 혁명과 반혁명의 참화로 얼룩졌을 것이다.

그러나 조선조 임금들은 선견지명이 있어서 그랬는지는 모르지만, 정적이나 신하들의 유배지를 한 곳으로 집중시키지 않고 전국 방방곡곡으로 분산시켰다. 외딴 섬이나 낯선 땅에 홀로 안치된 정적이나 신하에게는 주변에 뭉칠 만한 대상이 없었다. 귀양을 온 사람이 선택할 수 있는 것은 오로지 둘 중 하나였다. 정치적 재기를 위해 철저히 근신하며 임금에게 변함없는 충성을 맹세하든지, 아니면 권력을 포기하고 초야에 묻혀 민초들과 함께 하는 욕심 없는 삶을 살든지.

역사에 대해 비전문가인 필자의 눈에는 분산에 기초한 귀양 정책이 우리나라의 가사문학(歌辭文學), 실학사상(實學思想), 서원(書院)제도 등을 탄생시킨 핵심요인으로 보여진다. 우리나라 가사문학의 대표적 거두라고 말할 수 있는 송강 정철은 귀양살이를 하는 동안, 〈관동별곡(關東別曲)〉, 〈사미인곡(思美人曲)〉, 〈속미인곡(續美人曲)〉, 〈성산별곡(星山別曲)〉, 〈장진주사(將進酒辭)〉 등 주옥 같은 작품을 남겼다.

홀홀단신으로 귀양에 처해진 정철이 할 수 있는 일이라곤, 시간을 벌면서 임금이 다시 불러줄 때만을 기다리는 것뿐이었다. 어떻게 해서라도 임금에게 잘 보여야만 했을 것이다. 따라서 왕실에 대한 비판이나 반정 도모와 같이 임금의 심기를 거스릴 수 있는 행동은 자제해야 했다. 그러다 보니 마음 속으로 끓어오르는 분노를 삭이며 날마다 임금에 대한 애틋한 정, 아름다운 자연, 풍류 등을 열심히 읊을 수밖에 없었을 것이다.

만일 정철이 한양의 집단교도소에 갇혀 있었다면, 그렇게 멋진 작품들은 결코 남기지 못했을 것이다. 오히려 간수의 이목을 피해 비슷한 죄목의 감방 동기들과 자신을 숙청한 임금을 없애기 위해 변방의 군대를 빼낸 뒤, 한양 공략의 방법과 시기를 놓고 골몰했을 것이기 때문이다.

실학사상도 마찬가지다. 외톨박이로 귀양살이를 하고 있는 선비의 눈에는 날마다 깊이를 더해가는 민초들의 고단한 삶만이 비쳤을 것이다. 중국을 비롯한 외국의 선진문물과 신학문을 두루두루 섭렵한 선비는 민초들의 어려운 삶을 몸소 체험하면서 그들을 도와줄 수 있는 방법을 궁리했을 것이고, 그 과정에서 실학사상이 태동하지 않았나 싶다. '김 양식법'이나 '기중기의 개발' 등이 그것을 대변해준다.

서원의 시초도 분산에 기초한 귀양제도와 무관하지 않다는 게 필자의 생각이다. 비록 고관대작을 지낸 사람일지라도 일단 귀양을 오면, 자신의 일용할 양식을 위해 농사를 지어야 한다. 그런데 선비가 생전 처음으로 농사를 짓다 보니 서투를 수밖에 없다. 그 모습을 보다못한 농부들이 선비에게 한 가지 제안을 했을 것 같다. "나으리! 나으리께서 일용할 양식은 저희들이 대겠습니다. 그 대신, 나으리께서는 시원한 그늘에 앉아, 이 못난 저희 자식들 공부나 가르쳐주십시오"라고 말이다. 이를 계기로 발전한 것이 조선 시대의 서원제도가 아닐까?

〉〉〉〉 어떻게 흩어질 것인가?

그렇다면, 앞으로 어떻게 흩어져야 하는가?

참고로 군인들이 적과 교전할 때 어떻게 싸우는지 눈여겨 보라. 한데 뭉친 상태로 싸우는가, 아니면 사방으로 흩어져서 싸우는가? 같은 전우끼리 뭉쳐 있으면, 적의 수류탄 한 방에도 몰사당할 수 있다. 그러나 흩어져서 싸우면 설령 적의 집중포화를 맞는다 해도 사상자를 크게 줄일 수 있다. 그뿐만 아니라 적의 관심까지 분산시킴으로써 한순간에 전세를 역전시킬 수도 있다. 따라서 게릴라식 전투대형으로 흩어져 일당백의 정신으로 싸우는 것이 백전백승의 지름길이다. 우리 현실도 예외가 아니다.

공직자들은 검은 돈의 유혹을 과감히 떨쳐버림으로써 청백리(淸白吏)가 될 수 있도록 노력하라. '청백리 상' 제도가 운용되고 있다는 것은, 그만큼 우리 공직사회가 투명하지 않다는 반증이다. 따라서 '청백리 상' 자체가 사라지는 그 날이, 곧 우리 공직사회의 개혁 완료시점이라고 할 수 있을 것이다.

재벌들도 뭉치지 말고 흩어져야 한다. 그 동안 재벌들은 자기들끼리 똘똘 뭉쳐 거창한 이름의 이익단체(?)를 만들어 놓고, 양적 생산능력에 대한 경쟁만을 일삼아왔다. 1970~80년대에는 재벌들의 그러한 행태가 우리나라의 경제발전에 나름대로 커다란 기여를 했지만, 지금은 더 이상 그와 같은 논리가 통하지 않는 시대다.

앞으로 국내 재벌들은 5대·10대·30대 재벌이 되기 위한 자존심 경쟁대열에서 과감히 벗어나 사방으로 흩어져야 한다. 그러고 나서 지식경영과 기술혁신을 통한 독자적인 브랜드 개발과 기업의 인지도 개선을 위해 사활을 건 경쟁을 새롭게 시도해나가야 한다. 그것만이 재벌들의 살 길이다.

국내 언론사들 또한 뭉치지 말아야 한다. 오늘날 우리나라 언론사들을 보면, 마치 낮술을 먹고 얼근하게 취해 있는 거대 공룡과도 같다. 이는 언론사들이 국가·기업·국민들이 나가야 할 미래발전 좌표를 제시해주지도 못하면서 덩치만 키워왔기 때문이다. 더구나 언론개혁에 대한 국민들의 간절한 요구를 깡그리 무시하는 것을 보면, 우리나라 언론사들이 제4의 권력기관으로 확실하게 자리잡고 있음을 실감할 수 있다.

그런데 사회적 소금이기를 거부하는 사람들이 어떻게 남을 비판할 수 있겠는가!

이제 우리 언론사들도 각자의 고유 철학과 이념을 중심으로 흩어져 자기개혁을 몸소 실천하는 모범을 보여주어야 한다. 그런 다음, 촌철살인(寸鐵殺人)의 기자 정신을 붓끝에 실어 우리 사회의 진리와 정의를 선도하는 파수꾼 역할을 담당해나가야 한다. 그것이 또한 언론과 언론사의 존재 이유다. "펜이 칼보다 강하다"는 명제가 살아 숨쉬는 사회가 진정한 민주시민국가인데, 우리는 아직 멀었다.

이러한 관점에서 종합적으로 바라볼 때, 지금까지 뭉칠 것만을 강조해오던 우리 사회도 이제는 흩어지는 전략을 심도 있게 연구할 때가 되었다. 지금이 바로 그 시점이다.

소설《춘향전》과 한국식 개혁의 좌절

한국식 개혁이 실패할 수밖에 없는 근본 이유를
알고 싶거든《춘향전》을 탐독해보라!

청춘의 열정을 잠재우기 어려웠던 고등학교 시절, 필자는 국어 교과서에 실려 있던《춘향전》을 읽고 가슴이 울렁거렸던 기억이 있다. 엄격한 양반사회에서 신분의 벽을 뛰어넘는 진보적 사랑을 하면서, 자신의 도덕적 책임을 다하는 이몽룡의 인간적인 모습이 너무나도 매력적이었기 때문이다. 더구나 신임 암행어사의 추상 같은 기개가 가득 담긴 이몽룡의 한시(漢詩) 또한 젊은 피로 뜨거운 필자의 심금을 울려주기에 충분했다.

금준미주(金樽美酒)는 천인혈(千人血)이요,
옥반가효(玉盤佳肴)는 만성고(萬姓膏)라.
촉루락시(燭淚落時)는 민루락(民淚落)이요,
가성고처(歌聲高處)에 원성고(怨聲高)라.

이 한시를 풀이하면, "금동이의 아름답게 빚은 술은 일천 백성의 피요, 옥소반의 맛 좋은 안주는 일만 백성의 기름이라. 촛농이 떨어질 때 백성의 눈물이 떨어지고, 노랫소리 높은 곳에 원망소리 높더라"다. 온갖 수탈의 대상으로 전락한 민초들의 참담한 삶과 피지배 계급의 한을 뜨거운 가슴으로 끌어안으며, 탐관오리를 엄히 꾸짖는 이몽룡의 당찬 기백은 《춘향전》에서도 단연 백미라고 할 수 있다.

>>>> **이몽룡은 반개혁적인 인물이었다!**

그러나 반복되는 우리 사회의 개혁 실패를 지켜보면서, 과거 이몽룡에 대한 필자의 생각도 예전과는 매우 달라졌다는 점을 느끼고 있다. 한때 개혁의 선봉장으로서 필자의 뇌리에 깊이 각인되었던 이몽룡이, 이제는 개혁시켜야 할 대상으로 다가온 것이다. 더욱이 《춘향전》은 우리 사회가 경험한 잇따른 개혁 실패에 대한 원인과 암울한 현실 읽기의 단서까지 제공해준다.

그렇다면 이몽룡은 어떤 인물인가?

그는 입신양명을 위한 수단으로 과거시험을 선택하고, 일정한 기간 동안 수험준비를 거친 다음, 장원급제의 영광을 거머쥔다. 그리고 마침내 임금의 밀명을 받드는 암행어사가 된다. 그러고는 자신의 애정이 꽃피던 남원 땅으로 제일 먼저 내려와, 일촉즉발의 위기에 처한 춘향이를 폼나게 구해준다. 그 후 이몽룡은 춘향이에게 수청을 강요했던 변 사또와 그 하수인들을 일거에 숙청해버린다.

일단 여기까지는 스릴 만점에다가 통쾌하기 그지없다. 그러나 한번 따져보자. 암행어사라는 자리가 그렇게도 할 일이 없고, 한가로운 직책이란 말인가. 우리는 남원 땅에서 이몽룡이 보여준 일련의 행동으로부터 몇 가지 사실을 유추해볼 수 있다.

우선 이몽룡은 권력의 속성을 정확하게 꿰뚫고 있는 인물이라는 점이다. 당시는 남녀칠세부동석(男女七歲不同席)의 논리가 지배하던 시대였다. 그런데 혼례도 치르지 않고 거침없이 남의 집 처녀와 동침을 하는 이몽룡의 모습에서, 그의 왜곡된 권력관(權力觀)을 엿볼 수 있다. 이는 과거 군사정권 시절, 독재자들이 무소불위의 권력을 남용하며 숱한 성(性) 스캔들을 일으키고도 무사했던 것과 일맥상통한다.

또한 암행어사로 출세한 후, 고향 땅 남원을 가장 먼저 방문하는 이몽룡의 모습에서, 우리 사회를 좌절시킨 지역패권의식과 자기 측근 봐주기라는 역겨운 냄새를 맡을 수 있다. 또 어떤 사람은 이몽룡의 남원 행차를 금의환향으로 찬미할지도 모른다. 그러나 필자에게는 이몽룡의 남원 행차가 TK·PK·MK 등으로 변질된, 끼리끼리의 횡포만을 연상시킬 뿐이다.

더욱이 공평무사(公平無私)라는 사정(司正)의 기본원칙은 내팽개친 채, 자신의 애인부터 구하고 보는 이몽룡의 모습은 역대 정권의 실력자들이 자기 식솔부터 챙겨주었던 모습과 조금도 다르지 않다. 이몽룡이 한시를 통해 역설했던 그 화려한 주장 역시 역대 정권의 최고실력자가 읊어댔던 '쿠데타의 변'이나 '취임의 변'과 거의 비슷하다.

어디 그뿐인가!

이몽룡은 변 사또를 비롯한 지방 관아의 하급관리들까지 그 직위를 박탈하고 하옥시킴으로써, 자신의 애인을 핍박했던 사람들에게 속시원한 분풀이를 해댄다. 이 또한 역대 정권의 최고실력자들이 전임 정권의 실세들을 단죄하여 감옥에 보냄으로써 국민들의 카타르시스를 유도했던 것과 무엇이 다른가?

〉〉〉〉 이몽룡도 결국 감옥에 갔을 것이다!

《춘향전》은 이몽룡이 그 후 어떻게 되었는지에 대해서 더 이상 이야기를 해주지 않는다. 그러나 문학작품에다 상상력의 나래를 좀더 펼쳐 보면, 이몽룡의 운명 또한 그렇게 낙관적이지 않다. 그는 변 사또보다 더욱 악질적인 탐관오리로 전락해서 민초들을 괴롭히다가, 다른 신임 암행어사에 의해 참형을 당할 가능성이 매우 높다. 이는 마치 개혁과 혁명의 기치를 높이 들고 권력을 찬탈했던 역대 정권들이, 권좌에서 내려오기가 무섭게 죄수복으로 갈아입고 감옥을 가야만 했던 비극적인 운명과 맥락을 같이한다.

그 동안 우리 사회의 개혁은 이몽룡식 사고를 하는 사람들에 의해 주도되어왔다. 그렇다 보니 늘 그들이 부르짖었던 개혁은 언제나 참담한 실패와 좌절을 거듭할 수밖에 없었고, 끝내는 국가경제마저 거덜나고 말았다. 잘 나가는 것처럼 보였던 우리나라 경제가 IMF의 경제신탁통치를 받게 된 것도, 따지고 보면 반(反)개혁적인 인물들이 우리 사회의 개혁과 사정을 주도했기 때문이다.

더구나 그들에게는 냉철한 통찰을 바탕으로 세계의 변화에 탄력적으로 대응할 만한 능력도 없었다. 오로지 권력의 달콤한 향연만을 즐기며, 곧 들이닥칠 경제적 위기의 실체를 전혀 알아차리지 못하고 있었던 것이다. 인정 많은 국민들 또한 그와 같은 사이비 리더들을 냉철하게 감시하지 못했다. "그래도 내 고향 사람인데…", "저래도 저 사람 민주화 투쟁하느라고 얼마나 고생했는데…"라는 애향심 반, 동정심 반으로 그들을 팍팍 밀어주었던 것이다.

글로벌 스탠더드의 준수와 귀족정신의 부활이 시급하다

선량한(?) 우리 국민은 사이비 리더들을 관대하게 봐주었지만, 법치와 시장질서를 신봉하는 글로벌 스탠더드는 그런 한국을 결코 용서하지 않았다. 글로벌 스탠더드는 IMF 금융위기라는 가혹한 징벌을 통해

어쭈구리, 감히 누가 누굴 개혁시킨다고?

우리나라 사이비 리더들의 반성과 자각, 그리고 국민들의 철저한 비판의식을 주문하고 있다.

완전한 시장개방과 무한경쟁이라는 폭풍우 속에서 우리 한국호(韓國號)가 순탄하게 항해하기 위해서는 무엇보다도 사회지도층부터 변해야 한다. 언제나 윗물이 맑아야 아랫물이 맑은 법이다. 나는 우리나라의 정치 리더들이, 미국의 제임스 카메론(James Cameron) 감독이 만든 영화〈타이타닉(Titanic)〉에 등장하는 서양 상류층 사람들의 참다운 귀족정신(noblesse oblige)을 올바르게 이해하고 몸소 실천해나가는 멋진 모습을 보여주었으면 한다.

이미 잘 알고 있는 바와 같이 영국이 건조한 세계 최고의 초호화 여객선인 타이타닉 호는 1912년 4월 14일, 미국의 뉴욕을 향해 처녀 출항을 하게 된다. 그 당시만 해도, 세계 제일의 최신식 시설을 갖춘 타이타닉 호에는 약 2,200여 명이 승선해 있었다. 또한 설계와 건조 책임을 맡았던 토머스 앤드류스(Thomas Andrews)의 말처럼, 타이타닉 호는 이 세상에서 가장 튼튼한 배였다. 그러나 타이타닉 호는 불행하게도 승무원들의 경계 소홀로 빙산과 충돌한 후, 침몰하고 만다. 문제는 타이타닉 호에 비치돼 있었던 구명보트의 수용능력이 승선 인원의 절반도 안 되었다는 사실이다. 그와 같은 극한 상황에서 영국과 미국의 귀족들이 보여준 고귀한 희생정신은, 독선과 이기주의에 찌든 우리에게 눈물겹도록 아름답고 숭고한 가치로 다가온다.

타이타닉 호 1등 객실의 승객들에게는 최우선적으로 구명보트를 탈 수 있는 기회가 주어졌다. 그런 것을 보면, 동서양을 막론하고 예나 지금이나 돈과 끗발이 최고다. 돈과 끗발만 있으면 악착같이 쫓아오는 저승사자도 유유히 밀쳐낼 수 있는 게 우리네 인간세상이다. 그런데도 영국의 억만장자인 벤저민 구겐하임(Benjamin Guggenheim), 미국의 최고 갑부였던 존 애스터(John Astor), 현재 샌프란시스코에 본부를 두고 있는 매이시 백화점의 스트라우스 사장 부부는 자신들의 탈출기회를 어린이와 여성들에게 기꺼이 양보하고 의로운 죽음을 택했다. 또 미국인에게, 백악관보다는 목욕탕에서 보낸 시간이 더 많았던 인물로 혹평을 받고 있는 윌리엄 하워드 태프트(William Howard Taft) 전 대통령의 군사고문이었던 아치볼트 배트도 마찬가지였다.

워싱턴 D.C.의 포토맥 파크에 가보면, 예수 그리스도처럼 두 팔을 벌리고 서 있는 남자의 동상이 있다. 거기에 아로새겨진, "어린이와 여자들을 구하기 위해 목숨을 바친 타이타닉 호의 용감한 사람들에게"라는 비문은 오늘도 진정한 용기를 실천했던 상류층 사람들의 고결한 귀족정신을 일깨워주고 있다. 이처럼 서양의 상류층 사람들은 나라가 어렵거나 위기의 순간이 닥쳤을 때, 자기 자신을 희생할 줄 안다. 그렇기 때문에 서양의 소시민들은 상류층 사람들을 부러워는 해도, 그들을 결코 경멸하거나 욕하지 않는다. 그러나 우리 사회는 그와 정반대다. 명사(名士)는 많아도 존경받을 수 있는 귀족이 없는 게 우리 사회의 현실이다. 그렇게 된 데는, 우리 국민들에게도 일정 부분 책임이 있다.

우리나라 사람들은 영화 〈타이타닉〉에서 열연한 레오나르도 디카프리오(Leonardo DiCaprio)와 케이트 윈슬렛(Kate Winslet)의 비극적인 사랑만을 아쉬워하며 많은 눈물을 흘렸다. 그 때 전국민이 영화관에서 흘린 눈물을 합하면 아마도 강원도의 동강 수준은 되고도 남았을 것이다. 게다가 극성스런 영화팬들은 민초들의 갖가지 사연이 가득 담긴, 어린아이의 돌 반지까지 팔아 모은 소중한 달러를 곧바로 〈타이타닉〉의 제작사로 계좌 이체시켜버렸다.

지금도 머드 팩으로 유명한 충남 보령의 대천 앞바다에 나가 보면, 낡고 보잘것 없는 목선에 올라가서 영화 〈타이타닉〉의 한 장면을 흉내내며 사진 찍기에 열중하는 철없는 청춘남녀들을 많이 만날 수 있다. 국가의 미래가 염려스러울 정도로, 매우 한심스러운 모습이 아닐 수 없다.

사랑은 누구나 할 수 있다. 반면에 귀족은 아무나 할 수 있는 게 아니다. 한 사회의 귀족으로서 인정받고 대접받으려면, 적어도 그에 걸맞은 사회적 책임과 의무를 다해야 한다. 또 참다운 귀족은 참다운 국민들이 만드는 법이다. 이 같은 의미에서 이제부터라도 이몽룡식 사고에 입각한 자기 모순적 개혁이나 사정활동은 영원히 장송(葬送)해야 마땅하다. 왜냐하면 그것이 바로 진정한 국난 극복의 비법이기 때문이다.

히딩크가 보여준 디지털 리더의 7가지 절대 덕목

히딩크를 압도할 만한 정치 리더가 나오지 않는 한,

한국의 미래는 없다!

월드컵 경기가 끝난 지도 많은 시간이 흘렀다. 그런데도 아직 우리 사회에서는 히딩크 감독과 23명의 태극전사, 그리고 등번호 12번을 달고 그들과 거친 호흡을 함께 했던 붉은악마에 대한 얘기가 끊이지 않고 있다. 그 중에서도 변방에 머물러 있던 아마추어 수준의 한국 축구를 세계 4강에 올려놓은 히딩크의 리더십에 대한 얘기가 단연 압권이다.

김대중 전 대통령(이하 DJ)은 모든 국무위원에게 "히딩크의 리더십을 벤치마킹해서 포스트 월드컵을 대비하라"고 지시했고, 국무위원들은 받아쓰기 시험을 치르는 초등학생처럼 그 쉬운 대통령의 말을 열심히 받아 적었다. 국내기업들 또한 히딩크의 리더십에서 자신들의 생존전략 수립에 도움이 될 만한 사항을 찾기 위해 온갖 부산을 떨었다.

그럼에도 불구하고 지금 이 순간, 정부의 국정 운영이나 기업경영 측면에서 세계경제 4강의 조짐은 전혀 보이지 않고 있다. 그것은 언제나 말만 앞설 뿐, 냉철한 실천이 수반되지 않았기 때문이다. 사실 히딩크

히딩크의 따끔한 충고

의 리더십에서 우리가 주목할 만한 점은 거의 없다. 이미 우리가 다 알고 있는 사항들뿐이다. 다만, 히딩크는 실천력을 앞세운 철저한 자기경영(self management)과 냉정한 자기혁신을 통해 불가능에 가까웠던 한국 축구의 세계 4강신화를 창조해냈다. 그 같은 점에서 우리는 히딩크의 성공비결을 진지하게 연구하고, 그 결과를 전파해서 국민 모두가 함께 공유할 필요가 있다.

>>>> **천박한 촌놈 기질의 한국인**

한때 히딩크는 월드컵 대표팀 감독직을 박탈당할 뻔했다. 그가 감독직을 맡은 초기인 2001년, 월드컵 대표팀이 프랑스, 체코와의 평가전에서 내리 5 대 0으로 패하자, 그의 사생활에 대한 비판이 사회 일각에서 제기되었다. 어떤 문제나 갈등요소가 발생하면, 본질에서 벗어난 다른 것으로 딴지를 거는 한국인의 전형적인 촌놈 기질이 또다시 발동한 것이다. 당연히 감독교체설이 불거져나왔다. 결국 이 문제는 "히딩크 체제로 월드컵까지 간다"는 정몽준 축구협회장의 발언으로 일단락되었지만, 외국인 감독에 대한 부정적 인식은 계속되었다.

그러나 이제 우리 국민들은 히딩크를 영웅으로 떠받들고 있다. 과거 히딩크를 비판했던 사람들도 이제는 "내가 언제 그랬냐?"는 식으로 안면을 싹 바꾸고, 그에게 수면방해 · 영업방해 · 선거방해 · 의료방해 · 병역법 위반 등을 선동했다는 애교 섞인 죄목을 뒤집어씌우려 했다. 그들이 노렸던 것은 히딩크에게 무기감독형(無期監督刑)을 선고해서 우리나라에 영주시키는 것이었다. 그러나 히딩크는 축구계의 명장답게 《노자(老子)》에 나오는 "일이 이루어지면 그 자리에서 물러나는 게 자연의 도리다(功遂身退天地道)"라는 가르침에 따라 자신의 조국인 네덜란드로 돌아갔다.

이제 우리는 일상의 자리로 차분하게 돌아간 다음, 가벼운 마음으로 히딩크의 리더십을 재조명하면서, 그와 의미 있는 이별을 해야 한다. 그리고 축구를 비롯한 사회 각 분야에서 포스트 월드컵을 이끌 새로운 리더를 발굴하고, 그들에게 거리 응원전에서 보여준 한국인 특유의 역동적인 에너지를 보태주어야 한다.

》》》》 히딩크가 보여준 디지털 리더의 7가지 절대 덕목

히딩크 리더십의 첫번째 덕목은 '지혜'다. 지식정보화 사회는 노동의 강도로 경쟁하는 시대가 아니라, 변화와 속도 관리가 필요한 전략경쟁의 시대다. 따라서 리더는 시대의 흐름을 정확하게 진단하고 발빠르게 대응할 수 있는 높은 안목과 균형감각을 갖추고 있어야 한다. 우리나라 경제를 송두리째 IMF에게 내준 어느 누구처럼 "머리를 빌릴 수는 있지만, 건강은 빌릴 수 없다"는 주장을 되풀이하는 사람은 더 이상 디지털 리더가 아니다. 적어도 남의 머리를 빌리려면, 빌려주는 사람의 머리보다 훨씬 더 우수해야만 진정한 리더가 될 수 있다. 또 그런 리더가 바로 지식정보화 사회의 디지털 리더다. 우리는 19명의 참모진을 운영하면서도 직접 선수 개개인의 장단점을 세밀하게 관찰하고, 경쟁 팀들에 대한 정보수집에 철저했던 히딩크로부터 지혜로운 디지털 리더의 참모습을 발견할 수 있었다.

두번째 덕목은 '감성'의 소유다. 지식정보화 사회는 감성의 시대다. 느낌과 감성의 공명(共鳴)이 신뢰 형성의 기본이고, 팬들의 사랑이나 진정한 팬 서비스도 감독과 선수, 선수와 관중들 간의 감성이 전제돼야 가능하다. 히딩크는 감독이라는 직위나 권위주의로 선수들을 장악하지 않았다. 그는 "체력만 보완하면 세계 축구와 어깨를 나란히 할 수 있다"라는 명쾌한 비전 제시를 통해 선수들을 고무시켰다. 또한 선수들의 부족한 점을 정확하게 지적해주는 혜안으로 신뢰와 존경을 한몸에 받았다. 선수들은 자발적으로 히딩크를 따랐고, 그에게 인정받고 싶어 했다. 폴란드 전에서 논스톱 슛을 날린 황선홍과 포르투갈 전에서 회심의 한 방을 날린 박지성이 골을 넣은 후, 제일 먼저 달려가 뜨거운 포옹을 했던 사람이 다름 아닌 히딩크였다는 점에서 우리는 그것을 재확인할 수 있다.

세번째 덕목은 상호의존(interdependence)의 가치를 일깨워주는 '휴먼-네트워크'다. 히딩크는 누구보다 팀워크를 중시하는 사람이었다. 그가 이끌었던 한국팀은 월드컵 기간 내내 11명의 선수들이 마치 한 사람처럼 움직였다. 상대 공격수가 공을 잡으면, 한국팀 선수들은 앞뒤 좌우에서 그를 순식간에 에워싸고 공을 빼앗아갔다. 패스 미스를 잇따라 범하거나 서로 미루다가 상대방 공격수에게 무방비 찬스를 내주는 일도 사라졌다. 그렇게 되자 그 동안 별 볼일 없던 축구가 가장 재미있는 스포츠로 급부상했다. 한번 축구에 매료된 국민들은 저마다 '12'라는 등번호를 달고 붉은악마로 변신했다. 그리고 전국의 축구장과 거리를 가득 메운 채, "대~한민국"을 연호했다. 또 히딩크는 팀워크에 바탕을 둔 조직력을 가장 중시했고, 그것을 해치는 행위에 대해서는 단호하게 대처했다. 홍콩에서 벌어진 칼스버그컵 대회 때, 공을 중앙선까지 몰고 나가다 실점 위기를 자초했던 골키퍼 김병지 선수를 곧바로 교체해버린 것이 그 한 예다. 히딩크는 그 후에도 김병지 선수를 월드컵 대표팀의 주전 멤버로 기용하지 않았다.

네번째 덕목은 '깨끗한 도덕성'이다. 이는 부정부패의 온상이 되어온 학연·혈연·지연·종교연을 미련 없이 떨쳐버리고 지식과 업무 중심의 선순환(善循環)적 연결고리를 만들어나갈 수 있는 능력을 말한다. 히딩크는 한국 축구의 고질적인 문제의 하나로 지적돼온 '축구 명문대학 출신자 우대'라는 낡은 관행부터 내동댕이쳤다. 많은 고정 팬을 거느린 스타급 선수들도 체력이나 팀워크상에 문제가 있다고 판단되면 가차없이 대표팀에서 탈락시켰다. 고종수와 이동국 선수의 좌절이 이를 입증해준다. 그는 투명하고 공정한 선수 선발의 원칙을 고수함으로써 대표팀 내의 치열한 경쟁환경을 조성했고, 그것이 4강 신화창조의 밑거름이 되었다.

다섯번째 덕목은 다른 사람들과 분명하게 구분되는 '차별성'이다. 아날로그 사회에서는 순응이 미덕이었지만, 디지털 사회에서는 남과 다르게 생각하고 행동하는 것이 새로운 가치로 인정받는다. 히딩크는 "나이가 의사소통을 방해해서는 절대로 안 된다. 후배가 선배에게 형이라 부르는 등 존대말을 쓰면서 어떻게 지시를 할 수 있겠느냐?"며, 장유유서(長幼有序)와 엄격한 선후배 관계를 중시하는 한국인의 전통관습을 타파했다. 또 대표팀의 기초체력 연마에 성공한 히딩크는 선수들에게 "모든 포지션을 소화하라"고 엄명하고, 선수들을 멀티플레어(multiplayer)로 담금질시켰다. 그 후 월드컵 대표팀에서는 골문 앞에서 어슬렁거리는 공격수를 찾아보기 어렵게 되었다.

여섯번째 덕목은 신념과 배짱에 기초한 '불굴의 도전정신'이다. 디지털 사회의 주된 특징은, 변화의 속도가 무척 빠르다는 사실이다. 이같은 변화를 즐기고 주도해야만 진정한 리더가 될 수 있다. 히딩크는 실패를 두려워하지 않았다. 그는 이기기 위해 만만한 팀들을 불러들이는 대신, 5 대 0 대패라는 망신까지 감수하면서 세계 최강팀들과 평가전을 치러냈다.

그 때문에 '오대영'씨라는 비아냥과 감독직까지 잃을 뻔했지만, 히딩크는 평가전을 단순한 팬 서비스 차원이 아니라 한국팀의 핵심역량과 문제점을 객관적으로 발견할 수 있는 자기평가의 냉정한 시험장으로 활용했다.

일곱번째 덕목은 '과언다문(寡言多聞)'이다. 이는 "말은 적게 하고 귀는 크게 열어 놓아야 한다"라는 의미다. 말을 많이 하면 그만큼 실언을 할 가능성이 높기 때문이다. 리더(leader)의 알파벳 첫 글자가 'L'로 시작하는 것도 어쩌면 "듣기(listening)를 잘 하라"라는 뜻에서 비롯된 것이 아닐까? 히딩크는 여러 나라의 언어에 능통할 뿐만 아니라 탁월한 시적 감각까지 갖춘 인물이다. 그런데도 그는 작은 승리에 흥분하지 않았으며, 꼭 해야 할 말만 하는 과묵한 사람이었다. 관중은 환호하고 선수들은 기쁨을 만끽해도, 히딩크는 침묵의 미학을 보여주며 다음 승리를 구상하기 위해 조용히 그라운드를 떠났다. 또 히딩크는 한국 국민들에게 "하루에 1%씩 한국팀의 전력을 증강시켜 월드컵이 시작되는 시점에서는 16강 진출의 가능성을 100%까지 만들겠다"라는 약속을 했고, 놀라운 성적을 통해 그 약속을 지켰다. 그런 점에서 히딩크는 언행일치(言行一致)의 마술사이기도 했다.

〉〉〉 국민들은 히딩크 같은 정치 리더의 출현을 갈망하고 있다!

히딩크가 국민들로부터 폭넓은 사랑을 받고 있는데 반해, 우리의 정치 리더들은 혐오와 경멸의 대상으로 전락해 있다. 히딩크는 특유의 탁월한 리더십으로 뜨겁고도 질서정연한 국민대통합을 일궈냈지만, 우리의 정치 리더들은 날마다 패싸움을 벌이며 끼리끼리의 횡포만을 즐기고 있다.

더구나 우리의 정치 리더들에게는 국정쇄신에 대한 중장기 비전이나 철학도 없다. 따라서 온갖 설(說)만 난무하는 병풍(兵風)·총풍(銃風)·세풍(稅風) 등으로 귀중한 시간을 허비하고 있다. 이제 국민들은 정치라는 말만 들어도 진저리를 친다.

2002년 6월 14일 인천 문학월드컵 경기장에는 5만여 관중이 모여 태극전사들의 눈부신 활약을 보면서, 저마다 월드컵 16강 진출을 자신했다. 그리고 신들린 선수들이 제공하는 축구 서비스를 만끽하면서 열광하고 환호했다. 그런데 바로 전날 치러진 지방선거에서는 차마 발표하기조차 부끄러울 정도의 극히 저조한 투표율을 기록했다.

왜 우리의 정치 리더들은 정치를 월드컵 대표팀의 축구경기처럼 화끈하고 멋있게 하지 못하는가. 그들이 국민들에게 통쾌한 정치, 신명나는 정치 서비스를 선사하면, 국민들은 청와대와 국회의사당으로 달려가 대통령과 국회의원의 이름을 외치면서 "대~한민국"을 외칠 것이다.

이제 정치 리더들은 히딩크의 리더십을 온 몸으로 벤치마킹해야 한다. 그리고 겸허한 마음으로 반성하고 진심으로 회개해야 한다. 그런 다음, 국민들이 고품격의 정치 서비스를 만끽하며 한국인임을 자랑스러워 할 수 있도록 열린 정치, 투명한 정치, 국민에게 봉사하는 정치를 해야 한다.

단지 붉은악마의 옷을 걸치고 경기장에 나가 국민들과 함께 응원을 한다고 해서, 또는 말로만 "히딩크를 배우자!"고 외친다고 해서, 그의 리더십을 터득할 수 있는 게 아니다. 왜냐하면 히딩크의 리더십에는 반드시 실천해야만 얻을 수 있는 요소들로 가득 차 있기 때문이다.

실력 없는 나라의 불가피한 고통

이 세상에 공짜 점심은 없다. 실력이 없다면,

당연히 고통받을 각오를 해야 한다.

>>>> 어느 한 이동통신회사의 광고와 세계화

몇 년 전, 어느 한 이동통신회사의 기발한 광고 한 편이 세인들의 흥미를 끌었던 적이 있다. 개성 있는 얼굴과 독특한 헤어스타일의 어느 신인 모델이 등장해서 "아버지! 내가 누구예요?"라며 큰 소리로 묻는다. 허름한 판자집 안에서 그 말을 듣고 있던 아버지(훗날 그는 '공짜 아저씨'로 유명세를 탄다)는 촌스럽게 웃는 얼굴로 자신의 머리를 긁적이며 아들을 향해 "나도 몰라!"라고 외친다. 그러자 그 아들은 "나는 알아요, 나는 'Na'예요"라고 대답하며 친구들과 골목 밖으로 사라진다. 필자는 이것이야말로 세계화의 진수를 보여주는 멋진 광고라고 생각했다.

왜냐하면 그 광고가 '내 것'과 '네 것'의 구분을 애매모호하게 하는 세계화의 특성을 정확하게 대변해주었기 때문이다. 얼마 전까지만 해도, 한국 땅에서 한국인에 의해 만들어진 상품은 무조건 한국산 상품이었다. 그런데 세계화가 그 기준을 깡그리 해체시켜버린 것이다. 이제는

세계화의 진정한 의미

'내 것'과 '네 것'의 구분이 별다른 의미를 갖지 못한다. 세계화 시대의 소비자들은 국산품과 외제품을 구분하지 않는다. 그들은 단지 좋은 상품이면 사주고, 그렇지 않으면 구매를 거부하는 사람들이다.

이제 세계화의 본질에 대해 좀더 구체적으로 살펴보자.

완전한 시장개방과 무한경쟁의 이데올로기를 요구하는 세계화는 기업들에게 엄청난 변화를 불러일으켰다. 그 동안 국내기업들은 국가가 설치해준 보호막 안에서 정치권과 짜고 치는 고스톱을 마음껏 즐겨왔다. 그런데 세계화란 놈이 갑자기 나타나 온실 속의 국내기업들을 삭풍이 휘몰아치는 허허벌판으로 내몰았다. 현재 국내기업들 주변에는 그 어떤 우군도 존재하지 않는다. 오직 다른 기업의 약점이나 허점을 호시탐탐 노리면서 적대적 인수합병(M&A)의 기회를 엿보는 하이에나 무리만이 그 주위를 맴돌고 있을 뿐이다.

>>>> 모든 것이 변하고 있다!

이제 국내기업들에게 남겨진 것은, 변화를 거부하고 이대로 죽을 것인지, 아니면 피눈물 나는 자기개혁을 통해 어떻게든 살아남을 것인지에 대한 양자택일뿐이다. 이 과정에서 활발하게 추진되고 있는 것이 곧 생산라인의 해외이전 붐이다. 국내기업들은 유리한 생산조건이나 경영상의 이점을 찾아 생산라인을 미국·중국·대만·홍콩·태국·말레이시아·인도네시아·폴란드·우즈베키스탄 등으로 옮기고 있다. 즉 우리 기업들은 21세기의 새로운 유목민 생활을 시작하고 있는 것이다.

예나 지금이나 유목민들에게는 고향이나 국적이 별다른 의미를 갖지 못한다. 과거의 유목민들에게는 가축에게 풀을 뜯길 수 있는 초지(草地)가 고향이나 국적보다 소중했다. 또 현재는 단돈 1원이라도 값싸게 생산할 수 있는 생산조건이, 새로운 유목민들이 가장 탐내는 신초지(新草地)다.

그러다 보니 한 가지 신기한 현상이 일어나고 있다. 한 상품을 만드는 데 여러 나라 사람들이 동시다발적으로 참여한다는 점이다. 그 결과, 상품의 국적과 출처가 불분명해지고 있다. 여성용 의류를 예로 들어보자. 여성용 의류 한 벌을 생산할 때, 디자인은 이탈리아 디자이너가 담당하고, 옷감은 한국이 제공하고, 최종 재봉질은 인건비가 제일 싼 중국이 맡았을 경우, 그 옷은 과연 어느 나라의 제품이라고 할 수 있을까?

한 마디로 명쾌한 결론을 내리기란 어렵다. 따라서 어느 한 이동통신회사의 광고에서 신인 모델이 "아버지! 내가 누구예요?"라고 물었을 때, 그 아버지가 "나도 몰라!"라고 대답할 수밖에 없는 상황이다. 그렇다면, 이처럼 '내 것'과 '네 것'이 혼재되어 있는 세계화의 격랑 속에서 생존을 보장받기 위해 우리가 해야 할 일은 무엇인가? 그 해법은 전적으로 자기 정체성(identity)의 확립 여부에 달려 있다.

>>>> 세계화 시대에 살아남으려면…

정체성이란 무엇인가?

그것은 다른 사람과 확실하게 구분될 수 있는 자신만의 독특한 그 무엇을 의미한다. 기업의 경우 세계적으로 인정받을 수 있는 고유 브랜드, 남들이 탐낼 만한 기술력, 고객만족의 발빠른 서비스, 뛰어난 금융조건, 철저한 애프터서비스, 창의적인 고급두뇌의 확보가 정체성 결정의 핵심요인이다.

그런데도 우리 정부는 1980년대 중반부터 불기 시작한 세계화의 무서운 바람을 해외관광이나 어학연수 정도로 평가절하하고 말았다. 게다가 1988년의 서울올림픽을 전후해서 나타난 '3저(低) 현상'과 그에 따른 일시적인 국제수지 흑자는, 국민들에게 우리가 마치 선진국이라도 된 것 같은 착각을 심어주기에 충분했다. 정치적인 표심 읽기에 골몰했던 사이비 리더들이 이를 수수방관할 리 만무했다. 그래서 등장시킨 것이 "나의 경쟁 상대는 영국 경찰(싱가포르 공무원, 덴마크 농민, 독일 주부)입니다"라는 자기 과신적인 공익광고였다.

한동안 TV 방송, 지하철과 시내 버스의 한쪽 벽면을 점령하며 기세등등하게 떠들어대던 그 광고는, 얼마 후 한 마디의 궁색한 변명도 없이 어디론가 사라지고 말았다.

그러고는 곧바로 구조조정·명예퇴직·정년단축 등과 같은 살벌한 조치들이 밀물처럼 몰려오면서 우리 가정과 사회는 풍비박산(風飛雹散)나고 말았다. 100만여 명에 이르는 이라크의 최정예 혁명수비대와 군사시설, 화학가스의 생산공장이 미국의 토마호크 미사일에 의해 초전박살난 것과 마찬가지로 말이다.

유감스럽게도 우리에게는 전세계가 경험하고 있는 놀라운 변화의 방향과 속도를 정확하게 예측하고, 그러한 변화에 탄력적으로 대응할 줄 아는 정치 리더가 없었다. 세계 변화의 흐름 읽기에 실패하고 호기를 부리다가 국가의 운명을 망쳐놓았던 대원군의 과오가 불과 1세기가 지나기도 전에, 실력 없는 YS 정권에 의해 또다시 재현되고 말았던 것이다.

분명히 말하건대, 세계화는 해외여행이나 어학연수를 의미하지 않는다. 또 세계화는 반드시 상대 국가를 굴복시켜야만 실현될 수 있는 상쟁(相爭)의 개념도 아니다. 진정한 의미의 세계화는 "나는 알아요, 나는 Na예요"처럼 자신의 정체성을 찾아가면서 공존공영할 수 있는 길을 모색하는 상생(相生)의 과정이다.

몇 년 전, 까다롭기로 소문난 미국의 브로드웨이에서 대성공을 거두었던 뮤지컬 〈명성왕후〉로부터 우리는 세계화의 참뜻을 읽어야 한다. 만일 〈명성왕후〉가 외국의 유명한 뮤지컬을 대충 베끼고 어설프게 각색해서 브로드웨이의 무대에 올렸다면 어떻게 되었을까? 아마도 참패를 면치 못했을 것이다.

그러나 뮤지컬 〈명성왕후〉는 외국 것을 조금도 흉내내지 않았다. 오직 순수한 한국의 전통 역사와 한국인의 고유정서, 그리고 미묘한 한국적 분위기를 연출해냄으로써 서양 사람들이 쉽게 접할 수 없는 이종(異種) 문화의 독특함을 유감없이 보여주었다.

이러한 문화적 충격이 바로 진정한 세계화 전략이며, 우리가 선진국들과 대등하게 맞설 수 있는 국가경쟁력의 원천인 것이다. 또한 자신의 정체성만 올바르게 확립할 수 있다면, 국가경쟁력은 저절로 생겨나게 마련이다.

전쟁도 마찬가지다.

전쟁에서 이기려면 무엇보다도 자기 군대의 정체성, 즉 우리는 누구이며 왜 싸워야만 하는가에 대한 가치 정립이 선행되어야 한다. 그런 다음, 소리소문 없이 새벽 안개처럼 기습작전을 감행해야 한다. 적에게 아군의 작전계획을 노출시킨 장군이 과연 전투에서 승리할 수 있겠는가? 따라서 실력도 없으면서 만병통치약을 파는 약장수처럼 허풍만 떠는 사람을 정치 리더로 뽑아준 백성들의 고통은 불가피한 것이다.

지식사회의 우물에서 철지난 숭늉을 찾는 사람들

지식과 정보의 개념도 모르면서
입으로만 정보화를 외치는 사이비 리더들이 많다!

21세기에 접어들면서, 지식과 정보가 새로운 문화적 코드로 대두되고 있다. 이를 반영하기라도 하듯이 TV를 비롯한 언론매체, 토론회, 각종 전문학술저널 및 신간서적들은 연일 엄청난 양의 지식과 정보를 확대 재생산하고 있다.

미래학자들도 대부분 뉴 밀레니엄이 지식정보화 사회라는 데 동의한다. 이는 국부(國富) 창출의 기반이 굴뚝으로 대변되는 제조업에서 창의적 사고와 기발한 발상을 중시하는 지식과 정보산업으로 바뀌고 있으며, 지식의 가치인 지가(知價)가 국부의 원천임을 시사한다. 공상과학 영화인 〈쥐라기 공원(Jurassic Park)〉 1편의 관객 수입이, 국산 중형승용차 150만 대를 수출해서 벌어들인 돈과 맞먹는다는 사실에서 우리는 그것을 재확인할 수 있다. 이제는 감독 1인의 천재적 영감과 탁월한 연출능력이 곧 국가경쟁력으로 직결되는 시대다.

그래서일까? 정부도 지식과 정보라는 용어를 아주 스스럼없이 말하면서 마치 자신들이 지식정보화 사회를 선도하는 것처럼 홍보하고 있다. 룸펜(lumpen)처럼 남의 예식장이나 장례식장을 기웃거리면서 파당과 정쟁(政爭)만을 일삼고 있는 정치 리더들도 마찬가지다. 그들은 자신의 홈페이지를 운영하는 등 사이버공간에서 네티즌들과 활발한 토론을 벌이는 척한다. 참으로 가상한 모습이다. 그러나 그 내용을 꼼꼼이 살펴보면, 거의 모두가 보좌관들이 대신 해주고 있음을 손쉽게 발견할 수 있다. 이와 같은 현상을 보면 정부와 정치 리더들은 지식정보화 사회의 우물에서 철지난 숭늉을 찾는, 다시 말해 노동의 강도와 '몸으로 때우기 식' 사고를 강조하면서 하루하루를 연명하고 있는 것이다.

〉〉〉〉 배나온 비만형 장군을 예편시키겠다고?

얼마 전 국방부가 인사개혁 차원의 일환으로 배나온 장군들을 강제 예편시키겠다고 발표했는데, 필자는 거기서 지식과 정보에 대한 우리 정부의 낮은 인식수준을 읽을 수 있었다. 필자는 비만형 장군들을 군에서 축출하겠다는 국방부의 입장을 도저히 이해할 수 없다. 하늘의 별 따기만큼이나 어려운 관문을 거쳐 스타(star)의 반열에 오른 사람이 장군이다. 또한 장군은 군의 명예와 권위를 대변하는 최고급 지휘관으로서, 최소한 1만 명 이상의 부하를 통솔하고 그들의 생사를 책임지는 사람이다. 따라서 장군들을 뱃살이나 단순한 체력측정과 같은 구시대적 가치기준으로 해임시키겠다는 발상 자체가 한 마디로 난센스라고 할 수 있다.

그렇다면, 지식정보화 시대의 장군들이 갖추어야 할 절대 덕목은 과연 무엇일까? 그것은 뜀박질을 잘 할 수 있는 전투체력이 아니라, 싸우지 않고도 적들을 궤멸시킬 수 있는 냉철한 지력(知力)을 갖추는 일이다. 제아무리 날씬하고 미국의 칼 루이스(Carl Lewis)처럼 잘 뛴다고 하더라도 지략이 부족한 장군이라면, 그는 지식정보화 시대의 군대를 지휘

아무도 못 말리는 DJ

할 자격이 없다. 그런 장군들부터 강제 예편시켜야 마땅하다. 왜냐하면 지식정보화 시대의 전투에서는 장비(張飛) 유형의 맹장형 장군보다는 제갈공명(諸葛孔明)과 같은 지장형(智將型) 장군이 더욱 많은 승리를 거둘 수 있기 때문이다.

일례로, 중동전쟁의 전설적인 영웅으로 추앙받고 있는 이스라엘의 모세 다얀(Moshe Dayan) 장군을 보라! 그는 제2차 세계대전 중 독일군에게 협력한 프랑스의 비시 괴뢰정권에 대항하기 위해서 유태인 게릴라 부대를 지휘하다가 눈 부상의 후유증으로 실명했다.

한쪽 눈을 검은 안대로 가리고 다녔던 그는 중동전쟁 때, 대규모의 아랍 동맹국 군대를 그 특유의 지략으로 격파함으로써 풍전등화의 처지에 놓여 있던 이스라엘을 굳건하게 지켜냈다. 또 국방장관 시절, 특전사(特戰史)에 길이 빛날 '엔테베 공항 기습작전'을 성공적으로 수행함으로써 이스라엘 특전부대의 기동타격 능력을 전세계에 과시하기도 했다. 지금도 세계 유수의 특전부대에서는 이스라엘 특전부대의 '엔테베 공항 기습작전'을 하나의 교본으로 채택하고 있을 정도다.

미국의 4성 장군으로서 몇 년 전에 예편한 프레드릭 프랭크스(Fredrick Franks) 장군도 한쪽 다리의 일부가 없는 장애인이었다. 그런 그가 1991년 걸프전 당시 미 육군의 제7군단장으로서 다국적군의 승리를 위해 맹활약을 했다는 것은, 이미 널리 알려진 사실이다. 특히 의족을 한 채로, 전선을 누비며 치밀한 작전계획을 수립하고 부하들을 독려하는 데 혼신의 노력을 다했던 그의 군인정신은 오늘날까지 많은 사람들에게 회자되고 있다.

이처럼 미국을 비롯한 서구 선진국들은 직업군인이 복무 중에 부상을 당해도 무조건 전역조치를 취하지 않는다. 비록 신체의 특정 부위에 장애가 있더라도 그것이 군 복무에 결정적인 지장을 불러오지 않는 한, 그가 갖고 있는 군 지식과 경험을 최대한 살려야 한다는 취지에서다.

만약 다얀 장군과 프랭크스 장군이 한국 군인이었다면 정부가 어떠한 조치를 취했을까? 국방부 관례대로라면, 거의 100% 강제 예편시켰을 것이다. 그 이유는 한국에서 유능한 장군이 되려면 구보를 잘 해야 하는데, 한쪽 눈의 시력을 잃었거나 한쪽 발의 부상이 심할 경우에는 잘 뛰지 못하기 때문이다.

우리나라도 2001년부터는 임무수행 중에 부상당한 직업군인들이 계속 군대생활을 할 수 있도록 '군인사복무규정'을 바꿨다고 한다. 그러나 계급정년제에 묶여 있는 그들이 언제까지 군대생활을 보장받을 수 있을 것이며, 더 나아가 장군까지 진급할 것인지는 여전히 의문이다.

>>>> **해커부대의 창설을 주장하는 사람도 없다!**

그뿐만이 아니다. 군의 지식정보화를 외치면서도 정작 적(敵)의 사이버 진지를 공격할 해커부대의 운용에 대해서는 그 어느 누구도 관심을 갖지 않는다. 컴퓨터 전문가들로 구성된 해커부대의 위력은, 유사시 정예화된 보병 몇 개 사단의 전투력을 능가할 수 있다. 이들은 전쟁 발발 즉시, 적의 컴퓨터 전산망을 완전히 마비시켜 놓음으로써 컴퓨터로 작동되는 모든 첨단무기 체제를 한순간에 무력화시킬 수 있기 때문이다. 컴퓨터 전산망이 다운된 적군은 촉수와 눈을 상실한 곤충과 똑같다.

더구나 해커부대에는 장애인들의 입영도 가능하다. 앉아서 키보드만 두드릴 수 있으면 되기 때문이다. 장애인도 마음만 먹으면 직업군인으로서 해커부대원이 될 수 있고, 또 뛰어난 부대운영 능력만 인정받으면 장성급의 해커부대장까지 진급할 수 있는 열린 사회가 바로 진정한 지식정보화 사회다. 이런 문제에 대해서, 왜 정부와 정치 리더들은 침묵하고 있는가. 컴맹들이라서 그런가, 아니면 알고 있어도 엄두가 나지 않거나 자신이 없어서인가?

>>>> **장군들의 예편 여부는 지력(知力)의 차이에 따라야…**

앞으로도 정부와 정치 리더들이 지식정보화 사회를 떠들려면, 무엇보다도 배나온 장군들을 예편시키겠다는 그 무식한 발상부터 집어치워야 한다. 그리고 전군의 장성급 인사를 대상으로, 정밀한 지력 테스트를 실시했으면 한다.

다국적군과의 연합작전에 대비해 그들과 자유롭게 의사소통을 할 수 있을 만큼의 다양한 언어구사 능력을 갖추고 있는가? 병사들과 군 예산을 효율적으로 관리할 수 있는 부대운영 능력을 갖추고 있는가? 지휘관으로서의 지휘철학은 무엇인가? 지리정보시스템(GIS)이나 인공측위시스템(GPS)에 대한 최신 정보기술을 이해하고 있으며, 거기서 얻은 정보를 전술에 활용할 능력이 있는가? 작전계획과 작전수행 능력은 출중한가? 국방예산의 80% 이상을 점유하는 군수분야에 대한 지식을 갖고 있는가? 이와 같은 것들이 지력 테스트의 주요 항목일 것이다.

　이들 항목에 대한 정밀 테스트를 거친 후, 일정 기준에 미달하는 장군들부터 전역시켜야 한다. 다시 한번 말하건대, 호리호리한 몸매에 잘 뛴다고 훌륭한 장군이 되는 것은 결코 아니다. 훌륭한 장군이란 남을 알고 자기를 아는, 즉 지피지기(知彼知己)의 능력과 전세의 흐름을 꿰뚫어보고 그에 합당한 병법(兵法)을 실시간으로 구사할 수 있는 사람이다. 이 점을 정부와 정치 리더들이 올바르게 인식하고 합리적인 대응책을 마련함으로써, 향후 우리 군이 21세기의 막강한 '기동전략군'으로 거듭 태어나기를 기대해본다.

국가 재산마저 내팽개치고 있는 헛똑똑이들!

관료들에게는 국가 재산에 대한 애착이나 미련이 없다.

왜냐하면 자기재산이 아니기 때문이다.

몇년 전, 공주대학교 홈페이지의 '열린 광장'을 산책하다가 재미있는 글 하나를 발견했다. 한 학생이 어느 고등학교의 홈페이지에서 퍼온 글이라면서 소개한 것은 다름 아닌 '독도가 우리 땅이 아닌 13가지 이유'였다. 철저한 자료분석과 냉철한 현실인식에 기초하여 작성된 그 글은, 소중한 국가 재산마저 내팽개치고 있는 이 땅의 무능한 공직자들을 매섭게 질타하고 있었다.

>>>> 어느 고등학생의 아름다운 독도관(獨島觀)

필자는 남들이 쉬쉬하고 덮어두려고만 하는 독도 문제에 대해 진지하고 열정적인 자세로 접근하고 있는 그 학생의 모습이 너무나도 아름답고 대견스러웠다. 우선 좋은 글을 쓴 학생의 사전동의를 구하지 않고, 그 내용을 이 책에다 게재한 점에 대해 미안하게 생각한다. 그러나 이 책의 집필 목적이 우리 사회의 환부를 객관적으로 지적하고, 앞으로 우리 사회가 나가야 할 미래발전 좌표를 제시하는 데 있는 만큼, 그 학생도 자신의 글이 활자화되는 것에 대해 기꺼이 찬성해줄 것으로 믿는다. 어쨌든 '독도가 우리 땅이 아닌 13가지 이유'는 독도 문제를 바라보는 우리 국민들의 자세를 새롭게 하는 데 기여할 것으로 확신한다.

| 독도가 우리 땅이 아닌 13가지 이유 |

1. 예전에 정광태라는 개그맨 출신 가수가 '독도는 우리 땅'이라는 노래를 발표했다. 그러나 우리 정부는 이를 금지곡으로 지정했다. 지금은 금지곡에서 풀렸지만 일본이 항의를 하면, 가끔씩 방송에서 자취를 감추고 있다.

2. 2000년 새해 맞이 해돋이 행사는 각 나라의 가장 동쪽 끝 영토에서 실시되었다. 그러나 한국은 가장 동쪽 끝 영토인 독도에서 하지 않고, 울산광역시 간절곶 등대에서 새천년 해돋이 채화식을 거행했다. 실제로 국내 방송사들도 독도에서 해돋이 행사를 거행하려 했으나, 그 뜻을 이룰 수 없었다고 한다. 왜 그랬을까?

3. 대한민국 영토는 대한민국 국민이라면 누구든지 자유롭게 방문할 수 있다. 하지만 독도는 일반 국민이 접근할 수 없는 섬으로 지정되어 있다. 일반인이 독도에 들어가려면 사전에 외교통상부의 허가를 받아야 하는데, 허가를 요청할 경우 대부분 반려된다고 한다. 천연기념물의 보호 때문이라고 하는데, 언제부터 우리나라 외교통상부가 천연기념물을 관리해왔는지, 자못 궁금하다.

4. 일본은 독도를 일본 영토와 가장 가까운 시마네현 은기군 오개촌에 편입시켜 놓았으며, 독도에 일본인 호적까지 등록시켜 놓았다. 게다가 일본 시마네현 청사와 경찰청 정문 앞에는 "타케시마(竹島)는 일본의 고유 영토입니다"라고 적힌 대형 입간판이 걸려 있고, 시마네현 곳곳에는 '타케시마는 우리 땅'이라는 현수막까지 설치되어 있다. 하지만 우리나라에서

는 어느 곳에서도 '독도는 우리 땅'이라는 입간판이나 현수막을 찾아볼 수 없다.

5. 일본 시마네현 관청은 독도의 공시지가(公示地價)까지 마련해놓았으나 울릉군청에는 독도의 공시지가 자체가 아예 없다.

6. 1999년 말, 경북도지사는 독도의 해경(海警)을 위로 방문하기 위해 정부에 출장 신청을 했으나 고위층의 반대로 무산되었다. 일반인은 물론 독도의 관할 책임자인 경북도지사까지도 자유롭게 방문하지 못한다. 그만큼 독도는 우리에게 너무나도 낯선 땅이다.

7. 일본은 1996년 '신어업협정'을 발효시키면서 배타적 경제수역 내에 독도를 포함시켰다. 하지만 우리나라의 애걸복걸로 독도는 중간수역으로 정해졌다. 이제 우리나라 어선이 조업을 하다가 독도에 정박하려면 발포당하는 것을 감수해야 한다. 그렇다면 독도에 있는 경찰은 한국 경찰인가, 아니면 일본 경찰인가?

8. 1996년 홍콩의 한 경제 주간지가 아시아 기업인들을 상대로 '독도영유권'과 관련한 설문조사를 실시했다. 이에 따르면, 말레이시아 기업인들은 66.7%, 호주 기업인들은 58.8%, 인도 기업인들은 56.6%, 필리핀 기업인들은 54.5%가 독도를 일본의 영토로 인지하고 있다는 것이다. 혹시 전 세계에서 한국인들만 독도를 한국 땅으로 알고 있는 것은 아닐까?

9. 김종필 현 자민련 명예총재가 1962년 한일 국교정상화 교섭 당시, 독도 폭파를 일본측에 제안했던 사실이 확인되었다고 〈요미우리신문(讀賣新聞)〉이 워싱턴 발 〈시사통신(時事通信)〉을 인용 보도했다. 이 신문은 최근 비밀 해지된 외교문서에 따르면 한국측 수석대표였던 김종필 당시 중앙정보부장이 독도 폭파를 제안했으나, 일본측이 거부했다고 밝혔다. 한국은 독도가 자신들의 영토가 아니므로 "폭파시키자"라는 얘기를 쉽게 할 수 있었지만, 일본은 독도가 자신의 땅이기 때문에 폭파에 동의할 수 없었다고 한다.

도무지 이해할 수 없는 한국의 중앙정보부장

10. 1998년 11월 8일 국회 대정부 질의시, 우리나라 국무총리는 독도와 관련된 의원들의 질문에 "정부는 UN 해양법 협약관련 규정에 따라 현재 독도는 배타적 경제수역(EEZ)을 가지지 않는 암석으로 해석하고 있다"고 답변했다. 그러나 일본은 독도가 자신들의 영토이지만, 한국이 불법으로 점유하고 있는 것으로 판단하고 있다. 그런데 0.23km²에 이르는 암석도 있는가? 오래 살다 보니 참으로 별 희한한 소리도 다 듣겠네.

11. 남지나해의 남사군도는 필리핀·중국·베트남·브루나이·대만 등 여러 나라들 간에 분쟁이 일고 있는 화약고다. 몇 년 전, 중국 해군이 그 중 한 산호초에 가건물을 지었다. 그런데 그 산호초는 필리핀이 자기 영토라고 주장하던 곳이다. 전임 피델 라모스(Fidel Ramos) 정권 때는 별로 쓸모도 없는 외교적 항의로만 일관했다. 그러니 중국이 끄덕도 할 리 없었다. 그러나 조셉 에스트라다(Joseph Estrada)가 대통령에 취임한 후,

필리핀 해병대를 파견해서 중국 해군이 지은 가건물을 통쾌하게 폭파시켜버렸다. 중국과의 일전을 각오한 행동이었다. 그러나 지레 겁을 먹은 중국은 필리핀에 쳐들어가기는커녕, 지금껏 자기 영토라고 주장하던 자세를 바꾸어 공동관리를 하자는 선까지 후퇴했다.

12. 현재 독도에는 '독도 수비대'라는 명칭의 전투경찰이 있다. 국방은 군인이 담당하고 치안은 경찰이 맡는 게 상식이다. 따라서 독도는 전투경찰이 아니라 해군이나 해병대가 지키고 있어야 한다. 반면에 일본은 독도 주변의 영해와 영공에 자국의 군함과 전폭기를 자주 파견시키고 있다. 한국은 전투경찰이 독도를 지키고 있지만, 일본은 막강 자위대가 독도의 경계를 맡고 있다. 독도 앞바다에서 이들이 한판 붙으면 과연 누가 이길까? 아마도 지하에서 이순신 장군이 통곡하고 계실 것이다. 헛똑똑이 공직자들 때문에….

13. 동해(東海)의 명칭이 일제 시대 이전에는 'Mer de coree' 등 '조선해'의 영문명칭으로 널리 알려지다가 광복 이후에는 전세계 대부분의 지도에서 'Sea of Japan'이라고 표기되고 있다. 이에 한국 정부는 '한국해'라고 항의하기는커녕 맑고 푸른 바다라는 뜻의 청해(淸海)로 표기하자고 하고 있지만, 일본은 이를 강력하게 거절하고 있다. 세계 지도상에 '일본해'로 표기된 지역에 외롭게 떠 있는 섬을 한국 영토라고 주장한다면, 이 세상 어느 누가 그것을 믿어주겠는가.

지난 2000년 9월 19일, KBS는 DJ의 방일(訪日)을 앞두고, 당시 일본 총리였던 모리 요시로(森喜朗)와 특별회견을 가졌다. 그 자리에서 모리 총리는 "타케시마의 영유권 문제는 역사적 사실에 근거해서나 국제법상으로도 명확하게 일본의 고유 영토라는 것이 우리의 일관된 입장이다"라고 주장했다. 이는 1960년대의 사토(佐藤) 총리로부터 1970년대의 후쿠다(福田), 1980년대의 나카소네(中曾根), 1990년대의 하시모토(橋本)

총리의 대 독도 영유권 발언과 같은 맥락을 유지하고 있기 때문에 그리 놀랄 만한 일도 아니다.

>>>> KBS 경영진의 비굴한 태도는 지탄받아야…

그러나 KBS 경영진이 보여준 비굴한 태도는 지탄받아 마땅하다. KBS 경영진은 "DJ의 일본 방문을 하루 앞두고 모리 총리의 독도 망언이 방송될 경우, 정상회담에 미칠 악영향과 국익을 고려, 편집과정에서 그 내용만을 삭제한 채 방송했다"라고 밝혔다.

그런데 필자는 남의 영토를 자기네 땅이라고 박박 우기는 자를 앞에 두고, 국익과 악영향을 운운하는 사람들의 생각을 도무지 이해할 수 없다. 혹시 대한민국의 공영방송인 KBS가 일본 공영방송의 한국 지사라도 된다는 말인가! 도대체 그들이 말하는 국익이란 것이 무엇이고, 또 악영향이라는 것이 무엇을 의미하는가?

이제 국민들은 KBS 경영진이 훗날 국가가 위기에 처했을 때, 나라를 다시 팔아먹을 수 있는 잠재적 매국노 집단은 아닌지부터 꼼꼼하게 살펴보아야 할 것 같다.

끝으로 국가 재산도 제대로 지키지 못하는 헛똑똑이들에게 필자가 꼭 들려주고 싶은 말이 있다. "어떤 허구에 찬 주장도, 그것을 오랫동안 방치하면 기정사실화된다"라는 매우 단순한 진리를 말이다.

붕어와 한국 정부의 공통점

붕어처럼 과거를 쉽게 망각하는 민족에게는

똑같은 시련이 되풀이될 수밖에 없다!

종종 동료 교수들과 함께 낚시를 즐기다 보면, 물고기들의 기억력이 아주 나쁘다는 생각을 하게 된다. 필자의 경우, 미끼에 걸린 작은 물고기는 어종에 관계없이 모두 풀어준다. 미처 다 자라지 못한 어린 물고기의 생명까지 빼앗는다는 것 자체가 왠지 모르게 찜찜하기 때문이다.

그래서 "월척이 되기 전까지는 낚시꾼에게 절대로 잡히지 마라"는 신신당부와 함께 방면해준다. 그런데 풀어준 지 5분도 채 안 되어 또다시 잡히는 물고기가 종종 있다. 특히 붕어란 놈들이 그렇다. 잡힌 붕어의 입과 아가미 언저리에 있는 낚시바늘의 상처를 보면, 조금 전에 필자가 살려주었던 녀석임을 금방 알 수 있다.

필자도 그런 붕어들에 대해서는 더 이상 관용을 베풀지 않는다. 아무런 미련 없이 저승행 열차인 그물망에다 그냥 밀어넣는다. 입과 아가미가 찢어지면서 겪었을 과거의 고통을 망각하고, 또다시 미끼의 유혹을 극복하지 못한 녀석의 미래는 보장해줄 가치가 없기 때문이다.

〉〉〉〉 우리 정부와 붕어는 닮은 점이 많다!

과거를 빨리 망각한다는 측면에서 우리 정부와 붕어는 너무나도 많이 닮았다. 특히 일제에 항거하면서 광복의 기틀을 다졌던 애국 독립투사, 한국전쟁 때 나라를 위해 싸웠던 군인, 베트남 전쟁 참전용사(이하 파월장병)들에 대한 정부의 태도를 보면 더욱 그런 생각이 든다.

먼저 애국 독립투사와 그 후손들을 위해 그 동안 우리 정부는 무엇을 했는가? 기껏해야 금가루가 헤엄쳐간 쇳조각 훈장과 몇 푼의 연금 지급이 전부였을 것이다. 정부는 그것으로 자신의 도리를 다했다고 강변할지도 모른다. 그러나 천만의 말씀이다. 애국 독립투사들은 훗날의 영화와 개인의 영달을 위해 풍찬노숙(風餐露宿)하며 일제와 맞서 싸운 것이 아니다.

자신의 전재산은 물론, 하나뿐인 목숨까지 내놓으면서 조국 광복을 위해 위국헌신(爲國獻身)한 분들과 그 후손들에게 정부가 주는 연금은 아이들 껌값에 불과했다. 훈장은 어떠한가. 지금껏 정부는 갖은 명목으로 훈장수여를 남발해왔다.

심지어 5·18 광주민주화 항쟁에서 선량한 시민을 사살하도록 명령했던 인간 백정들에게까지 무공훈장을 준 정부가 아닌가? 자유와 민주주의가 생생하게 살아 숨쉬는 역사의 땅, 전라도 광주를 적과 교전하는 전쟁터로 간주하지 않았다면 어떻게 그런 짓을 할 수 있는가? 그러고도 정부라고 당당하게 세금을 거둘 수 있는가?

따라서 이제는 정부의 훈장수여를 거부하는 사람마저 나오는 지경에 이르렀다. 그와 같은 훈장이 애국 독립투사와 그 후손들에게 무슨 의미가 있겠는가? 정부가 제일 먼저 했어야 할 일은, 그게 아니었다. 낯선 이국 땅에 방치되어 있는 애국 독립투사들의 유해를 찾아내 광복된 조국의 품에다 편히 모시는 일과, 그 분들이 남긴 드높은 애국애족

균형감각을 상실한 한국의 통일부총리!

의 정신을 계승시키는 일부터 했어야 옳았다.

몇 년 전 안중근 의사 순국 90주기(2000년 3월 26일)를 맞아 일시 귀국했던, 안 의사의 유일한 직계 손자 안웅호 박사는 다음과 같은 말로 우리 정부와 국민을 향해 섭섭한 마음의 일단을 드러냈다. "할아버지의 고귀한 뜻은 망각해가면서, 그 분의 서필이나 문서기록과 같은 물질적인 유산에만 매달리고 있는 한국인은 이를 부끄럽게 여겨야 할 것입니다. 그리고 할아버지께 진심으로 사과해야 합니다." 필자 또한 안 박사에게 뭐라 할 말이 없다. 그저 죄송스럽고, 유구무언일 따름이다.

또한 한국전쟁 때, 국군으로 참전해서 북한 지역에서 전사했거나 포로로서 북한에 억류되어 있는 사람들을 위해 지금껏 정부가 한 일은 무엇인가? 전사했거나 실종된 국군의 유해발굴과 신원확인을 위해 최선의 노력을 다했는가, 아니면 국군포로의 송환을 위해 팔을 걷어붙이고 나선 적이 있는가? 아마도 1994년 국군포로였던 조창호 소위가 탈북해 오지 않았다면, 국군포로의 문제는 아예 북한 당국에게 이의조차 제기할 수 없었던 미제(未濟)의 사항으로 남았을 것이다.

거기다가 한술 더 떠, 당시 박재규 통일부총리는 2000년 6월 20일, 국회 통일외교통상위원회에서 "법적으로 국군포로는 없다"라는 무책임한 발언까지 했다. 필자는 지금껏 일본의 극우주의자들만 망언을 하는 줄 알았다. 그러나 이제 보니 우리나라의 통일부총리도 제정신이 아니기는 그들과 마찬가지다.

이처럼 넋이 나간 사람에게 계속해서 통일부총리라는 국가의 중책을 맡기는 것만으로도 모자라, 하루에도 몇 차례씩 남북관련 소식을 전하는 TV 화면에 등장시킨 우리 정부의 속뜻을 정말로 모르겠다.

50년 동안 자신을 배반하고 까맣게 잊어준 조국을 향해 목숨을 건 탈출을 시도하고 있는 국군포로가 엄연히 존재하고 있는데도, 국군포로의 존재 자체를 부정하는 사람이 어떻게 정부의 대북 통일업무를 관장하는 최고책임자가 될 수 있는가? 또 자기 목소리는 거의 내지도 못하고, 북한 정권의 심오한(?) 뜻만을 헤아리며, "네! 네! 네!"로 일관하는 태도가 진정으로 남북통일에 도움이 될 것이라고 믿는가?

더 이상 파월장병의 명예를 더럽히지 마라!

파월장병들에 대한 정부의 반응은 또 어떠한가.

박정희 정권은 1965~73년까지 약 8년 동안, '자유 민주주의의 수호'라는 기치 아래 총 32만여 명(상주 병력 5만 명)의 국군을 베트남에 파병했다. 그리고 전쟁기간 동안 한국군은 4,891명이 전사하고 1만 281명이 부상을 당했다. 젊은 병사들은 국가의 추상 같은 명령에 따라 머나먼 이국 땅의 정글에까지 가서 열심히 싸웠다. 그 때문에 한국경제는 재도약할 수 있는 전기를 맞이할 수 있었다.

우리나라 과학기술 발전의 산파역할을 했던 한국과학기술연구소(KIST)의 설립, 월남 특수로 인한 경공업 분야의 비약적인 발전, 국가 대동맥이라 할 수 있는 경부고속도로의 건설 등이 베트남 파병에 따른 경제적 대가였다. 물론 정권의 정통성을 인정받지 못한 박정희가 미국의 린든 존슨(Lyndon Jhonson) 정부에 충성함으로써 자신의 대내외 정치적 기반을 공고히 하려 했던 불순한 동기를 배제할 수는 없다.

어쨌든 30여 년 전 국가의 부름을 받고 단지 군인으로서의 책무를 다했던 병사들이, 이제 와서 국가로부터 철저하게 버림받고 있다. 고엽제 피해자들이 그 대표적인 예다. 1998년 말 현재, 파월장병 32만여 명 가운데 약 1만 3,000명 정도가 고엽제 피해자로 신청했다. 그런데 정부는 그들 중 고엽제 후유증 환자로 1,400여 명, 후유의증(後遺疑症) 환자로 4,000여명을 판정해서 치료해주는 게 고작이다.

나라가 어렵고 필요할 때는 국가에 대한 충성을 앞세워 건장한 젊은 이들을 사지에 몰아넣고, 이제 와서 '나 몰라라'는 식으로 책임을 회피하려는 것은 정부가 취할 자세가 아니다. 더욱이 파월 당시 '성스러운 반공 전쟁'으로 규정되었던 베트남 전쟁이, 최근 일부 식자(識者)들에 의해 '민족 해방을 위한 베트남 인민들의 독립전쟁'으로 재조명됨에 따라 파월장병들의 입지는 더욱 좁아지고 있다. "파월장병들이 용병(傭兵)이었다"는 주장과 "파월장병들이 베트남 양민을 무차별 학살했다"는 일련의 보도가 이 같은 현실을 대변해준다.

그러나 한번 냉철하게 생각해보자.

1965~73년까지 미국이 지급한 파월장병들의 월급을, 정부가 중간에서 한푼도 떼지 않고 파월장병들에게 고스란히 나눠주었는가? 또 파병 전, 파월장병 모두가 베트남 전쟁의 특성과 역사성에 대해 정확하게 이해하고 있었는가? 만일 일부 식자들이 이 두 가지 질문에 대해 "아니

오"라고밖에 답변할 수 없다면, 더 이상 파월장병들을 용병으로 매도하지 마라. 어느 누구도 국가의 명령에 따라 군인으로서의 본분에 충실했던 파월장병들의 명예를 훼손시킬 자격이 없다.

또 지식인들은 '전쟁'이란 특수성을 제대로 알기나 하고 떠드는가? 양민에서 베트콩 게릴라로, 베트콩 게릴라에서 양민으로 계속 둔갑하면서 파월장병들을 공격하고 살상하는 장면을 떠올려 보라. 더구나 낯선 밀림 속에서 동료 전우가 피를 흘리며 죽어갈 때, 그것을 옆에서 지켜본 파월장병이 과연 상식과 평상심(平常心)을 가질 수 있었을까?

모르긴 해도 적개심, 분노, 죽음에 대한 공포, 삶에 대한 애착 등이 뒤범벅되어 극도의 비이성적인 행동을 할 개연성이 매우 높았을 것이다. 그 때 양민을 게릴라로 오인했거나 양민 속에 숨어들은 베트콩 게릴라를 소탕하는 과정에서 본의 아니게 양민들이 희생되었을 가능성이 얼마든지 있다. 그것이 바로 전쟁의 속성이다.

본래 전쟁이란, 제정신을 갖고 하는 것이 아니다. 세계의 모든 전쟁사를 조망해보라. 냉철한 이성과 박애정신을 갖고 수행한 전쟁을 찾아보기가 그리 쉽지 않을 것이다. 따라서 전쟁을 치르는 민족만 불행한 것이다. 그러나 지금에 와서 문제가 있다면, 그것은 뚜렷한 명분 없이 남의 나라 민족 전쟁에 우리 젊은이들을 파병한 박정희 정권의 무모함을 탓해야 한다. 비록 베트남 파병이 한국경제의 부흥에 긍정적인 효과를 미쳤다 할지라도 말이다.

따라서 국내 H신문사가 보도한 바대로 파월장병에 의한 베트남 양민학살이 있었다면, 그것은 전적으로 국가가 책임져야 할 문제다. 파병에 대한 명령권자가 바로 국가였기 때문이다. 정부는 베트남 정부와 공동으로 양민학살 유무를 조사한 후, 희생된 양민이 있었다면 그들에 대해 공식으로 사과하기 바란다. 물질적 보상은 그 다음의 문제다. 왜냐하면 한국군의 베트남 파병이 미국 정부의 요구에 따라 이루어진 것인만큼, 미국 정부도 보상의 책임에서 결코 자유롭지 못하기 때문이다.

〉〉〉〉 국가는 과연 무엇을 위해 존재하는가?

필자는 우리 정부에게 긴급 제안한다.

정부는 더 늦기 전에 이스라엘과 미국 정부의 태도를 진지하게 학습하고, 한 수 배웠으면 한다. 이스라엘 정부는 전투 중에 실종된 군인이 사망으로 확인되기 전까지는 현역군인으로 간주, 봉급의 지급은 물론 진급까지 시켜주며 그의 가정 또한 성심껏 보살펴준다고 한다. 또 군인으로서의 자기 역할에 충실했을 경우에는, 전투현장에서 행한 모든 일에 대해 일체의 개인적 책임을 묻지 않는다고 한다. 이스라엘 정부의 이와 같은 태도가 위력을 발휘했던 것은 1967년에 발발한 '6일 전쟁 (1967. 6. 5~1967. 6. 10)'과 1973년의 '10월 전쟁(1973. 10. 6~1973. 10. 25)'에서다.

이스라엘과 아랍 동맹국들 간에 중동전쟁이 발발하자, 미국에 유학 중이던 이스라엘 청년들은 위기에 처한 조국을 구하기 위해 학업을 포기하고 자진 귀국했다. 그리고 펜 대신 총을 들고 전쟁터로 달려갔다. 밝은 미래가 보장된 그들이 자신의 조국을 위해 모든 것을 기꺼이 받치고자 했던 그 뜨거운 조국애의 원천은, 평소 자국 군인에 대한 무한책임을 묵묵히 실천한 이스라엘 정부의 현명함에 있었던 것이다.

또 하와이에는 실하이(CILHI) 부대가 있다. 이른바 '미 육군 중앙유해감식소'라고 불리는 이 부대는 세계 곳곳에서 미국의 국익을 위해 활동하다가 전사한 미군의 유해를 전문적으로 감식한 후, 본국으로 송환할 목적으로 창설되었다. 그들의 부대훈(部隊訓)은 "We are not forgetten!"이다. 즉 "미국 정부는 미국의 국익수호를 위해 싸우다 숨진 병사들을 영원히 잊지 않겠다"는 단호한 의지 표명이다.

아주 오랜 시간이 흐른 지금까지도 엄청난 비용과 희생을 감수해가면서 세계의 분쟁지역에서 실종되었거나 전사한 자국 군인의 송환 및 유해발굴에 심혈을 기울이고 있는 미국 정부의 자세를 보면, 실하이 부대훈이 빈말이 아님을 알 수 있다.

우리 정부도 그런 점들을 본받아야 한다. 국가를 위해 목숨을 초개처럼 버렸던 사람들을 정부가 외면하는 한, 앞으로 국난을 당했을 때 기꺼이 전장으로 달려가 싸울 수 있는 사람은 아무도 없을 것이다. 그 결과는 곧 국가의 멸망으로 직행하고 만다. 우리가 과거의 역사적 질곡을 극복하고 오늘날의 경제적 풍요를 누릴 수 있게 된 이면에는 호국영령들의 고귀한 희생이 있었음을 한시도 잊지 말아야 한다.

또 그 분들의 넋을 기리고 값진 희생을 위로하기 위해서는 남겨진 유가족들에게 국가가 할 수 있는 최소한의 의무와 도리를 다하는 데 인색하지 말아야 한다. 그것이야말로 국가가 존재해야 하는 첫번째 이유다. 다시 한번 강조하건대, 뼈아픈 과거를 망각하고 호국영령과 국가유공자들을 제대로 챙겨주지 않는 국가와 민족에게는 더 이상 밝은 미래가 보장되지 않는다.

신림동 고시촌에서 한미 양국의 국력 차이를 읽다!

암기 천재들이 국정을 좌지우지하는 한,

대한민국의 밝은 미래는 없다!

오늘날 우리 사회는 온통 고시(高試) 열풍에 휩싸여 있다. 우리나라의 최고 명문이라고 하는 서울대의 경우, 재학생 1만 8,000여명 중 30%에 이르는 6,000여 명이 사법고시를 비롯한 외무·행정고시를 준비하고 있다고 한다. 대학 도서관의 열람실이 고시생들의 독서실로 전락한 것은 이미 오래 전의 일이다. 또한 전국적으로 약 3만 명에 이르는 인재들이 고시 준비를 위해 청춘을 걸고 있다는 소문이다.

IMF 금융위기는 그 동안 우리나라 샐러리맨들이 철옹성처럼 여겨왔던 평생직장과 종신고용이라는 기존의 노동계약 관행을 여지없이 깨뜨려버렸다. 물론 공직사회에서도 구조조정이 있긴 있었다. 그러나 민간 기업의 구조조정에 비하면 그것은 새발의 피에 불과했다. 한 마디로 생색내기용 시늉에 지나지 않았던 것이다. 그 때문에 공직을 선호하는 경향이 IMF 금융위기 이전보다 훨씬 더 강해졌다는 게, 고시 관련업계 종사자들의 한결같은 얘기다.

⟫⟫⟫ 미국의 수재들은 벤처기업으로, 한국의 수재들은 고시원으로

그런데 문제는 전국에서 내로라 하는 수재들이 자신의 전공은 내팽개친 채, 국가고등고시로 대거 몰려들고 있다는 점이다. 그 기저에는 조선시대의 신분질서였던 사농공상의 구습과 사회적 신분상승을 노리는 한탕주의의 병리현상이 깊게 깔려 있다.

특히 몇 년 고생해서 고시에만 합격하면 화려하고 품위 있는 삶이 보장될 것이라는 확고한 믿음이, 한국의 수재들로 하여금 고시라는 블랙홀로 빠져들게 한다. 실제로 동기동창들의 모임이나 선배들의 경우를 보면, 고등고시에 합격한 후 공직생활을 하는 사람들이 재산보유 랭킹에서 대부분 상위를 차지하고 있다.

신기한 것은 그들 부모가 그렇게 큰 부자가 아니었고, 그들의 연봉 또한 얼마 되지 않는데도 불구하고 아주 짧은 기간에 상당한 부를 축적했다는 사실이다. 어쨌든 그들의 부는 돈 많은 처가에서 3개 이상의 열쇠를 받았거나, 부인들의 탁월한 재테크 능력(?)에서 비롯되었을 것이다.

그런데도 필자는 "그들이 주인 없는 눈먼 돈이나 검은 돈을 챙겼기 때문이 아닐까?"라는 의구심이 든다. 지금까지 온갖 비리와 부정부패에 연루되었다가 솜바지를 입고, 감옥에 가는 공직자들을 너무나도 많이 보아왔기 때문이다.

한편, 우리나라 국가고등고시 제도의 병폐는 그 동안 국내외 여러 학자들을 통해 무수히 제기되어왔다. 그 중에서도 《W이론을 만들자》라는 책으로 화제를 불러일으킨 서울대 이면우 교수의 지적은 우리 사회에 시사해주는 바가 매우 컸다. 그는 1998년에 저술한 《신창조론》이라는 책에서 미국의 실리콘 밸리와 한국의 신림동 고시촌을 예로 들며, 우리나라 국가고등고시 제도의 폐해를 신랄하게 비판한 바 있다. 그의

한미 양국 젊은이들의 사고와 인생관 비교	
미국의 실리콘 밸리	한국의 신림동 고시촌
미지의 세계에 대한 도전과 개척정신	한탕주의 · 권력지향주의
미래에 대한 비전으로 가슴이 설레임	가슴이 답답하고 불안함
정보사회의 신천지를 개척함	과거를 연구해서 현실에 안주하려고 함
창의성과 기발한 발상이 밑천	실용성이 전혀 없는 암기능력이 밑천
정보공유와 정보확산에 주력함	'나 홀로 식' 사고로 정보독점을 고집함
미래의 가치 창조에 희열을 느낌	국민 위에 군림하는 데서 희열을 느낌

주장에 필자의 개인적인 견해를 보태 한국과 미국 젊은이들의 사고와 인생관을 비교해놓은 것이 위의 표다.

세계적인 명문사학인 스탠퍼드 대학이 자리잡고 있는 실리콘 밸리는, 이름 그대로 폭 15km, 길이 50km에 이르는 아주 협소한 지역이다. 그리고 이 지역에는 고급두뇌들로 구성된 첨단 벤처기업들로 가득 차 있다. 실리콘 밸리의 인재들은 미래 정보화 사회의 새로운 영역을 개척하기 위해 밤낮 없이 연구에 몰두하고 있다.

특히 미지의 세계에 대한 도전과 개척정신을 바탕으로 최선을 다하는 그들의 연구가 성공할 경우, 세상 사람들의 삶은 일대 전기를 맞이하게 된다. 사람들은 자신이 원하는 시간에, 필요한 모든 정보를 마우스의 클릭 한번으로 얻을 수 있다. 또한 재택근무 · 재택치료 · 재택쇼핑 · 재택수업 등도 가능해지기 때문에, 사람들은 그만큼 생활의 여유를 즐길 수도 있다. 이처럼 미지의 세계를 창조해나가려는 연구원들은 모두 미래에 대한 비전으로 가슴이 설레이지 않을 수 없다.

반면에 신림동 고시촌으로 몰려드는 우리나라 인재들은 항상 가슴이 답답하고 불안하다. 왜냐하면 주위에는 10년 이상을 공부하고도 합격하지 못한 사람들이 즐비한 가운데, 단 한 차례의 도전으로 합격의 행운을 거머쥔 사람도 존재하기 때문이다. 이들은 수직적인 신분상승과 권력에 대한 애착을 느끼면서, 육법전서와 수많은 판례들을 그저 외우고 또 외우는 사람들이다.

이처럼 과거를 연구해서 고시에 합격한 다음, 현재와 미래의 안락한 생활에 안주하려는 게 신림동 고시촌 사람들의 속성이다. 이들에게는 미지의 세계를 개척해나가려는 뉴 프론티어 정신도 없다. 오로지 현재의 자신만 잘 되면 그만인 것이다.

한편, 실리콘 밸리의 연구원들은 생존을 위해 늘 열린 마음으로 정보공유와 정보확산에 주력한다. 또 기발한 발상과 창의력으로 미래의 가치창조에 도전하고, 그 결과에 따라 엄청난 희열과 보람을 느낄 수 있는 사람들이다. 그러나 신림동 고시촌 사람들은 합격을 위해 '나 홀로 식' 사고로 수험정보를 독점하면서 아무짝에도 쓸모 없는 암기력을 밑천 삼아 고시에 자신의 운명을 건다.

그리고 고시에 합격하면 새파랗게 젊은 나이에 '영감님' 소리를 들으며 국민들 위에 군림할 것이다.

〉〉〉〉 이제 국가고등고시제도는 용도 폐기시켜야…

한편, 21세기 지식정보화 사회는 정부로 하여금 법률 · 행정서비스의 전문화, 대외 협상능력의 제고, 정부실패(government failure)의 최소화, 정부예산의 효율적 운용 등을 강력하게 주문하고 있다. 그런데 신림동 고시촌이라는 골방에 틀어박혀 급변하는 세상과 담을 쌓은 채, 오직 고등고시 하나만을 목표로 교과서만 달달 외우는 두뇌를 갖고서는 복잡한 현안문제를 도저히 해결할 수 없다.

디지털 시대는 톡톡 튀는 아이디어와 창의성을 필요로 하는 반면, 현행 고등고시제도는 젊은이들의 잠재적 창의성까지 말살시키고 있기

한미 양국의 국력 차이를 잘 설명해주는 곳!

때문이다.

이 같은 이유 때문에, 선진국들은 자국의 고급공무원들을 국가고등고시로 뽑지 않는다. 아예 그러한 인재선발제도가 없다. 일본만이 국가고등고시제도를 유지해왔을 뿐이다. 그런데 최근 들어 일본도 국가고등고시제도에 대한 대대적인 개혁을 추진하고 있다.

지난 2000년 10월 24일, 일본 정부 내의 사법제도개혁심의회는 사법시험을 폐지하는 대신 법과대학원, 일명 로스쿨(law school)을 신설하는 개혁안을 마련했다.

또 사법제도개혁심의회는 법과대학원의 성적관리를 엄격히 실시하고, 시대에 부응하는 새로운 선발시험을 통해 판사·검사·변호사의 자격을 부여하는 방안을 제시했다.

이제 우리도 한국 체형에 적합한 인재등용 시스템을 체계적으로 정립해나갈 시점에 이르렀다.

국가고등고시제도의 새로운 개혁방향

국가고등고시제도의 개혁과 관련해서 필자는 정부 당국에게 몇 가지 사항을 제안하고자 한다.

첫째, 앞으로 법조인이 되려면 미국의 로스쿨처럼 법과대학을 나온 졸업생들만 응시할 수 있도록 자격제한을 강화해야 한다. 법의 정신이나 법조인의 사회적 책임도 제대로 모르는 사람들이 학원이나 독학을 통해 법조인이 되는 것은 매우 위험하다. 더구나 남의 목숨까지 빼앗을 수 있는 법적 판결은, 아무나 할 수 있는 게 아니기 때문이다.

둘째, 고등고시에 인생을 거는 사람이 많은 것은, 일단 합격하면 부와 명예가 한꺼번에 보장된다는 믿음이 있기 때문이다. 이 문제를 해결하려면 법조인이 되기 위한 진입장벽을 대폭 낮춤으로써 법조인의 수를 늘리고, 그들 사이의 경쟁을 촉진시켜야 한다. 또한 법조인들의 세금 탈루 여부를 철저하게 조사, 그들의 부도덕성에 대한 감시를 한층 더 강화시켜나가야 한다. 게다가 법률서비스의 획기적 향상을 위해서는, 법률서비스의 시장개방도 신속하게 추진할 필요가 있다.

셋째, 외무직과 일반행정직의 고급공무원은 '외부전문가 풀(pool)제도' 와 '내부승진제도' 를 적절히 활용해서 충원하는 게 바람직스럽다. 치열한 경쟁을 통한 7·9급 공무원들의 내부승진과, 유능하고 참신한 외부전문가의 수혈을 통해 정부 정책의 효율성과 합리성을 추구해나가야 한다. 이 같은 의미에서 21세기형 인재선발의 필터링 기능을 상실한 외무·행정고등고시제도는 당연히 폐지되어야 마땅하다. 현행 국가고등고시제도는 "창조적인 일을 하지 못하고 상사가 시키는 일만 잘 하는 20세기형 인재"를 선발하는 데나 적합한 제도이기 때문이다.

마지막으로 지식정보화 시대가 요구하는 최적의 공무원상은 '제너럴라이징 스페셜리스트(generalizing specialist)' 다. 이는 특정 분야의 전문가인 동시에, 공직을 수행하면서 국가경영 전반의 지식을 두루 섭렵하고 있는 아이디어맨을 의미한다. 이와 같은 인물들이 정부의 외무 및 행정업무를 이끌 수 있을 때 비로소 정부실패 현상을 대폭 줄일 수 있다.

우리는 지난날 미국의 클린턴 정부가 월스트리트의 증권맨 출신이었던 로버트 루빈(Robert Rubin)을 재무장관으로 발탁, 미국경제를 중흥시켰던 전례를 거울 삼아 21세기의 바람직한 국가 공무원상을 정립해야 한다. 이제, 관료들의 무능과 어리석음에 따른 정부실패는 국민들로부터 더 이상 용서받기 어렵다!

1 세계경제 4강 진입을 위한 한국적 리더십의 제안

지금까지 우리는 여러 가지 사례를 통해, 정치 리더들의 리더십 부재가 국가적 위기를 초래하는 핵심요인임을 살펴보았다. 히딩크 감독이 디지털 시대에 부응하는 탁월한 리더십을 통해 변방에 머물러 있던 한국 축구를 세계적 수준으로 끌어올렸듯이, 정치 리더들은 지식정보화 사회에 걸맞은 우리 고유의 리더십으로 한국경제를 세계경제 4강 대열에 연착륙시켜야 한다. 이를 위해 꼭 필요하다고 생각되는 5가지의 한국적 리더십을 긴급 제안하고자 한다.

첫째, 정치 리더들의 뛰어난 변화지수다. 여기서 말하는 변화지수란, 세상이 변화해나가는 방향과 속도를 정확하게 감지하고, 그에 능동적으로 대처해 나갈 수 있는 능력을 말한다. 일찍이 찰스 다윈(Charles Darwin)은 《종의 기원(On the Origin of Species by Means of Natural Selection)》을 통해 변화에 적응한 생명체는 살아남아 종족을 번식시킬 수 있지만, 적응하지 못하면 곧바로 도태될 수밖에 없음을 역설한 바 있다. 조선의 선조 대왕, 대한제국의 대원군, 문민정부의 YS가 국가적 위기를 불러왔던 것도, 그들의 변화지수가 낙제 수준을 면치 못했기 때문이다. 과거 성공한 군주들은 모두 경연(經筵)에 열심히 임했던 사람들이다. 따라서 이제부터는 정치 리더들도 청와대나 국회의사당

안에서 끼리끼리의 횡포와 패싸움을 멈추고, 독서와 전문가 토론을 통해 자신들의 뇌력(腦力)을 증진시켜나가기 바란다. 앞으로 전문가의 충고나 조언을 무시하고 독서를 게을리 해서 머리가 텅 빈 정치 리더들이나 야랑자대(夜郎自大)의 우물안 개구리 식 리더는 더 이상 우리의 지도자가 될 수 없다. 오로지 3류 정치깡패나 형편없는 룸펜에 불과할 따름이다.

둘째, 공정하고 투명한 국정운영의 원칙을 정립하는 것이다. 그것이야말로 지역감정의 장벽을 허물어 국민대통합을 이룩하고, 공정한 경쟁의 촉진을 통해 사회적 신뢰관계를 구축할 수 있는 첩경이다. 또 이는 법치(法治)의 확산, 시장질서의 확립, 인사의 공정성을 실현시키기 위한 필요조건이다. 외국인 투자를 불러들이는 '기업하기 좋은 나라의 건설'도 이 같은 원칙이 전제되지 않고서는 불가능하다. 따라서 이제 시대착오적인 인치(人治)와 행치(行治)의 구습은 쓰레기 매립장으로 보내야 한다.

셋째, 염치의식을 갖고 자기희생을 실천하는 귀족정신의 부활이다. 정치 리더로서 성공하려면, 적어도 자신이 "나를 따르라!"라고 외칠 때 자발적으로 추종하는 국민들이 많아야 한다. 그런데 국민들은 아무나 따르지 않는다. 오로지 염치의식과 자기희생을 몸소 실천하는 진정한 귀족의 뒤만 따르려는 경향이 있다. 수십만의 나당연합군에 당당하게 맞섰던 백제군의 5,000여 결사대와, 조선 수군이 12척의 배로 250여 척의 왜선을 상대할 수 있었던 이면에는 계백 장군과 이순신 장군의 숭고한 귀족정신이 있었기 때문이다.

넷째, 국민들에게 심리적 안정과 감동을 안겨줄 수 있는 정치 리더들의 감성지수가 획기적으로 개선되어야 한다. 정치는 폭력이나 투쟁의 대상이 아니다. 앨빈 토플러(Alvin Toffler)가 《권력이동(Powershift)》에서 지적했듯이, 설득과 타협을 통한 정치가 국민생활을 편안하게 해줄 때, 국민들은 정치 리더들에게 아낌없는 환호와 찬사를 보내기 마련이다. 먼저 현행 국회의사당의 좌석배치 시스템부터 새롭게 개혁하자.

우리나라 국회의사당의 좌석배치 상황을 보면, 초선의원은 맨 앞자리에 앉고 중진급 의원일수록 뒷좌석에 앉는다. 그러다 보니 다른 당 소속의원에 대한 목조르기나 격투기는 언제나 초선의원의 몫이다. 중진급 의원들은 이 같은 치졸한 싸움을 뒷좌석에서 느긋하게 지켜보며 응원도 하고, 자기 당에 대한 충성심을 저울질해보면서 차기 국회의원 선거에서의 공천 여부를 생각할 것이다. 이래서는 안 된다.

뒤늦은 감이 있긴 하지만, 지금이라도 그 틀을 한번 180도로 바꿔보았으면 한다. 최고 다선 의원을 맨 앞자리에 앉히고 초선의원은 뒷자리로 보낸 다음, 노련한 정객들이 펼치는 수준 높은 정치(?)를 초선의원들이 보고 배우도록 하자. 적어도 정치 9단들은 자신의 체면이나 입지를 생각해서 격투기 따위는 벌이지 않을 것이다. 아니 격투기를 벌일 만한 힘도 없을 것이다. 또 커닝페이퍼 돌리기와 같은 '쪽지 전달식 명령'도 사라질 것이다. 그렇게 되면 국민들이 정치를 팬 서비스 차원으로 이해하고, 정치 리더들을 새로운 시각으로 바라봄으로써 정치에 대해 깊은 애정과 관심을 갖게 될 것이다. 이제 국회의사당은 격투기의 연습장이 아니라 합리적인 비판과 건설적인 대안이 제시되는 상생의 토론장으로 만들어나가야 한다. 그것만이 한국 정치가 살아남을 수 있는 길이다.

다섯째, 설계와 분석능력의 강화다. 지금까지는 대통령이 국가정책의 가부(可否)만을 결정하는 수동적인 역할을 담당했다. 그러나 21세기의 대통령은 스스로 국정에 대한 합리적 의사결정을 할 수 있는 설계와 분석능력을 갖추고 있어야 한다. 이승만 정권에서부터 DJ 정권에 이르기까지 역대 청와대 비서실은 설계와 분석능력이 결여된 내시(內侍)집단에 불과했다. 몇 년 전, "새만금 개발사업을 계속해야 하는 건지, 아니면 그만두어야 하는 건지, 나도 잘 모르겠다"고 말한 DJ의 푸념 속에서 필자는 그것을 읽을 수 있었다.

앞으로 청와대 비서진은 대통령의 시스템 분석을 뒷받침할 수 있는 다양한 전문가들로 구성되어야 한다. 국내에 그런 인재가 없다면 과감하게 외국의 인재라도 수입해서 활용하라. 이제는 그들이 대통령과 함께 국정 운영의 총체적인 설계도를 도출해내야 한다. 또다시 우리나라 대통령이 어설픈 지시와 알맹이도 없는 대책회의를 주관하며 빈 망치질이나 해대는 인물로 전락해서는 곤란하다. 세계의 선진국들을 두루두루 살펴보라. 이들 나라의 성공한 대통령들은 대부분 현명한 참모들과 연계된 사설 두뇌집단이 주축이 되어 국정 운영의 설계도를 만들었다. 그리고 장관들에게는 대통령이 만든 설계도면에 따라 최고 품질의 행정서비스를 생산하는 공장장이 되어줄 것을 명령했다. 또한 그런 대통령이 집권하는 동안에는 부정부패나 국정농단(國政壟斷) 현상도 발생하지 않았다. 우리는 이와 같은 메커니즘을 철저하게 분석하고, 그들의 장점을 벤치마킹해야 한다. 만일 지금껏 소개한 리더십의 5가지 원칙만 제대로 정립된다면, 한국경제의 세계 4강 진입은 이미 따놓은 당상이나 마찬가지다.

제2부
시스템적 사고에 취약한 한국인

가짜 휘발유의 유통을 근절시킬 수 있는 비법

소비자들의 감시시스템 구축만이

가짜 휘발유를 근절시킬 수 있다!

휘발유 차량의 운전자들은 여러 모로 심기가 불편하다. 미국 부시 대통령의 말 한 마디에 국내 휘발유 가격이 널뛰기를 하는데다, 가짜 휘발유의 판매가 기승을 부리고 있기 때문이다. 알고도 속고 모르고도 속는 게 휘발유라고는 하지만, 가짜 휘발유의 사회적 병폐는 이미 그 정도를 넘어선 지 오래다.

가짜 휘발유의 불법제조 및 판매는 세금 포탈이라는 지하경제뿐 아니라 시장질서와 상거래의 기본 전제조건인 상호 신뢰관계마저 파괴하는 사회악이다. 또한 솔벤트·톨루엔·벤젠·시너 등을 섞어 만든 가짜 휘발유는 엔진에 무리를 주어, 자동차의 수명을 떨어뜨리고 대기오염을 가중시킨다.

이러한 문제를 해결하기 위해 산업자원부는 가짜 휘발유의 주원료를 생산하는 제조업체들을 상대로 환경부·검찰·경찰·지방자치단체들과 함께 특별단속을 벌이고 있다. 한국석유품질검사소와 대한석유협회도 '가짜 휘발유 신고센터'를 공동 운영하면서, 신고자에게 500만

원의 포상금까지 내걸고 있지만, 가짜 휘발유의 유통은 좀처럼 수그러들 기미를 보이지 않고 있다.

⟫⟫ 시스템적 사고와 '순번 번호표' 시스템

앞으로 정부가 가짜 휘발유의 유통을 근절시키기 위해서는 무엇보다도 시스템적 사고로 대처해야 한다. 여기서 말하는 시스템적 사고란, 맹자(孟子)의 성선설이 아니라 순자(荀子)의 성악설(性惡說)에 입각한 사고방식을 말한다. 즉 인간은 본질적으로 사악한 경제적 동물이다. 따라서 이해당사자들이 서로 감시할 수 있는 시스템을 만들어 나쁜 짓을 원천봉쇄하거나, 나쁜 짓을 하면 할수록 더 큰 불이익을 당하도록 하는 사회적 룰(rule)을 만드는 게 효과적이다. 인간은 본디 착하기 때문에 일시적인 단속이나 계도활동만 잘 해도 소기의 목적을 충분히 달성할 수 있다는 지나친 낙관론이야말로 경계대상 1호다.

우리 사회에서 가장 손쉽게 찾아볼 수 있는 시스템적 사고의 대표적인 사례로, 현재 모든 금융기관에서 활용하고 있는 '순번 번호표' 시스템을 들 수 있다. 일본으로부터 이 시스템이 도입되면서 금융기관의 객장 분위기가 뚜렷이 달라졌다. 이제 고객들은 과거처럼 줄을 서서 기다릴 필요가 없어졌고, 고질적인 새치기도 깨끗하게 사라졌다. 고객들은 객장에 들어오는 순서대로 '순번 번호표'를 뽑은 다음, 편안하게 소파에 앉아 있다가 자신의 차례가 돌아오면 담당직원에게 조용히 다가가 볼일을 보면 그만이다. 청원경찰이 눈을 부라리며 "객장 내의 질서유지를 위해 줄을 서주세요!"라고 외치지 않더라도 고객 모두가 자발적으로 질서를 지키도록 유도하는 '순번 번호표' 시스템. 이와 같은 제도를 고안하고 설계할 수 있는 것이 시스템적 사고다.

최근까지 우리 정부는 "자신들만이 모든 것을 할 수 있다"는 정부 만

능주의의 독단에 빠져 있다. 그러다 보니 관료들이 입으로는 날마다 규제완화를 외치고 있지만, 실제로는 정부규제를 강화시킬 수밖에 없는 것이다. 거기에는 '규제' 라는 무기를 꿰차고 있어야만 급행료나 도장 값을 챙길 수 있다는 도둑놈 심보까지 내재되어 있다. 그런데 문제는 이 같은 정부의 규제활동이 사회정의의 실현이나 상거래 질서의 확립에 그다지 도움이 되지 못한다는 점이다. 우리는 날로 심화되고 있는 가짜 휘발유의 유통으로부터 이를 재확인할 수 있다.

시스템적 사고의 부재와 소비자들의 희한한 소비 행태

소비자들은 단돈 1,000원을 지불할 때도, 혹시 1,000원짜리 지폐가 한 장 더 붙어가는지 꼼꼼하게 체크한다. 또 사소한 상품을 구입할 때도, 그 하자 여부를 자세히 살펴보고 돈을 지불한다. 그런데 이 같은 소비자들이 물건도 보지 않고, 돈만 지불하는 희한한 경우가 두 가지 있다. 하나는 아파트를 청약하는 것이고, 나머지 하나는 휘발유를 넣는 경우다.

소비자들은 아파트를 청약할 때, 조감도와 견본주택(모델하우스)만을 보고 수천만 원에서 수억 원에 이르는 돈을 불입한다. 이는 만약 일이 잘못될 경우, 한 집안을 풍비박산 낼 수 있는 규모의 거액이다. 자가용 운전자들 또한 한 달에 적어도 20만~30만 원어치의 휘발유를 넣으면서도, 그것이 진짜인지의 여부를 확인하지 않고, 그냥 운전석에 앉은 채 돈만 지불한다.

왜 이러한 현상들이 일어나는 것일까?

평소 합리적인 소비자들이 이처럼 비이성적인 소비행위를 할 수밖에 없는 가장 큰 이유는, 정부가 사회적 감시시스템을 만들어 놓지 않았기 때문이다. 소비자들은 정보의 양이나 협상력 측면에서 건설업체·정유회사·주유소의 사장들보다 상대적으로 열악한 위치에 놓여 있다. 주택에 대한 초과수요가 항시 발생하고, 휘발유의 진위 여부를 변별해낼 수 있는 능력이 부족하기 때문에 소비자들은 건설업체와 기름장사들의 농간에서 결코 자유로울 수 없다. 이와 같은 문제를 해결할 수 있는 유일한 열쇠는 정부의 시스템적 사고뿐이다. 시스템적 사고와 가짜 휘발유의 관계를 좀더 분석해보자.

시스템적 사고만이 가짜 휘발유의 유통을 근절시킬 수 있다!

현재 우리나라 주유소들에 대한 휘발유 품질검사는 전적으로 한국석유품질검사소의 몫이다. 그런데 이들의 노력만으로는 가짜 휘발유의 유통을 연중 감시할 수 없다. 우선 감시할 능력도 없고, 전국의 주유소를 모두 담당하기에는 감시인원도 턱없이 부족하다. 그럼에도 불구하고 한국석유품질검사소는 휘발유의 품질검사에 대한 독점권을 계속 행사하려고 한다. 돈이 되는 이권사업이기 때문이다.

그러나 가짜 휘발유의 유통을 근절시키기 위한 시스템적 사고는 정부로 하여금 '한국석유품질검사소의 검사기능 해제'라는 새로운 발상과 인식의 전환을 요구한다. 그것은 소비자들이 가짜 휘발유의 유통 여부를 직접 감시할 수 있는 체제로의 대변혁을 시사한다. 그에 대한 최적 대안은 전국의 모든 주유소에 설치되어 있는 주유기의 검정색 노즐을 투명한 색깔의 노즐로 교체하는 것이다. 그리고 주유기 앞면에다 진짜 휘발유의 색깔만 부착시켜 놓으면, 운전자들이 자동차의 기름탱크에 주입되는 휘발유를 눈으로 직접 확인하면서 가짜 여부를 감시할 수 있다. 그렇게 하면, 이 땅에서 가짜 휘발유를 영원히 추방시킬 수 있다. 정부와 한국석유품질검사소가 해야 할 일은, 주유기의 노즐을 투명한 것으로 교체했는지, 그리고 진짜 휘발유의 색깔을 제대로 부착시켜 놓

주유기의 검정색 노즐이 문제!

앉는지를 수시로 점검하는 것이다.

어떤 사람은 나쁜 마음을 먹은 주유소 사장이 진짜 휘발유에다 가짜 휘발유의 원료를 넣은 다음, 색소를 첨가해서 진짜 휘발유로 유통시킬지도 모른다는 걱정을 할지도 모른다. 그러나 이는 거꾸로 처박힌 꿩의 편협한 생각과 같다. 휘발유의 비중과 색소의 비중은 서로 다르기 때문에, 그들이 하나로 혼합될 가능성은 거의 전무하다.

〉〉〉〉 전투기에다 물을 주입하는 이상한 나라

몇 년 전 우리나라 공군기인 F-5 전투기가 이륙 후 곧바로 추락, 조종사가 사망하고 기체가 완전히 파손되는 대형참사가 발생했다. 나중에 밝혀진 것이지만, 비행기의 연료통에 휘발유 대신 잘못 유입된 물이

F-5 전투기의 직접적인 추락원인이었다. 전대미문의 물 전투기 추락사고도 조종사가 휘발유의 주입 여부를 직접 체크하고 감시할 수 있는 시스템이 없었기 때문이다.

원래 조종사는 전투기에 오르기 전, 반드시 자신의 애기(愛機) 주위를 돌아보며 이상 유무를 확인하도록 되어 있다. 그런데 현재 공군에서 운용되는 유조차의 기름탱크로리에 부착된 주유기의 노즐이 검정색인 한, 조종사는 휘발유가 주입되는지, 아니면 물이 주입되는지 도무지 알 수 없다. 만약 주유기의 노즐이 투명한 색이었다면, 물이 잘못 유입되는 것을 조종사나 주유원이 확인하고 즉각 중지시켰을 것이다. 앞으로 공군도 주유기의 노즐을 검정색에서 투명한 색으로 교체하지 않는 한, 물 전투기 사고는 언제든지 재발될 수 있다.

결론적으로, 지식정보화 사회는 사람이 아니라 시스템이 일을 하는 시대다. 따라서 정부가 최우선적으로 시도해야 할 것은, 공익을 지키는 사람들에게 훨씬 더 많은 이익이 돌아갈 수 있도록 배려하는 사회적 감시시스템을 치밀하게 계획·설계·운영하는 일이다.

운전자들이 진정으로 바라는 것은, 휘발유 가격이 조금 더 오르는 한이 있더라도, 진짜 휘발유만을 판매하는 투명한 사회의 도래다. 다른 주유소보다 휘발유 가격이 비싸면, "이거 혹시 내가 이중으로 속는 것(가짜 휘발유에 속고, 높은 가격에 속는)이 아닌가?"라는 생각이 들어 찜찜하기 그지없다. 또 휘발유 가격이 지나치게 싸면 "이거 100% 가짜 휘발유 아닌가?" 싶어 마음이 우울하다. 그렇지만 필자는 무조건 싼 휘발유를 넣고 다닌다. 그것이 상대적으로 덜 속는 것 같고, 또 필자의 몸이 망가지는 게 아니라 어차피 폐차시켜야 할 자동차가 손상을 입는다는 생각에서다. 부디 필자가 제안하는 '주유기의 투명한 노즐 시스템'이 우리나라 운전자들의 불만과 불신을 한방에 날려보냈으면 하는 바람 간절하다.

객기(客氣)와 허풍(虛風)

이성과 타협보다 할복이 앞서는 나라에,

무슨 놈의 희망이 있겠는가?

한때 우리 정부의 고급관료였던 사람들의 할복사건이 세간의 이목을 끈 적이 있다. 지난 1998년 3월, YS 정권 밑에서 국가안전기획부장(현 국가정보원장)을 지냈던 K씨가 화장실에서 면도칼로 할복소동을 벌였다. 또 그 소동이 있은 지 약 1년 5개월 후, 농업협동조합(이하 농협)과 축산업협동조합(이하 축협)의 통폐합에 반대하던 축협중앙회장 S씨가 국회에서 할복을 시도했다. S씨는 과거 제주도 지사를 지낸 인물이었다.

처음부터 그들은 죽음을 전제로 한 할복을 시도하지 않았다. 그런데도 그들은 병실에서 기자들에게 "내가 죽지 않은 것을 보니, 아직도 하나님께서 내게 맡기실 일이 있는 모양이다"라는 말을 내뱉었다. 참으로 가증스런 객기이자, 천박한 허풍이 아닐 수 없다.

'붓 문화'를 자랑하며 선비의 나라임을 자처해온 한국에서, 그것도 고관대작을 역임한 사람들이 '칼 문화'로 대표되는 일본 사무라이의 세계를 흉내냈다는 것 자체가 3류 코미디감이다. 타협을 통한 합리적인 방법으로 문제 해결의 모범을 보여야 할 사람들이, 야쿠자들이 부하의 죄를 묻는 방법으로 이따금씩 사용하는 할복을 선택했기 때문이다.

할복의 유래와 법도

할복의 유래는 일본 역사에서 찾아볼 수 있다. 일본에서 타이라(平)와 미나모토(源)라는 두 무사 가문이 각축을 벌인 후, 미나모토의 가마쿠라바쿠후(鎌倉幕府)가 성립된 것은 12세기 말경이었다. 이 때부터 칼로 배를 가르는 셋부쿠(切腹)가 행해지기 시작했다. 즉 영주가 자신의 신하인 사무라이들로 하여금 충성심을 보이도록 하기 위해, 자신이 지켜보는 앞에서 무사답게 할복할 것을 명령했던 것이다.

그 후로 할복은 일본의 전통적 무사도의 대표적인 상징으로 여겨져 왔다. 일본의 전통 민중연극이라고 할 수 있는 가부키(歌舞伎)의 대표적 작품인 〈주신구라(忠臣臟)〉의 소재 역시 할복이다. 억울한 누명을 쓰고 할복 자결한 영주를 위해 47명의 사무라이들이 주군의 원수를 갚은 뒤, 모두 할복 자결한다는 단순한 얘기다. 칼의 미학을 추구하는 일본인의 정서를 대변하고 있는 〈주신구라〉는 오늘날까지 일본 사람들에게 많은 사랑을 받고 있다.

또 일본인이 즐겨먹는 음식은 생선회다. 따라서 파닥파닥 뛰는 생선을 단숨에 제압하기 위해서는 예리하고 날카로운 칼을 신속 정확하게 사용해야 한다. 일본인은 약속이나 시간을 철저하게 지키고, 자신에게 맡겨진 일은 목숨을 다해 완수하려고 한다. 또한 일본인은 예의가 바르고 '이이에(いいえ, 아니오)'보다는 '하이(はい, 예)'라는 표현을 즐겨 사용한다. 심지어 남이 실수를 했어도, 자신이 먼저 "스미마센(すみません, 미안합니다)"이라고 사과할 정도다.

어떤 사람은 일본인이 천성적으로 친절하고 예의가 바른 민족이기 때문에 그렇게 행동하는 것이라고 주장할지도 모른다. 그러나 필자는 일본인의 이와 같은 '예의 문화'가 사무라이들의 '칼 문화'에서 비롯되었다고 생각한다. 즉 지배계급인 사무라이들 앞에서 예의를 갖추지 않은 채, 그들의 명령(예를 들면 시간약속, 업무지시 등)을 '이이에'라는 말로 거부할 경우, 그것이 곧 죽음을 의미한다는 것을 평민들은 누구보다 잘 알고 있었기 때문이 아닐까? 이처럼 칼을 앞세운 사무라이 문화가 현대 일본인의 태도에 많은 영향을 미쳤다는 게 필자의 입장이다.

참고로 한국인이 사용하는 칼은, 주부들이 부엌에서 무나 배추를 썰기 위한 식칼이다. 한국의 부엌칼은 일본의 생선회 칼보다 무디고 둔탁하다. 또한 중국인들은 닭고기나 돼지고기를 다루기 위한 도끼 수준의 칼을 사용한다. 한국인의 이른바 '코리언 타임'이나 중국인들의 만만디(慢慢地) 행태가 이들 칼날 모양과 무관하지 않다는 게 필자의 생각이다. 독자 여러분은 이에 관해 어떻게 생각할지 자못 궁금하다.

할복에서 한 가지 흥미 있는 점은, 그 나름대로 지켜야 할 법도가 있다는 사실이다. 먼저 할복을 결행하려는 사람은 무릎을 꿇은 자세에서 아랫배의 왼쪽 복부에 칼을 깊숙이 쑤셔 넣은 다음, 오른쪽 복부까지 쭉 긋는다. 이 때, 앉은 자세가 흐트러지면 그다지 멋진 할복으로 인정받지 못한다. 따라서 사무라이들은 이러한 사태를 미연에 방지하기 위해 보통 2인 1조로 할복을 단행한다. 즉 어느 한 사무라이가 할복을 시도할 경우, 동료 사무라이가 옆에서 긴 칼로 그의 목을 쳐준다. 왜냐하면 목을 쳐주지 않으면, 할복을 결행한 사무라이가 극심한 통증을 참지 못해 기본자세를 흐트러뜨리기 때문이다.

어떤 사무라이는 복부에 찔러 넣은 칼을 직각으로 돌려 세워, 오른편 가슴 위까지 긋는 할복을 결행하기도 한다. 스스로 자신의 심장을 파열시켜 절명케 하는 할복이다. 이 정도만 하면 굉장한 할복에 속한다. 그러나 이보다 더 독한 사무라이들은 아주 소름끼치는 방법으로 할복을

한국판 사무라이들의 이상한 할복

자행했다. 그들은 자신의 심장을 파열시킨 다음, 그 칼로 자기 목의 경동맥을 끊음으로써 자결을 시도했다. 이 경우에는 동료 사무라이가 옆에서 목을 쳐줄 필요도 없고, 그럴 만한 시간적 여유도 없다. 모든 것이 순식간에 이루어지기 때문이다. 이렇게 할복을 단행한 사무라이는 '할복의 신'으로서 모든 사무라이의 존경과 추앙을 받게 된다.

이 같은 법도에 따를 경우, 우리나라 고급관료 출신인 K씨와 S씨가 자행했던 할복은 도저히 할복으로 봐줄 수 없는 엉터리 할복에 불과하다. 필자는 혹시 그들이 칼로 배를 가르는 할복(割腹)을, 복을 나눠주는 할복(割福) 정도로 착각한 것은 아닌지 하는 의구심마저 든다. 어쨌든 할복의 법도도 모르면서 자자손손 개망신을 당할 수밖에 없는 졸렬한 할복을 시도하는 한국판 사무라이들의 모습에서, 필자는 부끄러운 우리나라 사회지도층 인사들의 허상을 발견하게 된다.

한편, 일본의 사무라이들은 누구인가?

고려시대의 왜구로부터 조선조 임진왜란 당시의 왜군에 이르기까지, 우리 민족을 숱하게 괴롭히고 노략질했던 일본 무사들의 후손이 아니지 않은가! 또 무식의 탈을 벗게 해준 옛 스승의 나라에 갖은 무례를 범했던 칼잡이들의 후손들이지 않은가! 모방할 것이 없어서 그런 사무라이들의 세계를 흉내내고 있는가! 혹시 국가안전기획부(현 국가정보원)와 축협이 일본 야쿠자들의 하부조직이라도 된다는 말인가!

더구나 할복은 우리 국민들의 기본정서와도 거리가 멀다. 옛부터 우리 민족은 부모가 물려준 신체발부(身體髮膚)를 온전하게 보존하는 것을, 효의 시작이자 근본으로 여겨왔다. 나아가 삶의 마지막 통과의례인 죽음 역시 경건해야 한다고 믿어왔다. 죽은 사람에게 깨끗한 수의를 입힌 뒤, 시신을 정중히 모시는 이유도 그 때문이다. 이는 "죽음의 모습이 보기에 흉하거나 지저분하면, 저승길 여정이 편하지 않다"는 우리 사회의 전통적인 관습에서 비롯된 것이다.

또한 국민 정서에 역행하는 할복을 한다고 해서 모든 문제가 저절로 해결되는 것은 아니다. 할복은 죽음을 전제로 자신의 극단적인 의사 표출을 통해 강력한 저항을 시도해보겠다는 뜻을 담고 있다. 그러나 복잡미묘한 사안일수록 서로의 입장에 서서, 충분한 대화와 토론을 통해 의견 접근을 도모해나가는 것이 중요하다. 할복처럼 극단적이고 과격한 방법을 선택하는 것은, 협상의 파트너에게 혐오감만을 가중시킴으로써 문제 해결을 더욱더 어렵게 만들 뿐이다. 따라서 할복은 시스템적 사고의 가장 큰 적이다.

》》》 **할복에 대한 미화는 이제 그만…**

할복과 관련해 우리 모두가 깊이 반성해야 할 역사적 사건이 하나 있다. 바로 이준 열사에 관한 얘기다. 우리나라 역사교과서는, 1907년 네덜란드의 헤이그에서 열린 제2차 만국평화회의에 참석했던 이준 열사가 일제 침략의 부당성과 국권회복을 호소하다가 할복 자결한 것으로 가르쳐왔다. 그것으로도 부족했던지, 문화공보부(현 문화체육부)와 국내의 한 영화사는 할복이 무슨 대한 남아의 드높은 기상이라도 되는 양, 이준 열사의 할복 장면을 영화로까지 만들면서 엄청나게 떠들어댔다.

다행스럽게도 1975년 주한 네덜란드 대사관은 당시의 관련자료를 근거로 이준 열사의 사인은 할복이 아니라 단식이었음을 밝혀냈다. 하마터면 우리는 이준 열사를 일개 조직폭력배나 깡패 정도로 폄하할 뻔했다. 다시 한번 사료 찾기와 역사 해석에 치밀하지 못한 우리의 나태함을 반성하게 된다.

앞으로 할복을 논하고 흉내내려는 자들에게 엄중 경고한다.

이제 그대들은 더 이상 한국인이 아니다. 그러니 할복을 하고 싶거든 떠들지 말고 조용히 한국을 떠나 일본 야쿠자나 조직폭력배의 세계로 입문하라. 그리고 거기서 일제의 야쿠자답게 제대로 할복하고 확실하게 죽으라!

사무라이 경제가 카우보이 경제에게 깨진 이유

1990년대에 벌어진 관료와 시장간의 싸움에서,

신(神)은 시장의 승리를 선언했다!

미국과 일본의 세력다툼에 관한 근·현대사를 개관하면 여간 흥미 있는 게 아니다. 1853년 미국의 페리 제독은 흑선을 이끌고, 일본의 해안에 접근, 따끔한 함포 사격을 통해 개항을 요구한다. 그리고 이듬해인 1854년, 일본의 개항을 관철시킨다. 대포의 위력 앞에 주눅든 사무라이들은 후쿠자와 유키치(福澤諭吉, 이는 일본의 1만 엔권 지폐에 등장하는 인물이기도 하다)가 쓴 《서양사정(西洋事情)》을 읽고, 막부체제의 무력함에 눈을 뜨게 된다. 그들은 1868년에 메이지유신을 단행하고 부국강병책을 실시했다. 그리고 간덩이가 부은 일본은 1941년 진주만 기습공격을 감행했지만 미수에 그쳤다. 미국의 B-52 폭격기가, 멋지게 날린 두 방의 원자폭탄을 맞고 혼비백산한 일왕 히로히토(裕仁)가 근엄한 표정의 맥아더 장군 앞에서 무조건 항복을 하고 만 것이다.

한편, 제2차 세계대전의 처절한 패전국 일본은 한국전쟁과 베트남전쟁의 특수(特需)를 잘 활용하고 그들 특유의 '잇쇼켄메이(一生懸命)' 정신과 '카이젠(改善)' 철학으로 재무장, 1980년대의 화려한 전성기를

구가한다. 1980년대 중반 이후, 자신에 찬 일본은 이시하라 신타로(石原愼太郞) 의원이 쓴 《'NO'라고 말할 수 있는 일본('NO'と言える日本)》을 통해 미국과 맞서다가, 1989년 선진국 가운데 유일하게 슈퍼 301조의 대상국으로 지정받는 치욕을 맛본다. 공교롭게도 일본경제는 1989년부터 헤이세이(平成) 불황에 빠져든 이래, 지금까지 경기침체의 늪에서 허덕이고 있다.

>>>> 일본경제의 추락 원인은 과연 무엇일까?

10여 년 동안 지속된 일본경제 불황의 가장 큰 비극은, 일본의 최고 지성들이 온갖 아이디어를 총동원해도 경제 회복의 기미가 전혀 보이지 않는다는 사실이다. 그만큼 일본경제는 현재 중증장애를 겪고 있다. 이는 무엇보다도 사회의 에너지를 창출하는 원천, 즉 사회적 역동성이 탄력을 잃었기 때문이다. 여기에는 5가지 이유가 있다.

첫째, 낙후된 금융시스템이다. '돈의 독립적인 유통'으로 정의되는 금융은, 인체에 비유하면 혈관과 같다. 피가 잘 돌지 않으면 팔다리가 마비되는 중풍증세가 나타나듯이, 금융시스템이 부실해 돈이 잘 돌지 않으면 기업이나 소비자들이 최적의 경제활동을 영위할 수 없다. 그 결과는 곧바로 경기침체로 이어진다.

그 동안 일본 은행들은 돈을 빌려가는 사람에 대한 신용평가는 하지 않은 채, 부동산을 담보로 대출해주는 관행을 오랫동안 유지해왔다. 그런데 부동산 담보대출의 맹점은, 부동산 가격이 폭락하여 거품이 꺼지면 은행권의 부실채권 규모가 눈덩이처럼 커진다는 점이다. 실제로 1990년대에 들어서자마자 일본의 부동산 가격은 세계경제의 침체와 맞물려 큰 폭으로 하락했고, 일본 은행들은 늘어난 부실채권으로 골머리를 앓아야만 했다. 게다가 일본의 주식시장은 뉴욕이나 런던은 물론,

홍콩이나 싱가포르보다도 낙후되어 있다. 이는 관치금융(官治金融) 때문이다. 일례로 일본의 대장성은 주식시장에서 선물거래를 하지 못하도록 규제했을 정도다. 또 일본의 학문적 배타성은, 미국에서 태동한 파생금융상품을 다루는 최첨단 금융공학이 뿌리내릴 수 있는 기반까지 송두리째 파괴했다.

둘째, 1980년대까지 활발하게 작동했던 '수(受)·파(破)·창(創) 프로세스'가 더 이상 작동하지 않는다는 사실이다. 이는 선진국의 상품이나 기술을 도입(受)한 후, 그것을 해체하면서 추가적인 개선 가능성을 모색하는 역엔지니어링(reverse engineering)을 단행(破)하고, 그를 계기로 기술종주국보다 더 좋은 상품과 기술을 창조(創)해내는 일련의 기술혁신 프로세스를 말한다.

이 같은 '수·파·창 프로세스'는 1950~80년대에 이르는 산업화 시대에 맹위를 떨쳤다. 이 무렵 시장을 주름잡았던 상품은 대부분 눈에 보이는 것들이었다. 눈에 보이는 상품이었기 때문에 모조품의 제작은 물론, 역엔지니어링이나 기술개선도 비교적 용이했다. 따라서 재주는 다른 선진국들이 부리고, 돈은 일본이 챙길 수 있었던 것이다. 즉 일본인은 어부의 눈이 아니라 물고기의 눈으로 낚시를 함으로써 세계의 많은 돈과 부동산을 거머쥘 수 있었다.

그러나 오늘날의 상황은 과거 산업화 시대와 크게 다르다.

우선 지식정보화 시대의 상품이 대부분 눈에 보이지 않는 것들이다. 인터넷 비즈니스나 컴퓨터 프로그램이 눈에 보이는 상품들인가! 더욱이 이들 상품의 제조비법은 지적재산권이라는 이름으로 철저하게 보호되고 있기 때문에, 무단복제가 불가능할 뿐만 아니라 기술에 대한 커닝도 어렵없다. 그러다 보니 '수·파·창 프로세스'의 작동이 중지될 수밖에 없다. 거기에는 창의적인 인재를 배출하지 못하는 일본의 전근대적인 교육시스템도 한몫 거들고 있다.

셋째, 경제 패러다임의 변화에 역행하는 관료주의의 병폐가 일본경제의 발목을 잡고 있다. 1980년대 말까지, 일본 경제발전의 중심 축에는 우수한 두뇌들로 구성된 관료집단이 있었다. 이들은 일본의 산업정책을 주도하면서, 세제(稅制)와 금융지원이라는 당근을 가지고 일본 기업들을 독려하고 지원했다. 그러나 1990년대부터 시작된 세계화는 기존의 국경과 국적의 높은 장벽을 허물어버렸다. 그 동안 조그맣던 호수는 여러 곳에서 흘러 들어오는 강물로 인해 어느덧 거대한 바다로 변해버렸다.

그런데도 일본 관료들은 힘깨나 썼던 과거의 향수를 잊지 못하고, 바다를 관리하며 자신의 입지를 지키려 하고 있다. 그러나 광활한 바다를 무사히 항해하려면, 능력 밖의 바다를 관리하려고 할 것이 아니라 파도타기를 잘 해야 한다. 다시 말해 세계경제의 흐름에 대한 치밀한 예측을 통해 자국경제가 능동적으로 대처할 수 있는 역량을 길러야 한다. 그렇지 못하면 좌절할 수밖에 없는 게 국제사회의 냉엄한 조류다. 일본의 관료들은 아직까지도 이를 깨닫지 못하고 있다.

또 관료주의는 그 자체 내에 커다란 문제점이 내재되어 있다. 관료들은 근본적으로 모험을 하지 않을 뿐만 아니라 변화에도 둔감하다. 오죽하면 관료들을 철밥통이라고 불렀을까? 게다가 관료들의 자유재량적인 행치(行治)에는 안정성과 예측 가능성이 전혀 보장되지 않는다. 모든 것이 관료들의 마음에 달려 있기 때문이다. 그런데 한 가지 재미있는 것은, 지식경영이 체화된 외국의 선진자본과 세계적인 인재들은 안정성과 예측 가능성이 보장되는 곳으로만 몰린다는 사실이다. 그리고 선진자본과 창의적인 인재들이 몰리는 나라가 세계경제를 좌지우지한다. 1990년 이래로 미국경제가 뜨고, 일본경제가 주저앉은 것도 그 때문이다.

넷째, 일본인의 고질적인 배타주의가 일본경제에 어두운 그림자를 드리우고 있다. 재일 한국인에 대한 일본인의 차별대우에서 알 수 있듯이, 일본인의 배타주의는 세계적으로 정평이 나 있다. 일본은 외국 상품·외국인·외국 학문 등 외부적인 문화에 대해 매우 배타적인 나라다. 심지어 일본의 명문대학은 외국에서 박사학위를 받은 사람들을 좀처럼 교수로 채용하지 않는다. 언제나 일본에서 공부한 학자들을 최우선적으로 인정해준다. 하지만 순종(純種)의 세계가 잡종의 세계에 밀리는 것은 동서고금의 진리다. 일례로 반지만 보더라도 24K 금반지보다 18K 금반지가 훨씬 더 단단하지 않은가!

1930년대 일본의 경제학자인 아카마쓰(赤松)는 '날아가는 기러기 편대모형'을 통해 일본이 아시아 국가들의 기러기 떼를 맨 앞에서 선도하는 편대장의 역할을 맡아야 한다고 주장했다. 그러나 일본인은 아카마쓰의 충고에 귀를 기울이지 않았다. 즉 일본은 세계 제2위의 경제대국으로 부상한 이후에도 아시아 국가들에게 베푸는 존재가 아니라, 자신들의 이익부터 철저히 챙기는 경제적 동물 근성을 포기하지 않았다. 베트남의 공산화로 보트 피플이 넘쳐나는데도, 일본은 단 한 사람의 난민도 받아들이지 않은 인색한 나라였다.

오늘날은 '휴먼-네트워크'의 시대다. 자본·기술·마케팅·판매망 등의 분야에서 최강의 경쟁력을 확보할 수 있는 핵심원천은 활발한 협력과 전략적 제휴다. 그런데 협력과 전략적 제휴의 전제조건은 상호신뢰와 상생의 철학에 기초한 휴먼-네트워크다. 이제 독불장군이 갈 수 있는 곳은 이 세상 어디에도 없다. 오로지 북망산뿐이다.

다섯째, 일본인이 미래 사회의 변화를 제대로 읽지 못하고 있다는 점이다. 역사교과서 왜곡문제에서 보듯이, 일본인은 선대의 어두웠던 과거조차 청산하지 못하고 있다. 따라서 일본인의 시선은 언제나 과거사에 대한 구차한 변명과 핑계, 그리고 미래에 대한 걱정과 불안으로 양분되어 있다. 이와 같은 일본인이 이웃나라와의 진정한 화해와 공동번영을 도모하며, 휴먼-네트워크의 미래사회로 나간다는 것은 불가능한

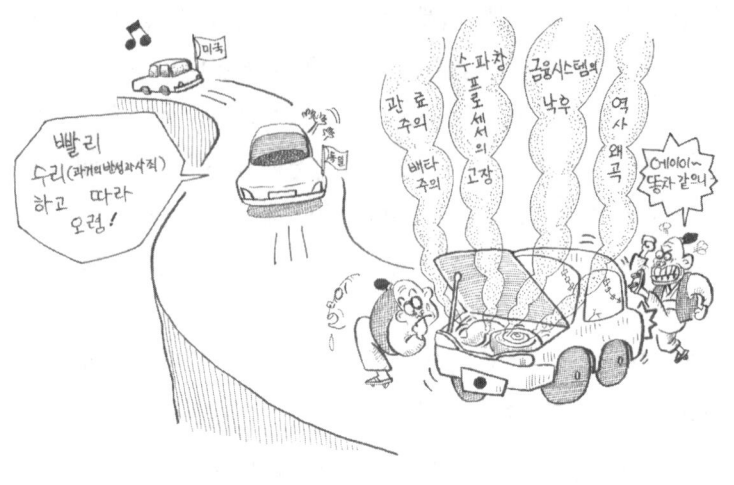

아직도 환각상태에서 깨어나지 못하고 있는 일본

일이다.

　세계화라는 거대한 흐름에 일본이 잘 적응하지 못하고 방황하는 것이나 토플러, 톰 피터스(Tom Petres), 새뮤얼 헌팅턴(Samuel Huntington), 레스터 서로우(Lester Thurow) 등과 같은 세계적인 미래학자를 배출하지 못한 것도 그와 무관치 않다. 따라서 일본의 역사왜곡에 대한 가장 큰 피해자는 일본인 자신이라고 말할 수 있다. 그런데도 일본은 그것을 깨닫지 못하고 있다.

　일본인이여! 이제 그대들은 눈을 들어, 독일인들을 바라보라. 같은 패전국이면서도 독일인들은 철저한 반성과 사죄를 통해 제2차 세계대전 당시 나치스가 저지른 부끄러운 역사를 깨끗하게 정리했다. 또한 그 바탕 위에서 먼 미래를 조망했다. 이로써 독일은 통일의 위업을 달성하고 국제사회에서 가장 신뢰받는 선진국으로서 다시 떠오를 수 있었던 것이다.

〉〉〉〉 미국의 국가경쟁력이 막강한 이유

21세기 미국의 국가경쟁력은 누가 뭐라고 해도 세계 1위다. 자신들의 심기를 조금만 거슬러도 남의 나라 영공에다 멋대로 비행금지선을 그어놓고, 그것을 위반하면 그대로 미사일을 날려버리는 나라가 미국이다. 노엄 촘스키(Noam Chomsky)의 말대로 미국이 국제 깡패짓을 해도 다른 나라들은 수수방관만 할 뿐, 시비를 걸지 않는다. 왜냐하면 미국의 힘을 당해낼 자신이 없기 때문이다. 그 배경에는 미국 특유의 강력한 시장경제 시스템이 존재한다.

미국인은 처음부터 관료들의 능력을 믿지 않았다. 오히려 그들은 "일은 사람이 하는 게 아니라 시스템이 하는 것"이라는 확고한 신념을 갖고, 법과 제도가 근간이 되는 시장경제 시스템을 창조해냈다. 시장경제 시스템은 '보이지 않는 손(invisible hand)'에 의한 자원배분 시스템을 의미한다. 시장경제 시스템이 제대로 작동하면, 관료들의 업무가 대폭 줄어든다. 그들이 해야 할 일은, 법을 어기거나 일탈하는 자에게 징벌을 가하는 것과 시장 내의 공정한 경쟁환경을 조성해주는 것이 전부다.

그런데 시장경제 시스템의 최대 장점은, 안정성과 예측가능성을 보장해준다는 것이다. 또한 시장경제 시스템은 노동시장·경영자시장·자본시장·기업인수합병(M&A) 시장 등에서 미국경제의 유연성을 제고시켰다. 세계적인 인재들과 국제자본이 대거 미국으로 유입된 것도, 따지고 보면 유연한 시장경제 시스템이 기업하기 좋은 환경을 만들어주었기 때문이다.

거기에다 비(非)배타적인 잡종문화가 이들 인재와 자본을 과감하게 흡수하여 미국의 귀중한 국가자산으로 동화시키는 스펀지 역할을 함으로써 21세기의 팍스 아메리카를 구축할 수 있었던 것이다.

》》》 일본이 걸어야 할 길

이제 일본이 장기적인 경기침체의 늪에서 벗어나려면 관료주의라는 낡은 틀과 과감하게 결별하고 시장경제 시스템으로의 복귀를 서둘러야 한다. 또 과거사에 대한 솔직한 반성과 참회를 통해 아시아 주변국들과의 관계를 개선하고, 상호신뢰와 협력의 분위기를 이끌어내는 것도 잊지 말아야 한다. 아(我)와 피아(彼我)를 구분하여 차별하는 배타주의적 사고를 포기하는 것도 급선무다. 마지막으로 일본은 대대적인 교육개혁을 통해 창의적인 인재양성에 주력해나가야 한다. 이는 창의적인 인재들만이 1980년대 말 이래로 고장이 난 채 멈춰버린 '수·파·창 프로세스'를 재가동시킬 수 있기 때문이다. 이 모든 것을 고려해볼 때, 앞으로 일본이 걸어야 할 길은 매우 멀고도 험난할 것으로 예상된다. 그러나 어쩌겠는가. 한번 열심히 가보는 수밖에….

왜 붕어빵 속에는 붕어가 없을까?

혈통 고수에는 무관심,

성(姓)씨 고수에는 사생결단을 하는 이상한 한국인!

최근 들어 가까운 친지 한 분께서 아들의 혼사문제로 고민하는 것을 보았다. 그 분의 아들이 규수감으로 데려온 처자가 외모·학력·집안 등의 조건은 대체로 좋았는데, 그만 동성동본(同姓同本)이 문제라는 것이었다. 양반 가문의 종갓집을 지키고 있는 그 분은 필자에게 이런 푸념을 늘어놓았다. "아들의 손을 들어주자니 조상님을 뵐 면목이 없고, 그렇다고 결혼을 반대하자니 마음이 아프네."

그 말을 듣고 필자는 시골 본가에서 어머니가 기르고 있는 진돗개 '똘이'를 떠올려보았다. 필자는 똘이 녀석을 절대로 잡견(雜犬)과 교배시키지 않는다. 최소한 똘이보다 위엄 있고 잘 생긴 수놈 진돗개를 찾아낸 다음, 그 녀석에게 시집을 보낸다.

왜 그럴까?

이유는 간단하다. 진돗개와 잡견을 교배해서 얻은 1세대 자식(F_1)은 외모나 기질 면에서 어미 진돗개보다 크게 떨어지기 때문이다. 만약 그 1세대 자식과 또 다른 잡견을 교배해서 2세대 자식(F_2)을 얻을 경우, 그

개는 이미 진돗개가 아니다. 한 마디로 무더운 복날, 허약한 남성들의 기력을 보충해주기 위해 식탁에 올려질 운명의 잡견이 되고 만다.

필자가 동성동본 문제를 거론하면서 갑자기 개 이야기를 꺼낸 까닭은, 우량 혈통의 진돗개를 얻으려면 근친교배는 피하되, 근친을 벗어난 동종(同種) 내 우수 진돗개와의 교배는 적극 권장해야만 한다는 점을 강조하기 위해서다.

여기서 동종은 인간 사회에서의 동성동본과 일맥상통하는 개념이다. 개의 세계에서도 통용되는 이 진리가 우리 사회에서 철저하게 배척당하고 있으니, 참으로 어처구니없는 일이 아닐 수 없다.

〉〉〉〉 동성동본 결혼금지 논리의 허구

동성동본 결혼금지의 논리에 내재되어 있는 구조적 모순과 문제점을 좀더 구체적으로 살펴보자. 먼저 성(姓)씨 모독에 대한 논란을 막기 위해 현존하지 않는 '공주 김씨'를 한 예로 들어보겠다. 또한 계산의 편의를 위해서 공주 김씨 시조의 혈통은 100%이며, 각 세대별 자녀 수는 공히 두 명(아들 1, 딸 1)이라고 가정하자. 이제 공주 김씨의 16대 종손이 있다고 했을 때, 과연 그의 피 속에는 공주 김씨 시조의 피가 몇 퍼센트나 섞여 있을까? 결론은 거의 제로(0)에 가깝다는 사실이다.

그 연유는 무엇인가?

공주 김씨 시조가 동성동본을 피해야 한다는 사회적 관습 때문에 다른 성씨의 할머니, 예를 들어 혈통 100%의 '경주 갑씨' 할머니와 결혼해서 제1세대(F_1) 할아버지와 할머니를 낳았다고 하자. F_1 할아버지와 할머니의 피 속에는 평균적으로 공주 김씨의 피 50%, 경주 갑씨의 피 50%가 흐를 것이다.

이 F_1 할아버지가 또다시 다른 성씨인 '전주 을씨' 할머니와 결혼하

한국인의 엄청난 객기와 착각

여 제2세대(F_2) 할아버지와 할머니를 낳았을 경우, F_2 할아버지와 할머니의 피 속에는 공주 김씨의 피가 $\frac{1}{2^2}$인 25% 수준으로 줄어들게 된다. 이러한 과정을 반복하여 16대까지 내려가면, F_{16} 할아버지와 할머니의 피 속에는 $\frac{1}{2^{16}}=0.000000\cdots$에 해당하는 공주 김씨의 피가 흐를 것이다.

혈통상으로, F_{16} 할아버지와 할머니는 이미 공주 김씨가 아닌 것이다. 이는 마치 붕어빵 속에는 붕어가 없는 것과 같다. 이처럼 공주 김씨 시조의 피가 거의 섞이지 않은 사람들이 '공주 김씨'라는 허깨비 팻말을 들고 다니며, "종친회를 하자"라고 부르짖고, 시제(時祭)와 족보를 통해 가문 자랑이나 해대고 있으니, 이 얼마나 웃기는 일인가! 치밀한 과학적 검증을 외면한 채, 단지 그릇된 유교 문화의 관습을 좇아 '동성 동본 결혼금지'를 강요하는 사회는 더 이상 열린 사회가 아니다.

혈통에 대한 우리의 무지는 '단일민족 예찬론'에서 절정을 이룬다.

그 동안 우리는 "한민족이야말로 전세계 유일한 단일민족이다"라는 주장을 겁도 없이, 그리고 서슴없이 해왔다.

그러나 냉정하게 생각해보자.

우리 민족이 정말 단일민족인가. 이민족들의 숱한 침략과 그들의 말발굽 아래에 수없이 놓여 있었던 우리 여성들의 정조가 온전하게 지켜졌다고 보는가. 물론 우리 여성들을 제대로 보호해주지 못한 1차적 원인은, 무엇보다도 국력 신장은 외면한 채 허망한 명분 싸움에만 골몰했던 남성들의 무능력과 무책임에 있다. 우리 여성들을 조공의 대상으로 포함시키는 데 동의했던 고려와 조선의 나약한 정권들, 청나라의 침략과 조선 여인들의 비극, 일제의 성 노리개로 온갖 수모와 희생을 감수해야만 했던 정신대 할머니들의 피맺힌 절규….

이처럼 암울했던 역사를 굳이 되돌아보지 않더라도, 문명의 발달을 좇아 자연스럽게 이루어지는 문화의 전파와 융합이 인류 보편의 진리라는 사실 앞에서 단일민족의 주장은 쑥스러운 가설에 불과할 뿐이다. 좀더 솔직하게 말한다면, 지구상에서 100% 순수혈통을 보존한 민족은 없다.

이처럼 애써 단일민족이라고 우길 정도로, 혈통에 대한 우리의 집착은 대단하다. 그토록 혈통을 중시하면서도 정작 자신의 가문 혈통이 어떻게 파괴되었으며, 어디로 사라졌는지에 대해 깊이 고민하는 사람들을 거의 찾아볼 수 없다. 이것이야말로 본질은 망각한 채, 명분으로 포장된 껍데기만을 찾아 방황하고 있는 한국인의 실제 모습이다.

〉〉〉〉 천안 호도과자가 시사해주는 것

지금부터라도 열성 유전자가 기승을 부릴 근친의 영역을 객관적으로 밝혀내야 한다. 그러고 나서, 근친 내의 결혼은 법으로 금지시키되,

그 영역 밖의 동성동본에 대해서는 혼인규제를 과감하게 풀어주어야 한다.

천안 호도과자에는 호도가 들어 있다.

만일 자기 가문의 혈통이 우수한 것이라서 오랫동안 후손들의 피에 남아 있기를 희망한다면, 무엇보다도 '동성동본 결혼금지'라는 어설픈 주장부터 집어치워야 한다. 그리고 근친 밖 동성동본 간의 결혼을 적극 장려할 필요가 있다. 그런 의미에서 최근 우리나라 입법부가 동성동본 남녀들도 합법적으로 결혼할 수 있는 길을 터놓은 것은 정말로 잘 한 일이다. 역설적이지만, 천안 호도과자와 우리집 진돗개 '똘이'가 그 이유를 명쾌하게 설명해주고 있다.

국법을 희롱하는 한국, 한국인

법치(法治)가 안 되는 나라에서

무슨 놈의 국가경쟁력이 생기겠는가?

법보다 착한 마음이나 양심을 유난히 강조하는 한국인의 유전인자 속에는 맹자의 성선설이라는 소프트웨어가 내장되어 있다. 한국인은 흉악범을 보더라도 "본래 저 사람의 심성은 매우 착했는데, 가정환경이 나빴거나 불량한 친구를 사귀는 바람에 저렇게 되었다"는 식의 동정론을 펴는 경우가 대부분이다.

우리 주변을 둘러보면, 스님이나 목사님 같은 종교인들이 교도소 교화위원으로 재소자들의 교화와 갱생을 위해 힘쓰고 있으며, 심지어는 자기 가족을 살해한 범인을 자신의 양자로 맞아들이는 경우도 있다. 또 한국인은 "저 사람은 법 없이도 살 수 있는 사람이다"라는 말을 자주 사용한다.

이러한 일련의 현상으로부터 우리는 사회질서를 유지하는 기능으로서 법보다 착한 마음을 더 중시하는 한국인의 의식구조를 엿볼 수 있다.

》》》 법이 필요 없었던 촌락공동체 사회

실제로 우리나라의 경우, 산업화 시대 이전의 촌락공동체 사회에서는 법이 필요하지 않았다. 이는 빈부의 격차가 오늘날처럼 크게 벌어지지 않았기 때문이라고 주장하는 사람도 있다. 그러나 필자는 강인한 촌락공동체 의식에서 싹튼 상보상련(相保相憐)의 향약(鄕約) 정신이 나름대로 한국인의 착한 심성을 자극했다고 생각한다. 비록 우리 선조들은 가난했지만 나름대로 서로를 돕고 보살펴주는 내부 규약을 실천함으로써, 법 없이도 살 수 있는 아름다운 사회를 만들 수 있었던 것이다.

《한국인, 이래서 잘 산다》의 저자 이규태는 과거 촌락공동체 사회의 내부 습속이었던 건건이 서리, 농곡(弄穀), 승력(繩曆) 등이 우리 조상들로 하여금 법 없이도 살 수 있게 만든 비결이라고 주장했다. 지면관계상 여기서는 건건이 서리에 관한 얘기만을 소개하고자 한다.

산나물 철은 산촌에서 가장 넘기기 어려운 춘궁기였다. 이 때쯤 되면 가난한 산촌 사람들은 양식만 떨어지는 것이 아니라 부식도 떨어진다. 이 건건이가 떨어지면 아낙들은 산채를 뜯어 한 광주리씩 이고 그들의 생활권에 속하는 같은 마을, 이웃 마을, 읍내의 좀 잘 사는 집에 떼지어 가는데, 이를 '건건이 서리'라고 한다. 한 산촌에서 '건건이 서리'를 떠나면 대개 10여 명에서 20여 명에 이르는 대부대(大部隊)가 되는데, 이들은 산채 광주리를 이고 줄지어 부잣집으로 들이닥친다.

부잣집 안방마님이 '건건이 서리'를 나온 아낙들을 보면, 하인들에게 뒤란에다 덕석을 펴놓으라고 시킨다. 아낙들은 줄지은 채 뒤란으로 돌아가 펴놓은 덕석에 산나물 광주리를 엎는다. 그러면 산채는 산더미처럼 쌓인다. 원했던 산채는 아니지만, 이것을 거절하는 것은 부덕(婦德)이 아니었.

또 이들은 주인마님의 허락도 없이 장독대에 가서 된장독을 열고 마련해 간

바가지나 호박잎에다 웅분의 된장, 곧 건건이를 퍼담는다. 그것은 관행이었기에 더도 덜도 퍼담는 법이 없고, 또 그것을 감시하는 법도 없다. 이렇게 퍼담고 나면 주인마님은 이들에게 따뜻한 점심을 먹여 보냈다. 이 과정이 일체의 무언(無言) 속에 진행되는 것이다.

'건건이 서리'는 수요자의 일방적인 강제적 상거래라는 경제적 개념으로 파악된다. 물물교환은 두 교환자 간의 필요에 의해 형성되지만, '건건이 서리'는 일방적인 필요에 의해서 형성되는, 어쩌면 세계에서 유례를 찾아볼 수 없는 이색적인 상(商)행위가 아닌가 싶다.

유례를 찾아볼 수 없기에, 이 '건건이 서리'는 상행위라는 경제적 개념으로 보기보다는 한 공동체의 공존공영을 위한 집단 휴머니즘으로 이해하는 편이 옳을 것이다. 한국 촌락의 경제는 이와 같은 특수성을 지닌 채, 휴머니즘의 다른 한 면을 동반하고 있음을, 우리는 한국 전통의 플러스적 가치로 다시 봐야 할 것이다.

— 《한국인, 이래서 잘 산다》, pp. 201~203에서 인용

맹자가 설파했던 성선설은 하늘의 섭리인 착한 마음과 인간의 양심이 우주를 이끌어가는 원동력이라고 간주하는 사고방식이다. 따라서 맹자는 법의 사회적 의미를 그다지 높게 평가하지 않았다. 기껏해야 "법은 단지 양심불량의 저질 인간들이나 처벌하고 통제하는 저차원의 규제수단에 불과하다"라고 보았을 뿐이다.

그 동안 나라 안팎으로 격동의 변화를 겪었음에도 불구하고, 우리는 이와 같은 맹자의 생각에서 한 발짝도 나아가지 못했다. 최근에도 우리나라 사람들은 법이나 사회적 원칙을 지키기 위해 노력하기보다는, 인간의 착한 심성을 계도하기 위한 도덕이나 양심의 부활을 주장한다. 이것이야말로 21세기 국민들을 16~19세기의 민초들로 역행시키려는 시대착오적 발상이 아닐 수 없다. '새 술은 새 부대에'라는 말이 있다. 시

대가 바뀌면, 그 시대에 걸맞는 이념·철학·사상 등으로 대처해야만 국태민안과 국운상승이 가능한 법이다.

법치가 안 되는 세 가지 이유

IMF 금융위기를 전후해서 외국인 투자가들은 이구동성으로 "한국과 한국인의 법치 수준은 거의 제로 상태다"라고 주장했다. 국법이 없어서 그랬을까? 아니다. 조선시대만 해도 《경국대전(經國大典)》이라는 위대한 법전이 존재했고, 현대의 법체계 또한 결코 그에 못지않다는 게 우리나라 법학자들의 공통된 의견이다. 그렇다면, 세계적 수준에 필적할 만큼의 훌륭한 법체계를 갖추고 있는 우리나라에서 법치가 실현되지 않는 것은 무엇 때문인가? 비록 필자는 법률 전문가는 아니지만, 다음과 같은 세 가지의 원인을 들어보고자 한다.

첫째, 맹자의 성선설에 집착하는 한국인 특유의 온고지신(溫故知新)에 바탕한 근성 때문이다. 성선설적 사고방식에서는 법이나 사회적 원칙을 철저하게 지키려고 노력하는 사람들에게 그다지 후한 점수를 주지 않는다. 우리 사회는 그들에 대해 융통성이 없는 사람, 앞뒤가 꽉 막힌 꽁생원이라고 깎아내리기 일쑤다.

반면에 법이나 사회적 원칙에 얽매이지 않고 양심에 따라 처신하려는 사람들에게는 법 없이도 살 수 있는 도덕군자, 선비처럼 얌전한 사람이라는 호평과 함께 칭송이 끊이지 않는다. 그러나 '낮의 양심'과 '밤의 양심'이 전혀 다르다는 데 문제가 있다. 남들이 지켜보는 벌건 대낮에는 양심적으로 행동하다가도, 남이 보지 않는 밤만 되면 양심불량의 행동을 아무런 거리낌없이 자행하는 사람들이 우리 주변에는 너무나도 많다. 그에 관한 한, 필자도 자신이 없다.

IMF 금융위기를 불러온 주된 원인으로서 세간에 회자되고 있는 도덕적 해이도 따지고 보면, 도덕은 언제나 그 자체로 위험(hazard)스러울 수밖에 없는 가치기준임을 시사해주고 있다. 즉 '낮의 도덕'과 '밤의 도덕'이 항상 일치한다는 보장이 없기 때문이다. 따라서 도덕성 회복 운동을 통해 21세기의 민주시민사회를 열려고 하는 일부 도덕론자의 어설픈 시도는 이제 중지되어야 마땅하다. 우리는 더 늦기 전에 그 대안을 법치에서 찾아야 한다. 이를 위해 우리는 앞으로 순자의 성악설과 친하게 지낼 필요가 있다.

둘째, 그 동안 한국에는 '법(law)'만 있었을 뿐, '법의 규칙(the rule of law)'은 존재하지 않았기 때문이다. 법의 규칙이란, 한 마디로 법이 만인에게 공평하게 적용되는 것을 말한다. 쉽게 말해서 모니카 르윈스키(Monica Lewinsky)와의 섹스 스캔들을 조사하기 위해 당시 미국의 최고 권력자였던 클린턴을 청문회에 출석시킨 그 엄청난 위력이 다름 아닌 법의 규칙이다.

만일 이와 같은 섹스 스캔들의 주인공이 우리나라 대통령이었다면, 과연 그를 청문회에 내세울 수 있었을까? 아마도 십중팔구는 돈을 통한 물밑 회유나 물귀신 작전과 같은 공갈 협박을 통해 여당 중진의원, 야당 중진의원, 청와대 출입기자들이 초대된 고급 요정에서 청문회를 열지 않기로 의견을 모았을 것이다. 제3공화국 시절의 최대 섹스 스캔들이었던 '정인숙 사건'이 그것을 증명해주고 있지 않은가!

이처럼 우리나라의 법은 몇몇 권력자들이 자신들 입맛에 맞도록 마음대로 늘이고 줄일 수 있는, 그야말로 엿장수 마음대로 운용되어왔다. 그런데 법이 권력 앞에 무력하다는 인식이 만연되면, 국민들은 더 이상 법을 지키려고 하지 않는다.

"윗물이 맑아야 아랫물이 맑다"라는 말이나 "너나 잘 해! 내 걱정은 하지 마"와 같은 비아냥조의 노래들이 우리 사회에서 풍미되는 이유 또한 국민에게 모범을 보여야 할 정치적 끗발(?)들이 앞장서서 탈법행

한국 법의 고약한 이중 잣대

위를 일삼고 있기 때문이다.

  셋째, 법을 지키려는 국민들의 자발적인 행위가 공익의 증진뿐 아니라 사익 추구에도 도움이 된다는 사회적 신뢰관계가 깨져버린 것도 법치가 안 되는 핵심요인 중 하나다. 법치는 저절로 실현되지 않는다. 법을 집행하는 행정부가 위법 사실을 눈감아주거나 감시활동을 게을리 해서 위법사실을 적발하지 못할 때, 또 범법행위를 한 이웃이 정당하지 못한 부를 축적할 때, 사람들은 법을 어기고 싶은 충동에 빠져들기 쉽다.

  법치는 "내가 법을 지키는 만큼 다른 사람들도 법을 지킬 것이다"라는 국민 상호간의 믿음과 신뢰가 정립될 때 비로소 실현될 수 있는 개념이다. "법이란 지키면 지킬수록 손해다", "법을 지켜가며 기업활동을 하면 반드시 망하게 되어 있다"와 같은 자조 어린 푸념이 계속되는 한, 법치에 대한 기원은 공염불에 불과할 뿐이다.

소크라테스의 준법정신을 부활시켜야…

현재 우리나라의 법은 국민들로부터 철저하게 외면당하고 있다. 선량한 국민들은 "나는 법 없이도 살 수 있어!"를 연발하면서 법을 무시한다. 정치적 끗발들은 가당치도 않은 권력을 남용하면서 국법의 존엄성을 한없이 희롱하고 있다. 독자 여러분은 검찰의 출두 요청에 순순히 따른 국회의원들을 본 적이 있는가? 법을 만드는 사람들조차 자신들이 만든 법을 지키지 않는데, 어느 누가 그 법의 존엄성을 인정하며 지키려고 노력하겠는가!

또 국민들은 대부분, 공익실현의 파수꾼 역할을 하는 법을 아주 귀찮고 성가신 대상으로만 생각하고 있다. 그도 그럴 것이, 지난 반 세기 동안 우리나라 법은 사회적 정의를 구현하는 데 제역할을 다하지 못했다. 즉 우리나라 법은 항상 일관된 잣대를 갖지 못하고 "강자에게는 솜방망이, 약자에게는 쇠몽둥이"라는 이중적 잣대로 운용되어왔다.

그 결과, 국민들은 국가의 법 집행에 대해 극도의 피해의식을 갖고 있다. 진정한 법치이념을 우리 사회에 뿌리내리기 위해서는 무엇보다도 "악법도 법이다!"를 외치며 독배를 마셨던 소크라테스(Socrates)의 위대한 준법정신을 부활시켜야 한다. 특히 많은 부와 가소로운 권력을 갖고, 법 위에 군림해온 자들부터 법을 지켜야 한다. 그렇지 않으면, 우리나라에서 법치를 운운하는 것은 한 마디로 지나가는 강아지도 비웃을 만한 일이 되고 말 것이다. 그런 관점에서 바라볼 때, 현재 우리는 무법천지에 가까운 후진 사회에 살고 있다고 말할 수 있다.

"목격자를 찾습니다"라는 플래카드가 난무하는 사회

효율적인 제보관리시스템을 구축하지 않는 한,

선진민주사회는 꿈도 꾸지 마라!

대전에서 공주까지 출근을 하다 보면, 도로변에서 자주 만나는 플래카드가 있다. 그것은 뺑소니 사고나 교통경찰의 판정에 불만을 품은 사고 당사자나 가족이 사고장면을 목격한 사람에게 자신들의 억울한 심정을 호소하는 플래카드다. 이들 플래카드는 대부분 "목격자를 찾습니다"로 시작한다. 그런데 한 가지 흥미로운 것은 이러한 플래카드가 한두 개가 아닌데다 대부분 수 개월 간 방치되고 있다는 점이다. 이는 뺑소니 사고나 교통경찰의 판정에 이의를 제기하는 교통사고가 수없이 발생하고 있으며, 목격자들 역시 제보나 증언을 기피하고 있다는 것을 시사해준다.

>>>> **효율적인 교통관련 시스템이 전무한 나라!**

이러한 현상이 나타나는 것은, 무엇보다도 우리나라의 교통관련 시스템이 제대로 작동하지 않고 있기 때문이다. 현재 우리나라의 자동차

생산능력은 세계 5위 수준을 유지하고 있으며, 자동차 보유 대수도 약 1,400만 대에 육박하고 있다. 누가 뭐라 해도 자동차의 생산과 소비에 관한 한, 우리는 선진국이다. 그러나 자동차와 관련된 교통행정 시스템은 여전히 후진국 수준을 벗어나지 못하고 있다. 이는 정부의 교통행정에 대한 인식과 자동차 문화수준이 밑바닥을 헤매고 있기 때문이다.

먼저 운전자들은 누구나 자동차종합보험에 가입하는 게 상식이다. 종합보험에 가입한 운전자는 설령 사고를 내더라도 뺑소니를 치거나 상대방 운전자와 과실의 경중을 놓고 일일이 싸울 필요가 없다. 보험회사에 연락만 하면 담당 전문가가 신속하게 달려와 사고현장을 정밀하게 분석한 후, 자기들끼리 원만한 합의를 도출하기 때문이다. 사망사고가 아닌 한, 교통경찰이 개입할 여지도 거의 없다.

그러나 문제는 책임보험에만 가입해도 얼마든지 자동차를 끌고 다닐 수 있다는 우리의 현실이다. 그런데 책임보험의 경우, 사망 사고의 최고 보상한도가 8,000만 원이다. 만약 사망자 유족들이 그 이상의 추가 보상을 원하면, 사고를 낸 운전자는 감옥에 들어가서 몸으로 때우거나 본인 부담으로 보상을 해야 하는데, 대부분 전자를 선택할 가능성이 높다. 왜냐하면 책임보험에만 가입하고 차를 몰았던 사고 운전자는 거의 모두 가난한 사람으로서 위험선호자적 성향을 나타낼 것이기 때문이다.

따라서 책임보험에만 가입된 운전자들은 종합보험에 가입한 운전자들보다 뺑소니를 칠 개연성이 높고, 상대방 운전자보다 조금 더 유리한 판정을 받기 위해 사고내용을 조작하거나 생떼를 쓸 가능성이 크다. 그렇게 되면 교통경찰의 판정에 오류가 발생할 소지가 생기고, 이에 불만을 제기하는 사람들이 늘어나면서 "목격자를 찾습니다"라는 플래카드가 도로변에 나붙게 되는 것이다.

따라서 교통사고 목격자를 애타게 찾는 플래카드를 줄여나가기 위해서는 자동차 보험관리 시스템부터 대폭 손질해야 한다. 즉 도로를 운

비정한 이웃들이 많을 수밖에 없는 진짜 이유

행하는 모든 차량에 대해 종합보험가입을 의무화하고, 이를 위반하는 차량은 도로에서 영원히 추방시켜야 한다. 그러면 도로도 지금보다 한산해져서 교통흐름이 좋아지는 동시에 뺑소니 사고도 크게 줄어들 것으로 확신한다.

또 사례를 하겠다는 달콤한 유혹에도 불구하고 교통사고 목격자의 제보나 증언 건수가 매우 저조한 것은, 비단 우리의 양심부족이나 질서의식 결여 때문만은 아니다. 오히려 국가가 효율적인 제보관리 시스템을 운용하지 못하는 데 더 큰 원인이 있다.

어쩌다가 불타는 정의감에 입각하여 제보라도 하게 되면, 경찰은 출두 지시를 비롯한 갖가지 요구로 제보자를 난처하게 만든다. 또 어떤 경우에는 경찰이 제보자의 신원을 그대로 노출시켜 보복 테러의 대상이 되도록 방치하고, 그에 대한 사후책임도 지지 않는다. 상황이 이렇다 보니 국가 공권력에 대한 국민들의 신뢰는 거의 제로 수준에 가깝다.

다시 한번 강조하건대, "목격자를 찾습니다"라는 플래카드나 불의를 보고서도 못 본 체하는 비정한 이웃들이 많은 것은 결코 우리 국민들의 고발정신이나 민의(民意)가 낮아서가 아니다. 이는 전적으로 국가의 제보관리 시스템이 너무나도 허술하고 보상체계가 제대로 구비되지 않았기 때문이다. 앞으로 국가 공권력이 제보자의 신원이나 사생활 보호에 만전을 기해주지 않는 한, 또 제보의 중요성에 따라 적절한 사후 보상이 뒤따르지 않는 한, 제보를 통한 사회적 문제 해결은 커다란 한계점에 직면할 것이 분명하다.

〉〉〉〉 워터게이트 사건이 주는 위대한 교훈

제보관리 시스템과 관련해 미국의 워터게이트 사건은 우리에게 많은 것을 시사해준다. 이미 알려진 바와 같이 이는 1972년 6월 17일, 미국의 민주당 선거대책본부가 입주해 있던 워싱턴 D.C.의 워터게이트 빌딩에 공화당 특공대 5명이 도청을 위해 잠입했다가 체포되면서 수면 위로 떠올랐던 희대의 사건이다.

처음에 이 사건은 별다른 주목을 받지 못했다. 그러나 〈워싱턴 포스트(Washington Post)〉지의 신참기자였던 밥 우드워드(Bob Woodward)와 칼 번스타인(Carl Bernstein)이 '딥 스로트(deep throat)'라는 익명의 고위관료가 전해준 제보를 집요하게 추적한 결과, 닉슨 대통령이 도청을 지시했음을 밝혀냈다. 그로 인해 닉슨은 재선에 성공했음에도 불구하고 임기를 채우지 못한 채, 1974년 8월 권좌에서 물러나는 쓰라림을 맛보아야만 했다.

'딥 스로트'는 1972년 미국에서 제작된 포르노 영화의 에로틱한 제목이다. 그 영화에서 여주인공 역을 맡았던 린다 러브레이스(Linda

Lovelace)의 기막힌 오럴 섹스기법이 한동안 세인들에게 회자되기도 했다. 〈워싱턴 포스트〉의 우드워드 기자는 닉슨 대통령이 관련된 워터게이트 사건의 비밀을 제보해준 내부 밀고자를 '딥 스로트' 라고 불렀는데, 이는 워터게이트 사건의 결정적 단서가 목구멍 깊숙한 곳에서 나왔다는 뜻이다.

그러나 내부 고발자의 기원은 지금으로부터 약 2,000여 년 전으로 거슬러 올라간다. 로마 제국의 군대는 방패를 앞세우고 횡대로 진격할 때, 전쟁과 죽음에 대한 두려움으로 병사들이 뒤로 처지는 것을 막기 위해 하나의 룰을 고안해냈다. 그것은 낙오된 병사의 전우가 그를 칼로 찔러 죽이는 것이었다. 만일 이와 같은 의무를 이행하지 못하는 병사가 발생할 경우에는, 그 곁에 있는 병사가 두 명의 전우를 모두 죽이도록 했다. 백전백승을 자랑하는 로마 제국의 최정예 군대는, 그처럼 엄격한 내부 고발과 단호한 응징으로 연쇄적인 공동책임을 부과하는 진군(進軍)의 규칙이 있었기에 가능했다.

어쨌든 지금까지 '딥 스로트' 의 정체를 아는 사람은 우드워드, 번스타인, 벤 브래들리(Ben Bradely), 그리고 '딥 스로트' 자신 등 4명뿐이다. 현재 우드워드 기자는 자신의 스타일을 살려 〈워싱턴 포스트〉의 심층취재담당 부국장으로 일하고 있으며, 1976년에 〈워싱턴 포스트〉를 떠난 번스타인은 현재 인터넷 언론사인 〈보터 닷컴(voter.com)〉의 국장으로 활발하게 활동하고 있다. 특히 번스타인은 과거 우리나라 D자동차회사의 광고에 출연함으로써 국내에서도 얼굴이 꽤 알려진 인물이다. 또 당시 〈워싱턴 포스트〉의 편집국장으로서 우드워드와 번스타인 기자가 취재해온 비밀정보를 기사화하는 중대 결정을 내렸던 브래들리는 현재 〈워싱턴 포스트〉의 부사장으로 근무하고 있다.

우드워드와 번스타인은 2002년 6월 16일, NBC 방송과의 인터뷰에서 "딥 스로트가 사망하거나, 그가 비밀을 지키지 않아도 된다고 말하기 전에는 그의 신분을 공개하지 않을 것"이라고 거듭 밝혔다. 우드워드는 그 동안 딥 스로트가 "행정부의 매우 민감한 자리에 있으며, 음주와 흡연을 많이 하는 지적인 인물"이라는 정도의 사실만 공개했다.

워터게이트 사건은 엄청난 파문을 일으켰지만, 그것이 미국의 민주주의와 정치발전에 커다란 밑거름으로 작용했다는 사실만큼은 부인하기 어렵다. 그와 같이 엄청난 정치적 사건의 제보자를 30년이 지난 오늘날까지도 밝히지 않는 그들의 투철한 인권보호 의식을 우리는 본받아야 한다. 또한 제보를 철저히 추적해 문제의 본질을 낱낱이 파헤칠 수 있는 미국의 제보관리 시스템을 벤치마킹함으로써 우리 고유의 독자적인 제보관리 시스템을 구축해야 한다. 인권보호 의식과 철저한 제보관리 시스템이 전제되지 않고서는 민주시민의 고발정신이나 제보의 양성화가 현실적으로 불가능하기 때문이다. 미국이 선진 시민국가로 우뚝 설 수 있었던 이유도 바로 제보관리 시스템이 효율적으로, 그리고 활발하게 작동하고 있기 때문이다.

효과와 효율의 본질적인 차이

한국인의 사고에서 '효과'가 사라지지 않는 한,

한국의 미래는 그리 밝지 않다!

한국인은 '효과(effectiveness)'와 '효율(effciency)'이라는 말을 거의 같은 의미로 사용한다. 평소 맡은 일을 요령껏 잘 하는 사람이나 능숙한 일 솜씨로 자신의 업무를 재빨리 처리하는 사람들을 칭찬할 때, '효과적'이나 '효율적'이라는 수식어를 빠뜨리지 않는다. "저 친구는 일을 참 효과적으로 잘 해", 또는 "저 사람은 일을 참 효율적으로 잘 해" 등과 같이 말이다.

〉〉〉〉 효과와 효율의 차이

몇 년 전, 미국의 맥킨지(McKinsey) 컨설팅사는 《한국 보고서》라는 책자에서 효과와 효율의 차이를 분명하게 제시한 바 있다. 그들의 기준에 따르면, 효과나 효율의 필요조건은 사전에 설정한 목표를 달성하는 것이다. 즉 목표달성에 실패했을 경우에는 효과나 효율이라는 말을 사용할 수 없다. 그러나 효과와 효율의 충분조건은 서로 다르다.

효율의 충분조건은 비용 최소화다. 이는 목표달성에 소용되는 비용을 최소화시켰을 때에 한해, 효율 개념이 충족된다. 만약 목표달성에는 성공했더라도, 비용 최소화에 실패하는 경우에는 효율이 아니라 효과라는 것이다. 이 내용을 하나의 도표로 정리하면 아래와 같다.

	필요조건	충분조건
	목표 달성	비용 최소화
효 과	○	×
효 율	○	○

○는 성공, ×는 실패를 의미함

'터널 뚫기'라는 예를 들어 효과와 효율의 개념을 좀더 구체적으로 살펴보자. 갑과 을, 그리고 병과 정이 한 개의 터널을 뚫기 위한 공사를 벌인다고 가정해보자.

갑과 을은 토목공사에 대한 깊은 지식을 갖고 있을 뿐 아니라, 각 공정별로 요구되는 제반 원칙들을 철저하게 준수하면서 터널 뚫기 공사에 임하고 있다. 반면에 병과 정은 토목공사에 대한 전문지식도 부족할 뿐더러 상부로부터 공기(工期) 단축에 대한 압력을 끊임없이 받고 있다. 이 경우 과연 누가 좀더 효율적으로 공사를 진행할 수 있을까?

갑과 을일 가능성이 단연 높다. 갑과 을은 철저한 사전준비와 엄밀한 측량을 실시한 다음, 좌우 양쪽에서 터널 뚫기를 시도할 것이다. 그리고 두 사람은 정확히 가운데 지점에서 만남으로써 하나의 터널을 완벽하게 만들어낼 것이다.

한편, 서투른 측량기술과 공기 단축에 대한 심적 부담을 갖고 있는 병과 정은 좌우 양쪽에서 굴착공사를 서두르다가 중간지점에서 만나지 못할 가능성이 매우 높다. 그렇게 되면 병과 정은 각자의 방향에서 한 개씩, 결국 두 개의 터널을 만들어내는 결과를 불러올 것이다.

이 때 갑과 을, 그리고 병과 정은 모두 '터널을 뚫겠다'라는 당초 목표는 달성했지만, 병과 정은 본의 아니게 한 개의 터널을 더 뚫게 됨으로써 갑과 을보다 두 배의 공사 비용을 지불해야 한다. 따라서 갑과 을은 효율적으로, 병과 정은 효과적으로 공사를 진행했다고 할 수 있다.

'효율'과는 거리가 먼 한국인

우리 주변에서도 효과를 중시하는 사례를 많이 찾아볼 수 있다. "모로 가도 서울만 가면 된다"라는 속담이나 "하면 된다"라는 말을 보면, 거기에는 "비용에 상관없이 목표만 달성하면 그만이다"라는 한국인 특유의 효과지상주의가 담겨져 있다.

효과지상주의는 한국인의 싸움에서도 쉽게 발견된다. 한국인이 싸우는 모습은, 두 가지 측면에서 일본인과 크게 다르다. 한국인은 주위 사람들이 싸움을 말리면 말릴수록, 더 싸우려고 안간힘을 쓴다. 심한 경우에는 웃옷까지 훌훌 벗어 던지고는, 알몸으로 상대방에 대한 전의를 불사르곤 한다. 모 방송사의 인기 드라마였던 '야인시대'에 등장했던 건달 두목들이 싸우는 모습을 상기해보면, 필자가 더 길게 얘기할 필요가 없을 것 같다.

일본인은 옆에 있는 사람들이 싸움을 말리면, 일단 그 자리에서 싸움을 중지하고 헤어진다. 그리고는 남이 보지 않는 후미진 곳에 가서 서로 사생결단의 자세로 싸우거나 싸움 자체를 아예 포기한다. 그 이유는 싸움에서 패했을 때의 자신의 초라한 모습을 주위 사람들에게 보여주지 않기 위해서다. 또 그들은 싸울 때도 절대로 웃옷을 벗지 않는다. 왜냐하면 웃옷을 벗은 상태에서 맞으면, 그렇지 않은 경우보다 훨씬 더 아프기 때문이다.

이뿐만이 아니다.

자신의 떳떳하지 못한 목적 달성을 위해 삭발 시위를 하거나 고급 외제차를 타고 나와 미국 영화의 국내 직배 상영을 반대하는 우리나라 배우들의 모습 또한 효과적인 의사표시의 대표적 사례라고 할 수 있다.

삭발은 산사의 스님들이 속세와의 인연을 끊고 득도를 목적으로 용맹정진하기 위해서 행하는 불교의식이지, 타인과의 이해관계에서 유리한 위치를 점유하기 위한 투쟁의 보조수단이 아니다. 따라서 삭발과 같은 혐오스런 방법으로 자기 입장만을 강변하려는 사람은 타인과의 협상에서 좋은 결과를 기대하기 어렵다.

또 국내 배우들이 미국 영화의 국내 직배 상영을 반대하려면, 최소한 자신들부터 국산 자동차를 타고 다니는 자세를 보여주어야 하지 않을까? 자신들은 고급 외제 승용차를 타고 다니면서 "국산 영화를 많이많이 사랑해주세요!"라고 외칠 때, 과연 어느 누가 그들의 주장에 동조해줄지 참으로 의심스럽다.

효과지상주의는 이제 자멸(自滅)의 논리다!

결론적으로 효과를 중시하는 사람들은 권위·복종·강요·협박 등을 좋아하며, '몸으로 때우기'와 '마구잡이식 밀어붙이기'만을 강조한다. 능력이 수반되지 않는 근면과 성실을 지나치게 역설하는 것도 이같은 사람들의 공통된 특성이다. 박정희 전 대통령과 세계경영을 무모하게 추진하다가 국민들에게 대우(大憂)를 끼친 김우중 전 대우그룹 회장을 대표적인 효과맨으로 꼽을 수 있다.

한편, 효율을 중시하는 사람들은 타인과의 신뢰를 바탕으로 대화와 타협을 잘 한다. 이들은 언제나 창조적인 생각을 통해 미지의 세계를 개척해나간다. 또한 몸보다는 두뇌를 중시하며, 일의 양보다는 질로 승부를 겨루는 사람들이다. 제1세대 벤처기업가로서 대성공을 거둔 미래

'효율' 개념이 부족한 한국의 배우들

산업의 정문술 전 회장을 대표적인 효율맨으로 들 수 있다.

정문술 전 회장은 2001년 1월 4일에 열린 긴급이사회에서 "기업의 경영권이 세습되어서는 안 되며, 전문경영인이 기업을 이끌어야 한다는 소신을 실천하기 위해 모든 직책을 사임한다"는 말을 남기고 은퇴했다. 이사들이 명예회장직을 맡아줄 것을 권유하자, 그는 "지난 20년간 돈 버는 일에만 몰두했으나 앞으로는 돈을 가치 있게 사용하는 생산적인 기부 모델을 만드는 데 여생을 바치겠다"는 말로써 그 제의를 정중하게 거절했다고 한다.

참다운 기업경영이 무엇인지를 묵묵히 가르쳐주면서 아름다운 퇴장을 몸소 실천한 그의 기업가정신은, 오늘날 국가경제를 위기에 빠뜨린 우리나라의 재벌 회장들에게 커다란 귀감이 되고 있다.

이제 우리는 한국인들과 너무나도 친숙했던 효과와 영원한 결별을 선언할 시점에 이르렀다. "목표 달성을 위해서는 그 어떠한 희생도 기꺼이 감수하겠다"는 굳은 각오와 결의만으로 살아가기에는, 우리가 발딛고 서 있는 21세기가 그렇게 녹녹치 않다.

〉〉〉〉 탈피의 미학

허물을 벗어야만 살아남을 수 있는 생물(새우 · 가재 · 뱀 등)은, 허물을 벗는 순간이 가장 위험하다고 한다. 허물을 벗을 때의 육질이 가장 연하고 고기 맛이 제일 좋기 때문이다. 포식자들이 이들을 집중 공격하는 시점도 바로 그 때다. 그럼에도 불구하고 그들은 생존하기 위해 탈피(脫皮)를 시도해야만 한다. 왜냐하면 허물을 벗지 않으면 죽기 때문이다.

인간의 삶도 마찬가지다. 치열한 서바이벌 게임에서 살아남으려면, 그 동안 우리 자신에게 익숙했던 '효과'라는 낡은 옷을 훌훌 벗어 던지고 '효율'이라는 새 옷으로 갈아입어야 한다. 옷을 갈아입는 순간, 미처 예상치 못한 위기가 들이닥칠지도 모른다. 그러나 그와 같은 위기를 슬기롭게 극복하면, 아주 좋은 기회가 소리 없이 다가오는 법이다. 따라서 우리는 지금 또 다른 새로운 세계를 얻기 위해, 진부한 구습의 알을 깨고 나오는 고통을 참아내야 한다. 이 세상에 공짜 점심이란 없다.

'종합'이라는 망령에 홀린 사람들

'종합'의 망령에서 깨어나지 않는 한,

국가도 기업도 더 이상 살아남기 어렵다!

지금으로부터 약 8년 전, 일본인 친구가 필자에게 무심코 던진 말이 생각난다. 6년 동안 한국의 K대 대학원에서 경제학 석·박사 과정을 이수했던 그는 우리 문화와 국민들의 의식구조에 대해 해박한 지식을 갖고 있는 재일동포 3세였다. 어느 날 갑자기 그는 필자에게 이런 말을 했다. "아마도 한국인이 가장 좋아하는 낱말은 '종합(綜合)'일 것이다"라고.

처음에는 그 친구가 말한 진의를 충분히 이해하지 못했다. 그저 농담삼아 꺼낸 이야기 정도로 대수롭지 않게 받아들였다. IMF 금융위기로 온 국민이 고통을 받고 있을 무렵, 필자는 그 친구로부터 의미심장한 편지를 받고 나서야, 비로소 지난날 그가 말했던 의도를 정확하게 깨달을 수 있었다.

그는 편지에서 "한국경제의 본질적인 위기는 '종합병'에 대한 망령에서 깨어나지 못한 데 있다"라고 지적했다. 필자는 그의 냉철한 지적에 전적으로 동의할 수밖에 없었다.

그리고 '종합병'에 대해서는 고려대 경영학과 이광현 교수가 쓴 《한국기업이 망할 수밖에 없는 17가지 이유》라는 책에 잘 분석되어 있다.

〉〉〉〉 한국에서 활개치고 있는 종합병 바이러스

한번 길거리로 나가 상점들의 상호와 간판을 유심히 살펴보라. 모르긴 해도 '종합'이란 단어가 제일 많이 눈에 들어올 것이다. 종합대학교, 종합병원, 종합금융할부회사, 종합건설회사, 종합할인매장, 종합상호신용금고, 종합부동산, 종합선물세트 등등. 이른바 '종합'이란 글자를 빼면, 대학·병원·회사는 물론 과자까지도 잘 팔리지 않는 나라가 우리 대한민국이다.

그렇다면, 한국인이 '종합'이라는 낱말에 그토록 집착하는 이유는 무엇인가?

아마도 '종합'하면 무엇인가 큰 규모, 고급스러움, 완전무결, 높은 가치, 대단한 권위, 서비스 질의 차이, 시간 절약 등이 가능할 것 같은 막연한 종합병 바이러스 때문이 아닐까?

공부를 잘 해야만 4년제 종합대학교에 진학할 수 있고, 환자 또한 종합병원에 가야만 훌륭한 의사를 만나 질 좋은 의료 서비스를 받을 수 있다고 생각한다.

아이들 역시 낱개로 포장된 과자보다는 화려한 종이로 예쁘게 포장된 종합선물세트가 훨씬 맛있을 거라고 착각한다. 사실은 그 정반대인데 말이다.

하다 못해 회사 이름도 '종합'이 붙어야만 무언가 잘 나가는 큰 회사, 투자를 해도 손해를 볼 것 같지 않은 믿음직한 회사라는 이미지를 제공해준다. 언제나 겉멋만을 중시하는 한국인의 체면의식 뒤에는 이같은 종합병 바이러스가 기승을 부리고 있다.

〉〉〉〉 종합의 미학과 파멸의 법칙

그러나 이제 냉철하게 생각해보자. 이처럼 우리가 즐겨 쓰는 '종합' 이란 단어가 과연 매력적인 것인지에 대해 말이다. 우선 '종합' 이라는 접두사를 사용하기 위해서는 여러 조직이나 기능들을 한 군데에 묶어 놓아야 한다. 그런데 여러 조직과 기능을 묶을 경우 조직의 전체 규모는 키울 수 있지만, 개개의 조직이나 기능은 톱니바퀴 역할만 강요당하는 잡화상 수준에 머물고 만다.

또한 여러 조직과 기능을 억지춘향 식으로 묶다 보니 조직간·기능간의 연계성이 빈약할 뿐만 아니라 전체적인 관점에서 통합 조정도 그리 쉽지 않다. 게다가 어느 한 조직이나 기능상에 하자나 문제가 발생할 경우, 그 폐해는 나머지 다른 조직이나 기능에까지 부정적인 영향을 끼침으로써 결국 공멸(共滅)로 이어지는 경우가 수도 없이 많다.

일례로 어느 한 우량 기업이 있다고 하자. 그 기업이 종합회사인 재벌의 계열사로 들어가서 상호지급보증이라는 관례에 따라 다른 부실 계열사의 빚 보증을 서주었다고 가정하자. 이 때 부실한 기업이 방만한 기업경영으로 부도가 날 경우, 빚 보증을 섰던 우량기업까지 연쇄도산의 소용돌이에 휘말릴 수밖에 없다.

만약 재벌의 계열사이기를 거부하고 단일기업으로서 업종 전문화와 차별화를 시도했더라면, 그 기업은 훨씬 더 건실한 기업으로 승승장구 했을지도 모른다. IMF 금융위기 때, 이와 같은 기업들이 얼마나 많았는지는 독자 여러분이 더 잘 알고 있을 것이다.

한편 나이키(Nike)·네슬레(Nestle), 맥도날드(McDonald), 월마트(Wal-Mart), 도요타(豊田), 닌텐도(Nintendo)와 같은 세계적인 기업들로 눈을 돌려 보자. 이들 기업의 공통점은 무엇일까? 그것은 단 한가지, 특정 분야에서 특정 상품으로 세계시장을 석권하고 있다는 점이다.

나이키는 스포츠 용품, 네슬레는 유아식, 맥도날드는 햄버거, 월마트는 가격할인, 도요타는 세계적인 명차, 닌텐도는 게임용 소프트웨어에 대한 특화전략을 성공시킴으로써 세계 제일의 초일류기업이 될 수 있었다. 그들 어느 누구도 '종합' 이라는 단어에 매력을 느끼지도 않았고, 또 재벌과 같은 종합회사가 되기 위해 문어발식 확장을 시도하지도 않았다.

왜 그랬을까?

그들은 '종합' 이라는 망령이 가져올 비극적인 결과를 누구보다도 정확하게 알고 있었기 때문이다. 물론 꿀단지의 함정을 미리 알아차리지 못하고 꿀에 대한 미련을 버리지 못하다가 죽음을 맞이했던 수많은 곤충들이, 그들에게는 반면교사(反面敎師)였을 것이다. 어쨌든 이들은 '종합'에 대한 집착을 과감하게 포기하고 특정 분야의 특정 상품에서 최고의 브랜드, 뛰어난 기술력, 강력한 마케팅 능력, 시장수요를 선도하는 독창성을 추구했기 때문에 세계 굴지의 정상기업으로 우뚝 설 수 있었다.

과거 1960~80년대에는 나름대로 규모의 경제 논리가 맹위를 떨친 시기였다. 이 때는 소품종 대량생산체제가 생산 이데올로기로서 작용했기 때문에, 국제 경쟁력의 관건은 표준화된 상품을 어느 누가 값싸게 생산해서 많이 판매하느냐에 달려 있었다. 그러다 보니 재벌의 선단식(船團式) 경영이 나름대로 약발을 받을 수 있었다.

》》》》 지금은 플라이급 선수가 헤비급 선수를 KO패 시키는 시대다!

그러나 오늘날에는 그와 같은 논리가 더 이상 통용되지 않고 있다. 국민소득의 증대와 민주주의의 발전은 소비자들의 다양한 선호와 개성의 변화를 자극함으로써 생산 및 소비 패턴의 일대 변혁을 가져왔다.

업종 전문화에 실패한 대형선박의 비극

즉 소품종 대량생산체제에서, 다품종 소량생산체제로 급변한 것이다. 문자 그대로 다품종 소량생산이란, 여러 가지 상품을 조금씩 생산한다는 의미다. 이런 상황에서는 기업의 규모가 크다는 것이, 오히려 엄청난 위기로 이어질 수 있다.

10만 톤급 구축함과 1톤급 소형 선박이 쾌청한 날에 동일한 속도로 항해를 하고 있다고 생각해보자. 몇 시간 동안 순탄하게 항해하다가 갑자기 커다란 암초를 발견했다고 하자. 어느 쪽이 상대적으로 안전할까? 물어보나마나 1톤급 소형 선박일 것이다. 왜 그럴까?

10만 톤급 구축함이 안전한 항해를 하려면 멀리서부터 암초가 있는지 없는지를 철저하게 경계하고 대비해야 한다. 만약 경계 소홀로 인해 암초를 미처 발견하지 못했거나, 큰 배가 선수(船首)를 돌릴 만큼의 여유를 확보할 수 없을 정도로 뒤늦게 발견했다면, 그 배는 암초에 부딪혀 침몰할 수밖에 없다. 세계 제일의 초호화 유람선이었던 타이타닉 호가 그랬던 것처럼 말이다.

반면에 1톤급 소형 선박은 선수를 자유자재로 돌릴 수 있기 때문에, 암초를 뒤늦게 발견했다 하더라도 침몰할 가능성은 매우 낮다. 1990년대에 들어와 벤처 열풍이 불기 시작한 이유도, 이와 같은 큰 배와 작은 배의 논리로 설명할 수 있다. 어떤 학자는 대기업과 벤처기업의 관계를 고래와 멸치의 싸움으로 비유하기도 한다. 여기서 대기업을 의미하는 큰 배가 고래라면, 벤처기업인 작은 배는 멸치에 해당될 것이다.

또 몇 년 전부터는 수입산 황소개구리가 물뱀을 잡아먹는 기이한 현상들이 자주 목격되고 있다. 사람들은 이처럼 양서류가 파충류를 잡아먹는 현상을 보고 "생태계의 먹이사슬에 심각한 문제가 발생하고 있다"고 말한다.

그러나 현실 경제에서는 이와 비슷한 현상들이 자주 나타난다. 단지 우리 자신이 그것을 인지하지 못하고 있을 뿐이다. 최근에는 브랜드·기술력·독창성·마케팅 능력으로 중무장한 플라이급의 중소기업들이 슈퍼헤비급의 재벌기업들을 잇따라 KO패 시키고 있는 현상을 주위에서 손쉽게 찾아볼 수 있다.

우선 정수기 분야를 살펴보자.

현재 국내의 정수기 메이커는 LG·대우·효성·코오롱·동양그룹 등과 같은 재벌회사와 웅진코웨이·청호나이스 등이다. 그러나 정수기 시장을 제패한 기업은 웅진코웨이(1위)와 청호나이스(2위)이며, 이들 두 기업의 시장점유율을 합하면 대략 70% 정도가 된다. 또 의료기기·보일러·가스기기 등도 많은 재벌 계열사들이 생산하고 있지만, 의료기기는 메디슨, 보일러는 귀뚜라미, 가스기기는 린나이에게 시장 주도권을 빼앗긴 지 이미 오래다.

이 같은 현상은 외국이라 해서 예외가 아니다. 미국에서 통신분야는 아메리카온라인(AOL), 인터넷서점은 아마존(Amazon), 검색엔진 분야는 야후(Yahoo), 소프트웨어 분야는 마이크로소프트(Microsoft)를 으뜸으로 인정해준다. 이들은 우리나라 재벌들처럼 선단식 경영을 하지 않았고, 또 잡화상식 기업경영을 하지도 않았다. 오로지 자신들이 가장 잘 할 수 있는 한 가지의 분야를 선정한 후, 그 곳에 핵심역량을 집중시켰기 때문에 세계 초일류기업이 될 수 있었던 것이다.

이제 우리가 명심해야 할 사항은, 업종 전문화와 타 기업들과의 차별성 추구를 거부하고 대마불사(大馬不死)의 무지한 논리를 앞세워 규모만을 강조하는 기업은 반드시 망할 수밖에 없다는 점이다. 우리가 하루빨리 종합병이라는 망령에서 벗어나 차별화와 특성화 전략을 일관되게 추진해야만 하는 이유도 그 때문이다.

과거 종합선물세트로 포장된 과자가 별 맛이 없었듯이, '종합'이란 단어로 포장된 회사와 기능, 그리고 그들이 제공하는 서비스의 질 또한 대부분 변변치 않은 것이 사실이다. 마치 한 식당주인이 50여 가지의 음식을 만드는 학교 앞 분식점의 음식 맛이 별 볼일 없는 것처럼 말이다. 그러한 식당의 음식은 허기진 배를 채우는 데는 적합할지 모르지만, 미식가들의 까다로운 입맛을 충족시켜주기에는 역부족이다.

그런데도 기업이나 상인들이 '종합'이란 낱말에 매력을 느끼고, 이를 상호나 간판에 즐겨 사용한 이유는, 아직까지 우리 소비자들이 '종합'이라는 미몽에서 깨어나지 못하고 있기 때문이다. 현재 한국경제는 성내며 뒤돌아보는 우리 소비자들의 인식 변화와 냉철한 비판정신의 부활을 애타게 기다리고 있다.

시장경제 시스템의 부재와 IMF 금융위기

시장경제 시스템이 제대로 작동하지 않는 한,
금융위기의 악령은 계속 우리 곁에 머물고 있다!

1997년 말, IMF 금융위기가 도래하자 그 동안 외환위기를 전혀 예측하지 못했던 경제학자들이 갑자기 호들갑을 떨기 시작했다. 저마다 외환위기의 구조적 원인과 치유방안을 제기하고 나선 것이다. 그 당시 경제학계에서 이름을 날리던 사람들이 외환위기의 발생원인으로 지적한 것들은 대부분 본질을 벗어난 지엽적인 사항들뿐이었다.

예를 들면 IMF 금융위기가 마른 하늘에 날벼락처럼 우발적으로 발생했다는 외생적 충격론과 불량 피뢰침(무능한 공직자)이 낙뢰(IMF의 급습)를 맞았다는 정책실패론, 그리고 장기간 누적된 경제적 폐단이 화산 폭발처럼 일시에 분출된 결과라는 주장이 그들의 단골 메뉴였다. 심지어 동아시아를 견제하려는 미국의 음모 때문에 외환위기가 발생했다고 주장하는 얼치기 경제학자들도 상당수 있었다.

필자는 그들의 궤변을 접하면서 "어떻게 저런 사람들이 한국의 경제학계를 주도할 수 있는가?"라는 자괴감을 느껴야만 했다. 아직도 그들은 국내 최고 수준의 경제전문가로 행세하며 경제학계 · 언론방송계 ·

관계·정치계를 주무대로 천박한 지식보따리 장사에 여념이 없다.

》》》 IMF 금융위기는 시장경제 시스템의 부재가 불러온 것이다!

이 자리에서 분명히 밝히건대, IMF 금융위기는 우발적인 사고나 미국의 음모에서 비롯된 국가적 재난이 아니었다. 또 정부 당국의 무능함이나 한국경제의 구조적 모순은 IMF 금융위기의 간접적인 원인에 불과했다. 가장 본질적인 문제는 경제 패러다임의 변화에 제대로 대처하지 못한 한국경제와 한국인의 지식 빈곤에 있었다.

1990년대에 접어들면서 거세게 불기 시작한 세계화의 바람은 한국경제를 세계경제에 강제 편입시키면서, 국적과 국경의 장벽을 허물어 버렸다. 국내시장은 곧 세계시장이 되었고, 국내시장에서의 경쟁자는 우리 기업뿐 아니라 세계기업들까지 포함시켜야 하는 상황으로 급변했다. 이제는 세계 속의 한국기업, 세계시장에서 당당하게 서바이벌을 할 수 있는 한국기업만이 의미를 갖는 새로운 시대가 열린 것이다. 따라서 한국기업과 한국인이 준수해야 할 가치기준도, 기존의 '로컬 스탠더드'에서 '글로벌 스탠더드'로 바꿔야 했다. 그런데도 익숙한 것들과 쉽게 결별하지 못했던 한국기업과 한국인은 '글로벌 스탠더드'를 거부하고 '로컬 스탠더드'에 안주했다. 그러다가 IMF 금융위기를 맞게 된 것이다.

그러면 무엇이 글로벌 스탠더드인가?

글로벌 스탠더드는 보는 사람의 입장이나 시각에 따라 다양한 기준들이 제시될 수 있다. 또 전공 분야나 비즈니스 영역에 따라서도 서로 다른 기준들이 존재할 수 있다. 그러나 글로벌 스탠더드에는 이와 같이 다양한 기준들을 총체적으로 아우를 수 있는 핵심 키워드가 있는데, 그것은 다름 아닌 '투명성'과 '유연성'이다.

투명성은 말 그대로 속이 훤히 들여다보일 정도로 숨기는 것이 없어야 함을 뜻한다. 즉 '어항 속의 금붕어'와 같아야 한다는 것이다. 투명성에 관한 한, 국내기업은 후진국 수준의 기업에 불과했다. 그 동안 국내기업은 자신들의 열악한 경영실적을 감추고 비자금을 조성할 목적으로 분식회계를 일삼았다. 게다가 한국의 재벌들은 소액주주들 모르게 총수 1인의 독단으로 부실한 계열사에 천문학적 숫자의 빚 보증을 서주었을 뿐만 아니라, 총수 1인의 배만 불려주는 계열사 간 부당내부거래를 밥먹듯이 해왔다.

우리 자신은 컴컴하고 비밀스런 장소에서 행해졌던 재벌 총수들의 추악한 모습을 감지하지 못했지만, 세계의 투자자들은 그들의 싹수 노란 행동을 정확하게 직시하고 달러의 엑소더스를 실행에 옮겼던 것이다. IMF 금융위기로 인해 국내 이자율은 연 20%를 웃돌 정도로 급상승했지만, 세계의 투자처를 찾아다니던 25조 규모의 달러는 투명성을 상실한 한국경제에 눈길조차 주지 않았다.

또 유연성은 경제활동의 각 분야가 시장경제 시스템에 의해 얼마나 효율적으로 운영되는지를 나타내주는 지표다. 정부가 경제활동에 깊이 관여하는 체제일수록 유연성이 떨어지고, 정부의 개입 정도가 약하면 약할수록 유연성은 커지게 마련이다.

한편, 시장경제 시스템의 가장 큰 장점은 효율성과 예측 가능성이 높다는 사실이다. 관료들의 자리는 수시로 바뀌는데다가 그들의 마음 또한 흔들리는 갈대처럼 언제든지 변할 수 있다. 따라서 관료들이 지배하는 행치나 인치 하에서는 예측 가능성이 필연적으로 낮을 수밖에 없다. 그런데 세계의 달러는 시장경제 시스템이 활발하게 작동하는 곳으로만 이동한다. 왜냐하면 그 쪽이 항상 더 많은 돈을 벌게 해주기 때문이다. 돈벌이가 잘 되는 곳으로 돈이 집중되는 것은, 마치 먹이가 풍부한 곳으로 물고기들이 몰리는 이치와 똑같다.

>>>> 달러를 떠나게 했던 한국의 낙후된 시장경제 시스템

　그러나 IMF 금융위기가 도래하기 직전의 한국경제에서는, 시장경제 시스템이 제대로 작동하지 않았다. 우선 자본시장에서 자본(돈)의 배분이 경제논리가 아닌 정치논리에 의해서 이루어지고 있었다. 자본시장에서 시장경제 시스템이 작동하면, 자본은 돈을 가장 많이 벌 수 있는 곳으로 자연스럽게 배분된다. 그러나 한국경제에서는 자본시장에 정부와 재벌 총수의 입김이 너무나도 거셌다. 그들에게 신용평가나 대출심사는 안중에도 없었다. 정부는 은행장의 인사권을 빌미로 대출에 대한 온갖 청탁을 자행했다. 청와대의 깃털에 불과한 사람이 전화 한 통으로 무려 6조 원이나 되는 어마어마한 돈을 부실기업인 한보그룹에게 대출하게 해줄 정도였다. 재벌 총수 역시 "내게 빌려준 돈을 떼이지 않으려면, 내가 요구하는 돈을 더 대출해주어야 한다"는 물귀신 작전으로 천문학적인 숫자의 돈을 빌린 다음, 탕진해버렸다.

　전문경영인들을 사고 파는 경영자시장도 전무했다. 선진국에서는 기업 총수가 회사경영을 잘못하여 적자를 내거나 영업이윤이 주주들의 기대치에 미치지 못할 경우, 주주들은 무능한 기업 총수를 가차없이 내쫓아버린다. 그리고 능력 있는 경영자를 새로 선임한다. 그러나 어찌된 영문인지 우리나라 기업 총수는 주식지분율이 10%도 채 안 되면서 총수 자리를 끝까지 고수한다. 아무리 무능력해도 한번 총수이면 영원한 총수로 대접받는 게 한국 사회였다. 이 같은 총수들 때문에 1998년 한 해 동안, 국내 재벌기업들 중 절반 이상이 흔적도 없이 사라졌다. 우리나라에 경영자시장이 본격적으로 작동되기 시작한 것은 IMF 금융위기를 겪고 나서부터다. 몇 년 전, '속이 들여다보이는 가치투자(value investment)' 광고로 우리들에게 잘 알려졌던 동원증권(주)의 김정태 사장이 주택은행장(현 국민은행장)으로 스카우트된 것이 그 대표적인

달러가 가장 싫어하는 것들!

사례다.

　기업을 사고 파는 인수합병 시장도 한국 사회에서는 거의 작동하지 않았다. 국내에서는 하나의 기업을 창업하거나 폐업시키는 것 자체가 무척 힘들었다. 공장 하나를 지으려 해도 수많은 규제조항들 때문에 수백 가지의 서류와 도장이 필요했다. 어떤 경우에는 민원부서에 급행료와 도장 값을 두둑하게 지불해야만 볼일을 제때에 마칠 수 있었다. 더욱이 대마불사를 신조로 믿고 있는 기업가들은 제아무리 부실기업이라고 하더라도 팔 생각을 하지 않았다. 기업을 매각하면 덩치가 줄어들고, 그로 인해 5대·10대·30대 재벌 축에 끼지 못하기 때문이다. 정부는 거기에다 한술 더 떠 부도가 난 회사를 제외하고는, 아예 기업 인수합병을 할 수 없도록 규제했다.

　그러나 부실한 기업은 가급적 빨리 매각되는 게, 그 기업의 주식을 갖고 있는 소액주주들이나 근로자 모두에게 유리하다. 일반적으로 부실기업을 인수한 기업은 자금력을 비롯한 제반 경영여건이 부실기업보다는 한결 낫기 때문이다. 따라서 부실기업이 매각되면, 그 곳에 인수기업의 풍부한 자금이 유입되어 기업의 재무구조가 개선되고, 기술혁신이나 마케팅 능력과 같은 일련의 경영혁신이 이루어져 우량 기업으로 변모할 가능성이 높다. 그렇게 되면 근로자들에게는 고용안정, 소액주주들에게는 주가상승이라는 두 가지 혜택을 제공해줄 수 있다. 우리가 하루 빨리 국내기업들의 인수합병시장을 본격적으로 가동시켜야만 하는 이유도 거기에 있다.

노동시장도 마찬가지였다. 기업의 경쟁력이 떨어져 일감이 줄어들면, 노동생산성이 낮은 근로자들을 해고시켜 임금비용을 낮춰야만 경쟁력이 되살아날 수 있다. 그런데도 기업총수는 노동조합의 극렬한 반대에 부딪혀 기업의 밥만 축내는 근로자를 마음대로 해고시키지 못했다. 미국과 같은 나라에서 상당한 실효를 거두고 있는 정리해고제나 대체고용권 등과 같은 것은, 우리나라에서는 아예 거론조차 할 수 없는 상황이었다. 근로자가 일을 하기 싫으면 사직서를 제출할 수 있는 것처럼, 기업 총수에게도 노동력을 사지 않을 수 있는 권리를 보장해주어야만 한다. 그런데도 한국 사회에서는 이 같은 권리가 전혀 인정되지 않았다. 지금도 한국경제에서는 노사관계를 계약의 문제로 보지 않고 평생고용권의 보장문제로 접근하고 있다. 외국기업들이 한국행을 꺼리는 가장 큰 이유도 그 때문이다.

우리나라 관료들의 유연성 부족도 큰 화근거리였다. 지금까지 정부는 입만 열면, 규제완화를 역설했다. 그러나 그 내막을 자세히 들여다보면, 오히려 각종 규제강화로 기업가들의 창의력과 기업가정신을 질식시키고 있다. "정부만이 모든 것을 할 수 있다"라는 착각에 사로잡힌 관료들은, 외국 바닷물의 유입으로 과거 자신들이 관리했던 강물이 거대한 바다로 변했다는 사실을 깨닫지 못했다. 강이었을 때는 관료들의 규제가 나름대로 약발을 받았지만, 광활한 바다로 바뀐 후에는 그들의 규제가 더 이상 통하지 않는다. 따라서 관료들은 자기 능력 밖의 바다를 관리하겠다고 객기를 부릴 것이 아니라, 파도타기라도 잘 해서 기업들의 세계화를 측면 지원했어야 옳았다. 그런데도 관료들은 종합금융회사들이 외국의 단기자금을 무분별하게 유입하도록 방치했고, 기업들의 상호지급보증제까지 편법으로 만들어줌으로써 기업들의 돈 낭비와 연쇄부도를 부추겼다. 이제 우리나라 관료들은 더 이상 똑똑한 두뇌집단이 아니다! IMF 금융위기가 이를 분명하게 입증해주었다.

국민들의 편협한 민족주의와 국수주의 또한 시장경제 시스템의 효율적 운영을 가로막는 걸림돌이었다. 우리 국민은 휴대전화·반도체·자동차·조선·철강·가전제품 등을 수출해서 먹고살면서도 외제물품을 사서 쓰는 사람들을 경멸하고 손가락질하는 등 고약한 심보를 가졌다. 세계화 시대에는 외국기업이든 국내기업이든, 우리 국민들에게 많은 일자리를 제공해주고, 우리 정부에게 많은 세금을 내고, 값싸고 질 좋은 상품을 많이 만들어주는 기업이 제일 좋은 기업이다. 그럼에도 불구하고 한국 사회에서는 여전히 '국산품 애용운동'과 '국내기업 보호운동'이 공공연하게 전개되고 있다. 그것을 보면, 국민들의 의식 시계는 아직도 깜깜한 오밤중을 가리키고 있다.

》》》 개혁! 과연 어느 방향으로, 어떻게 진행시켜나갈 것인가?

현재 우리 사회는 개혁 열풍에 휩싸여 있다. 정부와 기업과 국민 모두 "우리가 개혁을 해야만 살 수 있다"라고 말한다. 그러나 현재 우리가 추진하고 있는 개혁방향과 세계화가 요구하는 개혁방향이 일치하는지를 꼼꼼하게 따져보는 사람은 그리 많지 않은 것 같다. IMF 금융위기

속에서 출발한 DJ 정권은 재벌개혁·금융개혁·공공부문 개혁·노동개혁 등 4대 개혁과제를 설정하고, 그를 추진해왔다.

지난 5년을 되돌아볼 때, DJ 정권의 거시경제운용에 대해서는 비교적 높은 점수를 주고 싶다. 또 재벌개혁이나 금융개혁에서도 어느 정도 가시적인 추진성과가 있었다. 그러나 공공부문과 노동개혁은 한 마디로 지리멸렬했다. 국민과 기업들에게 생색내기용 구조조정을 하는 척하다가 슬그머니 개혁 자체를 포기해버렸다는 게 솔직한 표현일 것이다. 이래서는 아무런 개혁도 할 수 없다.

이제부터는 공직사회를 혁명적으로 뜯어고치는 대대적인 외과수술을 감행해야 한다. 늘 미완에 머물렀던 한국 사회를 확실하게 개혁시키기 위해서는 무엇보다도 개혁의 주체인 정부부터 '작지만 효율적인 정부'로 환골탈태해야 한다. 정부는 시장개입을 최대한 줄이는 대신, 법이나 제도개선을 통한 공정한 경쟁 룰의 보장과 시장정보의 완전한 유통을 위해 노력해야 한다. 그렇게 하면 정부의 일거리 자체가 크게 줄어든다. 공직자들의 인력감축도 그와 같은 과정을 거쳐야 성공할 수 있으며, 만약 정부개혁이 그런 방향으로 추진된다면 공직자의 약 30% 이상을 줄일 수 있을 것이다. 그렇게 해야만 나락에 빠져 허우적거리는 정부의 경쟁력도 되살릴 수 있다.

국내기업 역시 정직한 경영을 통해 대내외적인 신뢰를 쌓으면서 '기술개발'과 '지식경영'이라는 새로운 성장엔진을 구축해야 한다. 국민들도 기존의 배타주의와 편협한 민족주의를 버리고, '열린 민족주의'로 세계의 변화를 주시하며 정부와 국내기업을 감시하고 비판하는 파수꾼의 역할에 최선을 다해야 한다. 그런 점에서 얼마 전 효순이와 미선이의 억울한 죽음을 계기로 우리 사회에서 일고 있는 반미(反美)나 항미(抗美) 분위기는, 국익 극대화라는 관점에서 바라볼 때 그다지 바람직한 현상이 아니다. 물론 우리 정부가 한미행정협정(SOFA) 개정이나 미국과의 대등한 협력관계 유지를 위해, 좀더 공격적인 자세로 임해야 할 것은 두말 할 여지가 없다.

　마지막으로 현재 진행 중인 개혁이 성공을 거두려면 정부·기업·국민으로 이어지는 삼각 축의 개혁주체들이 자기 몫을 다해주어야 한다. 만약 이들 가운데에서 어느 한쪽만이라도 제역할을 다하지 못할 경우, 한국경제는 제2의 금융위기로 직행할 수 있다는 점을 잊지 말아야 한다. 지금도 IMF 금융위기의 악령은 한반도 상공에 머물면서 한국경제의 약점과 허점을 호시탐탐 노려보고 있다.

2 시스템적 사고! 어떻게 구축할 것인가?

우리는 제2부를 통해 시스템적 사고의 개념과 의의를 살펴보았다. 《국가개조 35제》의 저자인 지만원 박사는 시스템적 사고를 "'그렇게 해야 한다'라고 말하는 것이 아니라 '그렇게 할 수밖에 없도록 만드는 것'이다"라고 정의했다. 즉 시스템적 사고의 출발점은 맹자의 성선설이 아니라 순자의 성악설이어야 한다는 것이다.

그러면 한국경제가 세계경제 4강 대열에 진입하기 위해서 필요한 시스템적 사고는 구체적으로 무엇이며, 이를 어느 방향으로 어떻게 구축해나갈 것인지에 대해 생각해보기로 하자. 우선 세계경제 4강 진입에 필요한 시스템적 사고는 크게 두 가지다. 하나는 시장 중심의 시스템적 사고이고, 다른 하나는 효율성·합리성·상호감시·견제를 위한 법과 제도의 혁명적인 개선이다.

시장 중심의 시스템적 사고는, 모든 문제의 해결을 시장의 '보이지 않는 손'에 맡기자는 얘기다. 일상생활에서 쥐를 잡는 방법은 여러 가지가 있을 수 있지만, 사람들이 가장 많이 사용한 방법은 빗자루나 고양이였다. 그런데 쥐를 잡기 위해 빗자루를 사용했을 경우에는 온 집안을 뒤지느라 요란법석만 떨었을 뿐, 쥐는 거의 잡지 못했을 것이다. 큰 빗자루로 야구공 만한 쥐를 잡으려면, 신속·정확하게 타격을 가해야 하는데, 그것이 말처럼 쉽지 않기 때문이다. 적어도 삼성의 이승엽 선수라면 모를까. 따라서 빗자루로 쥐잡기를 시도할 경우에는, 애꿎은 세간만 때려부술 가능성이 크다. 여기서 빗자루는 정부의 '규제'를 의미하며, 쥐는 우리가 해결해야 할 '경제문제'를 뜻한다. 따라서 정부의 손은 '보이지 않는 손'이 아니라, 만지면 만질수록 상처만 덧나게 하는 '가시손'이라고 말할 수 있다.

한편, 고양이를 통해 쥐를 잡는 경우에는 모든 것이 조용하다. 사람들이 고함을 지를 필요도 없고 빗자루를 들고 다니며 설칠 필요도 없다. 모든 것은, 이해당사자인 고양이와 쥐가 알아서 해결해줄 것이기 때문이다. 한번 고양이를 키워보라. 과연 고양이가 있는 집에 쥐들이 마음대로 활보하거나 존재할 수 있을까? 소리 소문 없이 조용하게, 살림살이를 부수지도 않고 확실하게 쥐를 잡아주는 것이 바로 고양이다. 여기서 고양이는 산적한 문제들을 감쪽같이 해결해주는 시장의 '보이지 않는 손'을 의미한다. 결국 시장 중심의 시스템적 사고는 쥐를 잡을 경우, 빗자루(정부의 규제나 간섭)보다는 고양이(시장의 '보이지 않는 손')를 활용하자는 얘기다.

효율성·합리성·상호감시·견제를 위한 법과 제도의 혁명적인 개선 또한 우리가 하루 속히 정립시켜나가야 할 시스템적 사고다. 앞에서 말한 '순번 번호표' 시스템이 그 대표적인 예다. 과거 '순번 번호표' 시스템이 없었을 경우, 우리는 모두 피곤하고 불안했다. 줄을 서서 기다려야 하는데다 누군가가 새치기를 할지도 모른다는 생각이 들었기 때문이다. 그러나 '순번 번호표' 시스템이 금융기관의 객장에 도입되면서 모든 것이 달라졌다. 이제 고객들은 줄을 서야 하는 불편이나 새치기를 걱정할 필요가 없어졌다. 객장에 가서 번호표를 뽑은 다음, 푹신한 소파에 앉아서 편안하게 잡지를 보다가 디지털 전광판에 자신의 순번을 알리는 숫자가 뜨면, 직원에게 조용히 다가가 자기 볼일만 보면 그만이기 때문이다. '순번 번호표'와 같은 시스템을 많이 설정하면 할수록, 그 사회는 합리적인 민주 시민사회가 될 것이다. 향후 한국경제가 추진해야 할 법과 제도의 개선과 관련하여 두 가지 대안만 제시해 보고자 한다. 아래에서 소개하는 사항은 지만원 박사의 《국가개조 35제》에서 일부 내용을 참조하여 작성했음을 밝혀둔다.

첫째, 국가예산의 낭비를 부추기는 예산회계법을 혁파시켜야 한다. 현행 예산회계법은 수치스럽게도 1961년에 일본의 예산회계법을 베껴서 만든 악법 중 하나다. 물론 정부는 지금껏 몇 차례의 법개정을 거듭해왔지만, "당해년도 예산은 반드시 당해년도에 다 써야 한다"는 '회계년도 독립의 원칙'은 아직까지 요지부동이다. 해마다 연말만 되면 남은 예산을 소진하기 위해 멀쩡한 보도 블럭을 교체해야 하고, 공사를 중지해야 할 겨울철에 도로포장과 같은 비효율적인 사업을 벌일 수밖에 없는 것도 모두 '회계년도 독립의 원칙' 때문이다. 이제 예산회계법의 낡은 조항은 국가예산을 절약할 수 있는 쪽으로 대폭 개정돼야 마땅하다. 그렇지 않는 한, 관료들은 세금도둑이라는 오명으로부터 결코 자유롭지 못할 것이다.

둘째, 중소기업에 대한 왜곡된 지원제도를 획기적으로 개선해야 한다. 국내 중소기업들이 현재와 같은 열악한 환경 속에서 연명하고 있는 것을 보면, 정말로 하느님께서도 감탄하실 정도로 놀랍고도 신기한 일이다. 정부는 입만 열면 "중소기업을 적극적으로 육성하겠다"라고 말한다. 그리고는 중소기업들에게는 기술혁신을, 금융기관들에게는 중소기업에 대한 자금지원의 폭을 넓히라고 강력하게 주문한다. 이것이 역대 정권들이 즐겨 사용한 중소기업의 육성책이었다.

그런데 중소기업들이 기술개발을 해놓으면, 아무도 관심을 가져주지 않는다. 정부도 마찬가지였다. 외국의 대기업들이 앞장서서 중소기업들이 개발한 기술이나 신상품에 관심을 가져주면, 그 때서야 비로소 관심을 보이는 게 우리의 대기업들이다. 거의 모든 선진국들은 중소기업들의 신기술이나 신제품의 성능을 평가한 후, 그에 관한 정보를 확산시켜주는 시스템을 매우 활발하게 운영하고 있는 반면, 우리는 그와 같은 시스템이 작동하지 않고 있다. 금융기관들도 마찬가지다. 금융기관들은 중소기업 사장에 대한 신용평가만으로 돈을 빌려주지 않는다. 항상 담보물건을 요구한다. 그러나 중소기업 사장에게 무슨 담보물건이 있겠는가! 그러니 그들은 사채시장에서 높은 이자를 지불하고 달러 돈을 쓸 수밖에 없다.

중소기업들이 최우선적으로 바라는 지원방안은 현행 어음제도에 대한 혁명적인 개혁이다. 특히 어음결제와 관련된 대기업들의 횡포가 사라졌으면 하는 게 중소기업인들의 간절한 희망사항이다. 대기업들은 중소기업의 납품대금을 현금으로 결제하지 않고, 항상 몇 개월짜리 어음을 주는 게 오래 된 관행이다. 언제나 유동성 제약(현금부족)에 쫓기는 중소기업으로서는 할 수 없이 그 어음을 할인받아야 하는데, 거기에는 필연적으로 비싼 이자와 수수료라는 부대비용이 수반된다. 게다가 외상판매에 대한 수금이 제때에 이루어지지 않아 흑자경영을 기록하고도 부도로 망하는 중소기업들이 비일비재하고, 어느 악덕업체가 어음 부도를 내면 건실했던 중소기업들까지 연쇄부도의 희생양이 되기도 한다. 그런데도 정부는 이러한 문제에 대해서는 심각한 고려를 하지 않고, 늘 약효가 떨어진 기술혁신과 금융지원 정책만을 남발한다.

정부는 더 늦기 전에 중소기업들의 납품대금은 수금대행기관을 통한 온라인 결제를 의무화하고, 엄격한 결제규율을 확립해나가야 한다. 또 이를 위반하는 기업들에 대해서는 금융기관에서 자금을 대출받지 못하도록 하는 시스템을 구축해야 한다. 그러면 거래의 실명화는 물론 세금원(稅金源)까지 그대로 노출되기 때문에 정부의 재정 확보에도 도움이 될 뿐 아니라, 중소기업들의 비용부담까지 크게 덜어줄 수 있다. 참고로 국내 중소기업들이 납품대금을 받기 위해 지출하는 다리품 비용이 연간 약 20조 원에 이른다고 하니, 정부가 이 문제 하나만 속시원하게 해결해줘도 국내 중소기업들의 경쟁력은 몰라보게 향상될 것이다.

그 밖에도 국가예산이 많이 소요되는 군수(軍需)·각종 국책사업·환경개선·기술개발·조세·교육혁신·정부조달·공공사업 등의 분야에 시스템적 사고를 적용한다면, 엄청난 예산절감 효과를 거둘 것이다. 이제 정치 리더들과 국민들은 시스템적 사고가 가져올 수 있는 여러 가지 사회적 이익과 장점들을 철저하게 분석해보면서, 한국경제에 내재된 문제점을 근본적으로 혁신시키려는 노력을 기울여야 한다. 왜냐하면 시스템적 사고에 국가경쟁력의 핵심원천이 숨겨져 있기 때문이다. 이 같은 의미에서 기존의 '땜질식 정책 처방'은 이제 종언을 고해야 한다.

제3부

'우리이즘' 과
'대충주의' 가 판쳤던 나라

국민대통합을 저해하는 한국인들의
저속한 '우리이즘'

집 가(家), 그리고 질서의식과 서비스 정신의 실종

'우리이즘(weism)'을 극복하지 못하는 한,

세계 제일의 서비스 창출은 불가능하다!

세상 사람들에게 한국인은 정이 많고, 의리를 소중히 여기며 예의가 바른 민족으로 알려져 있었다. 우리 스스로도 동방예의지국(東方禮義之國)이라는 말을 아주 스스럼없이 사용해왔다. 그러나 오늘날 외국인들은 한국인에게 그리 후한 점수를 주지 않는다. 한국인이 외국인이나 장애인에게 배타적이며, 끼리끼리의 횡포가 극심하고, 예의범절과 친절의식, 그리고 준법정신이 실종되었다고 혹독하게 비판한다. 만일 외국인들에게 "한국인의 인상을 한번 그려 보라"고 주문하면, 그들은 틀림없이 아귀(餓鬼)나 나찰(羅刹)과 같은 귀신 모습을 그려놓고 말 것이다.

>>>> **한국인의 특성에 대한 비밀 코드 : '집 가(家)'**

외국인들이 지적하고 있는 한국인의 문제점을 제대로 이해하려면, 무엇보다도 '집 가(家)'라는 한자에 대한 깊은 성찰이 필요하다. 늘 '우리'라는 표현으로 입을 열고, 끼리끼리의 횡포, 지독한 배타주의, 예의 범절·서비스 정신·준법정신의 실종은 '가(家)'에서 파생되는 한국인 특유의 가족주의와 밀접하게 연관되어 있기 때문이다.

이 세상에서 '우리'라는 말을 가장 많이 사용하는 민족을 꼽으라면, 단연 한국인이 1등을 차지할 것이다. 우리 엄마, 우리 아빠, 우리 선생님, 우리 학교, 우리나라, 우리 회사, 우리 가족, 우리 동네 등등. 한국어에서 '우리'라는 표현이 붙지 않으면 아예 말이 되지 않을 정도다. 물론 영어에도 '우리'를 뜻하는 'We'가 있긴 있지만, 우리처럼 그렇게 사용빈도가 높지 않다. 일본어에서도 마찬가지다. '나'를 의미하는 '와따시(私)'가 주로 사용될 뿐, 우리 엄마나 우리 아빠와 같은 한국식 표현은 아예 존재하지 않는다. '우리 엄마'나 '우리 아빠'라는 말을 들었을 경우, 일본인들은 그런 표현을 매우 이상하고 어색한 의미로 받아들일 것이 분명하다. 그들에게 '우리 엄마'나 '우리 아빠'와 같은 단어는, 한 사람의 엄마와 아빠를 여럿이서 공유하는 일처다부제(一妻多夫制)나 일부다처제(一夫多妻制)를 연상시킬 것이기 때문이다.

한편, '우리'라는 단어의 어원은 '집' 또는 '울타리'다. 한양대 명예교수인 김용운 박사가 쓴 《카오스의 날갯짓》이라는 책을 보면, 그에 관한 얘기가 나온다. 설령 그 책을 읽어보지 않았더라도, 독자 여러분은 '돼지우리'가 '돼지 집'이라는 한 가지 사실만으로 '우리'라는 단어가 '가(家)'에서 비롯된 것임을 금세 알 수 있을 것이다. 또 '우리이즘'과 '가(家)' 간의 관계에 대한 연구로는 이화여대 최준식 교수의 《한국인에게 문화는 있는가?》와 항공대 최봉영 교수의 《한국문화의 성격》이 단연 압권이다.

한국인이 외국인보다 '우리'라는 용어를 자주 사용하는 것은, '가(家)', 즉 가족 중심의 집단주의 문화가 한국인의 사고체계를 오랫동안 지배해왔기 때문이라고 생각된다. 한국인은 최소 집단인 가정(家庭)으로부터 가장 넓은 범위의 우주에 이르기까지 모든 질서를 '집 가(家)'로 파악한다. 예를 들면, 집보다 큰 개념은 나라다. 그런데 한국인은 나라마저 '거대한 집'으로 이해한다. 나라는 '국(國)'자만 써도 충분하다. 그러나 한국인은 '국(國)'자에다 반드시 '가(家)'를 붙임으로써 국가라고 말한다. 더욱이 한국인은 나라보다 넓은 개념인 세계를 얘기할 때도 세계일가(世界一家)라고 말하며, 세계보다 더 큰 우주마저 '가(家)'의 연장선상에서 바라본다. '우주'라는 한자가 '집 우(宇)'와 '집 주(宙)'로 구성되어 있다는 점이 그것을 입증해준다. 이처럼 한국인은 집을 떠나서는 단 하루도 살 수 없는 민족이다.

〉〉〉〉 한국인의 가족주의 문화가 빚어낸 사회적 문제점

서양인들은 국가를 그 사회의 최상층부 조직인 계약집단으로 인식한다. 서양인들에게 국가는 다양한 부류의 수많은 개인들이 법과 제도라는 사회질서 내에서 계약을 맺고 사는 일종의 인위적인 약정집단일 뿐이다. 따라서 그들에게는 법과 제도에 명시된 계약을 지키면서 신뢰를 구축해나가는 것이 삶의 중요한 수단이자 성공전략이 된다. 서양인들이 우리보다 법을 잘 지키고 친절하며 고신뢰(高信賴) 사회를 만들 수 있었던 비결은, 국가를 계약집단으로 보고 자신과 국가 간에 맺어진 사회적 계약을 충실하게 지키려고 노력했기 때문이다.

한편, 한국인들은 국가를 '가(家)'가 확대된 개념으로 생각한다. 국가 차원에서 권력의 정점에 있는 왕이나 대통령을 마치 가부장적 질서가 통용되는 가정 내의 아버지와 같은 존재로 생각한다. 그렇기 때문에 조선시대의 임금이나 이승만 전 대통령 같은 사람을 국부(國父), 명성왕후와 같은 왕비를 국모(國母)라고 부를 수 있었던 것이다. 또 한국인은 생전 처음 보는 낯선 사람에게도 아저씨나 아주머니와 같은 호칭을 사용한다. 그런데 아저씨나 아주머니라는 말은 아주 가까운 친척들에게만 쓸 수 있는 호칭이다.

더욱이 홀로 되는 것을 매우 두려워했던 한국인은 '가(家)'에서 연유되는 가족주의를 통해 '우리이즘'을 창조해냈다. '우리이즘'은 울타리(담장)를 경계로, 즉 울타리 안의 내집단(內集團)과 울타리 밖의 외집단(外集團)을 차별대우하는 한국인 특유의 배타주의를 의미한다. 일반적으로 한국인은 내집단에게는 한없이 따뜻하고, 외집단에게는 매우 차갑게 대한다.

그리고 한국인에게 내집단이란, 꼭 자신의 가족에게만 국한되는 것이 아니다. 내집단은 상대가 누구냐에 따라 얼마든지 다른 의미를 지닌다. 예를 들면 다른 가족에 대한 내집단은 우리 가족이고, 다른 회사에 대한 내집단은 우리 회사다. 시내버스를 탔을 때의 내집단은 시내버스 기사와 버스 승객이며, 택시를 탔을 때의 내집단은 택시 기사와 택시 승객이다. 또 장애인에 대한 내집단은 비장애인이고, 외국인에 대한 내집단은 한국인이며, 외국에 대한 내집단은 우리 한국이다.

그런데 한 가지 재미있는 것은, 내집단에 속하는 구성원이 바깥 세상에 나가 범법행위를 하고 들어오더라도, 내집단의 사람들은 그 범죄자에게 비난을 퍼붓지 않는다는 점이다. 오히려 그 범죄자를 동정하고 감싸주며, 심지어는 숨겨주기까지 한다. 또 한국인은 술잔만 들면, 언제 어디서든, "우리가 남이가!"를 자랑스럽게 외쳐댄다. 장수하는 '3김(金)'씨 밑에서 하수인 노릇으로 잔뼈가 굵은 가신그룹과 과거 '하나회'의 똥별들이 수십 년 동안 자기들끼리 핵심요직을 독점하면서 법과 위계질서를 작살냈던 것도, 내집단만을 챙겨주는 한국 사회라서 가능했다. 공교육의 정상화를 어렵게 하는 '내 새끼 제일주의'나 자신의 핏줄이 아니면 거들떠보지도 않는, 그래서 고아 수출국 1위라는 오명을 얻게 된 것도 내집단과 외집단을 구분해서 차별대우하는 한국인의 고

국민대통합을 가로막는 한국인의 저속한 '우리이즘'

질적인 '우리이즘' 때문이다.

　게다가 '우리이즘'은 외집단 사람들은 무시하거나 차별대우를 해도 괜찮다는 인식을 강력하게 심어준다. 장애인들에 대해 부정적인 시각을 가질 뿐만 아니라, 장애복지시설이 자기 집 근처로 들어오면, 집값 하락과 자녀교육 문제를 들어가며 필사적으로 반대 시위를 벌인다. 코리안 드림을 안고 한국에 와서, 우리가 기피하는 3D 업종에서 일하는 외국인들을 심하게 구박하고, 그들을 인권의 사각지대로 내몰았던 것도 한국인의 추악한 '우리이즘'이다. 따라서 한국 사회에서는 어느 누구도 외집단에 속하는 것을 극도로 꺼리며 두려워한다. 한국인이 낯선 사람을 만나면 마치 개가 코를 킁킁거리며 자신의 동료나 가족 여부를 체크하는 것처럼 명함을 건네며 혈연·지연·학연·종교연 등을 열심히 캐묻고 확인하려는 것도 외집단으로 내몰리지 않으려는 위기의식 때문이다. 그런 의미에서 한국 사회의 고질적인 병폐로 지적되는 '연줄 찾기'는 바로 '우리이즘'이 잉태시킨 어둠의 자식인 셈이다.

⟫⟫ '우리이즘'에서 초래된 질서의식과 서비스 정신의 실종

내집단끼리 서로 봐주며 챙겨주는 데 익숙했던 한국인의 '우리이즘'은 준법정신과 질서의식, 그리고 서비스 정신의 실종이라는 심각한 사회적 문제를 일으키고 있다. 한국인이 법을 잘 지키지 않는 것은, 비단 어제 오늘의 일이 아니다. 한국 사회가 외부세계에 무법천지로 비치는 것 또한 '우리이즘'에 기인한다.

전통적으로 '가(家)'를 중시하는 한국인의 집단주의 문화는 예(禮)와 덕(德)을 법(法)보다 중요시했다. 오늘날에는 정부 내의 법무부가 권력기관 축에 들지만, 불과 1세기 전만 해도 민초들의 도덕적 교화와 예의범절을 책임졌던 예조(禮曹)의 끗발이 법 집행을 담당했던 형조(刑曹)보다 한 수 위였다. 다시 말해 한국인의 의식 속에서는 예가 법 위에 군림했던 것이다.

이를 반영하기라도 하듯이 한국인의 내집단 속에는 자율적으로 규제하는 별도의 규범이 존재했는데, 그것이 바로 장유유서(長幼有序)다. 밥도 어른이 숟가락을 든 다음에야 먹을 수 있었고, 찬물에도 위아래가 있을 만큼 내집단 내에서의 나이는 그 자체로 엄청난 끗발이었다. 어른의 말이라면 무조건 순종해야 했고, 만일 그것을 거역하는 경우에는 불효자나 천하의 불상놈이라는 해괴한 징치(懲治)로 온갖 수모를 당해야 했다. 나이가 든 어른의 못된 짓은 용인되지만, 나이 어린 사람이 어쩌다 실수를 하면 금방 쳐죽일 놈이 되는 불평등한 사회에서, 질서의식이나 준법정신이 생겨날 리 만무하다. "법 앞에서 모든 사람은 평등해야 한다"는 진리야말로 법치주의가 뿌리를 내릴 수 있는 전제조건이다.

또 '우리이즘'은 외집단에게는 대충대충 대해줘도 무방하다는 생각을 갖게 하기 때문에, 친절한 서비스 정신이 태동할 리 없다. 한국 상인에게 있어서 소비자는 영원한 외집단에 불과하다. 따라서 소비자를 자신의 피붙이로 생각하고, 그들을 위해 최고의 서비스를 제공하는 상인을 만나보기 어려운 것이다. 불량상품을 팔았으면서도 리콜을 거부하거나 외면하는 상인(기업도 광의의 상인이다), 소비자에게 바가지를 씌우고도 양심의 가책을 느끼지 않는 상인이 많은 것도 그 때문이다.

게다가 사농공상이라는 양반 중심의 전근대적인 신분질서가 '우리이즘'과 결탁하면서, 상업은 한국 사회에서 가장 천한 직업으로서 자기멸시와 자기학대의 대상으로 전락했다. 장사를 하는 것은 단지 돈을 벌기 위한 수단일 뿐, 어느 정도 돈을 모으면 자신이 하고 있는 장사를 자식들에게 대물림을 하지 않겠다는 것이 우리나라 상인의 기본자세다. 이와 같은 상인에게 고객을 왕으로 떠받드는 서비스 정신이나 진정한 상도(商道)의 출현을 기대하는 것은, 마치 사하라 사막에서 대홍수가 일어나리라고 학수고대하는 것과 무엇이 다를까?

〉〉〉〉 세계화는 편협한 '우리이즘'의 해체를 원하고 있다!

"우리는 심정적으로 한통속이다. 따라서 우리끼리 모든 것을 나눠먹으며 잘 해보자"라는 편협한 '우리이즘'은 앞으로 한국경제의 지속적인 발전을 저해하는 장애요인으로 작용할 것이다. 국가의 경계선인 국경마저 별다른 의미를 가지지 못하는 작금의 상황에서, 내집단에 속하는 '우리'와 외집단에 속하는 '남'을 편가르기 하면서 마음의 장벽을 높게 쌓는 한, 우리는 외국인의 왕따를 피할 수 없다.

이제부터는 세계의 모든 인종과 다양한 문화를 광의의 내집단으로 받아들이는 지구촌민의식을 통해 편협한 '우리이즘'을 해체시켜나가는 노력을 경주해야 한다. 그래야만 한국 사회의 진정한 세계화를 가로막았던 끼리끼리의 횡포, 배타주의, 차별의식, 연줄 찾기, 질서의식과 준법정신의 부재, 친절한 서비스 정신의 실종과 같은 사회적 문제를 슬기롭게 극복할 수 있다. 그와 같은 천박한 '우리이즘'을 완벽하게 청산하는 날, 비로소 한국인은 세계의 선진시민으로 거듭 태어날 수 있을 것이다.

007 제임스 본드와 박찬호 선수

우리 사회의 공동체적 '일' 윤리가 전문가의

양성을 가로막는 원흉이다!

평소에 필자가 즐겨 보았던 영화는 '007 시리즈' 다. 1960년대의 제임스 본드로 화면을 주름잡았던 숀 코너리(Sean Connery)와 1970~80년대 전세계 여성들의 영원한 오빠였던 로저 무어(Roger Moore), 1980년대 후반부터 1990년대를 종횡무진했던 티모시 달튼(Timothy Dalton)과 피어스 브로스난(Pierce Brosnan)의 화려한 액션 연기는 필자를 007 영화에 빠지게 한 '엑스터시' 였다. 총알도 피해가고, 불가능에 가까운 난제를 완벽하게 해결하는 제임스 본드의 활약을 보면서 필자 스스로 의문을 품어본 것이 하나 있다. "왜 우리 한국인 가운데는 007 영화의 제임스 본드처럼 탁월한 문제해결 능력을 가진 전문가가 없는 것일까?"라는 것이다.

주변국과의 첨예한 국제협상에서부터 국가경영 전반에 이르기까지, 필자는 고도의 전문지식과 전략적 시나리오를 가지고 국익을 수호하면서 국민을 위해 일하는 전문가를 보지 못했다. 기껏해야 동네축구 수준의 아마추어들이 잦은 헛발질로 국가의 위신과 국민의 자존심을 훼손

제3부 '우리이즘' 과 '대충주의' 가 판쳤던 나라 159

시키며, 치욕적인 패배와 망신을 당하는 꼴만 볼 수 있었다.

왜 한국인은 그럴 수밖에 없을까?

배움이 부족해서 그런 것인가, 아니면 머리가 모자라서 그런 것인가? 그것도 아니면 국민들의 의식수준이 낮기 때문에 그런 것인가? 필자는 서구 민주주의 사회의 '일' 윤리와 유교적 국가관을 지향하는 공동체 사회의 '일' 윤리의 차이에서 그 해답을 찾고 싶다. 이들 두 사회를 지배하고 있는 문화적 인식의 차이가 오늘날 우리가 경험하고 있는 현실을 어느 정도 설명해주고 있다고 판단되기 때문이다.

만약 서구 민주주의 사회의 사람들에게 "당신이 그렇게 일을 열심히 하는 이유가 뭡니까?"라고 물으면, 그들은 주저 없이 "내 자신과 가족의 행복을 위해서요"라고 대답할 것이다. 그와 똑같은 질문을 우리 한국인에게 한다면, 그는 어떤 반응을 보일까? 아마도 대부분의 한국인들은 "조국과 민족의 무궁한 발전과 영광을 위해서입니다"라고 답변할 것이다.

〉〉〉〉 공동체 사회의 '일' 윤리는, 그 토대가 너무나도 허술하다!

이처럼 서구 민주주의 사회의 '일' 윤리와 우리가 추구하는 공동체 사회의 '일' 윤리는 문화적 코드부터 완전히 다르다. 즉 서구 민주주의 사회의 '일' 윤리에는 "개인이 행복해야만 국가가 행복해질 수 있다"는 시각이 내재되어 있다. 그러나 공동체 사회의 '일' 윤리는 "국가가 행복해야만 개인이 행복해질 수 있다"는 입장을 견지한다. 이제 공동체 사회의 '일' 윤리가 지닌 특징부터 살펴보자.

첫째, 공동체 사회의 '일' 윤리는 선비정신을 유난히 강조한다. 선비정신은 한 마디로 공공 이익을 위해서 개인의 이익을 희생시키는 것을 최고의 미덕으로 간주하는 의식세계다. 일례로 한국에서는 영리추구의 차원을 넘어 국가발전에 이바지하는 국민기업이 되어야만 국민으로부터 좋은 기업으로 대접받는다. 근로자들 역시 1968년에 제정된 국민교육헌장에 명시된 바대로, '나라의 발전이 나의 발전의 근본'이라는 각오로 일하는 산업역군이 되어야만 주위 사람으로부터 칭송을 듣는다.

그러나 인간은 경제적 동물이다. 또한 경제적 동물의 본질은, 자신의 이익부터 먼저 챙기려는 이기심에 있다. 어떤 사람 앞에 10억 원의 돈보따리가 놓여 있다고 가정해보자. 자신의 집으로 가져가도 되고, 또 어려운 이웃을 위해 그 돈을 희사해도 된다고 했을 때, 그는 과연 어떤 반응을 보일까? 거의 모든 사람들은 그 돈을 자기 집으로 가지고 가서 부자의 삶을 영위하려고 할 것이다. 그것이 경제적 동물인 인간의 참모습이다. 따라서 공동체 사회의 '일' 윤리는 일본의 혼네(本音)와 다테마에(建前)처럼 진짜 속마음과 겉 표현이 다를 개연성이 매우 크다.

우리 경제를 IMF 금융위기로 몰아넣었던 사회 각 분야에서의 도덕적 해이 현상도, 공동체 사회의 '일' 윤리가 얼마나 허술한 토대에 기초해 있는지를 잘 설명해주고 있다. 몇 가지 사례만 살펴보자. 우리나라 대통령들은 누구나 대한민국 헌법 앞에서 "나는 국헌(國憲)을 준수하고, 국가를 보위하며, 국민을 위해 희생하고 봉사하겠다"라는 취임선서를 한다. 그렇게 맹세했던 역대 대통령들이 수천억 원의 비자금을 만들고 제 식솔부터 챙겨주다가 추악한 지도자로 몰락하고 말았다. 또 소액예금주의 이익을 지켜야 할 은행직원들은 수십억 원의 고객예금을 빼내 도망갔다. 주식지분율이 채 10%가 안 되는 대기업의 회장들도 소액주주들의 이익을 깡그리 무시한 채 전횡과 독단 경영을 일삼다가 부도를 내고 말았다. 국민·소액예금주·소액주주의 공동이익을 위해 노력해야 할 대통령·은행직원·대기업 회장이 왜 자신들의 사악한 이익부터 챙겼을까? 이는 그들 또한 공동체의 이익보다는 자신의 이익이 훨씬 더 소중했던 경제적 동물이었기 때문이다. 이제 더 이상 자신보다

국가가 더 소중하다고 말하지 마라! 그것은 우리처럼 평범한 소시민이 지킬 수 있는 말이 아니다. 한국전쟁 때, 백마고지를 사수하기 위해 폭탄을 안고 적의 벙커로 돌진해서 그것을 파괴시킨 후, 장렬하게 산화한 '육탄 10용사'라면 몰라도.

둘째, 공동체 사회의 '일' 윤리는 정·의리·인화단결, 그리고 변치 않는 인간관계를 매우 중시한다. 현재 시중에서 판매되고 있는 초코파이도 포장 겉면에 '정(情)'자를 써붙이니까 날개 돋친 듯 잘 팔린다. 귀뚜라미 보일러도 "어여, 들어와"로 시작하는 농촌 노부부의 애틋한 정을 표현하고 있다. 그 때문에 도회지에 나가 있는 자식들이 시골 부모님께 귀뚜라미 보일러를 놓아드리고 있는 것이다. 그러니 귀뚜라미 보일러가 국내 보일러시장을 제패할 수밖에 없지 않겠는가. 어쨌든 한국에서는 '정'이 으뜸가는 상술 중의 하나다.

또 한국인처럼 의리를 강조하는 민족도 없다. 그런데 거친 사내들의 투박한 냄새가 물씬 풍기는 '의리' 속에는 한국경제를 물 말아먹은 끼리끼리의 횡포가 마치 천 년 묵은 능구렁이처럼 똬리를 틀고 앉아 있다. 더욱이 재미있는 것은, 평소 의리를 부르짖던 사람들 치고 끝까지 의리를 지킨 경우가 거의 없다는 사실이다. IMF 금융위기가 들이닥쳤을 때, 모 은행의 상무이사였던 사람이 자신의 책임을 음독자살로 대신한 것이 전부다.

이웃나라 일본에서는 자신이 속해 있던 조직이나 자신이 모셨던 상사와의 의리를 지키기 위해 할복을 하고 죽는 경우가 종종 있다. 그러나 우리 사회에서는 어느 누가 검찰에 불려가 심문을 받으면, 곧바로 관련자들의 명단을 밝히는 바람에 사건연루자들이 줄줄이 사탕으로 검찰의 소환을 받는다. 그러고는 함께 히죽거리면서 솜바지 입고 감옥행 호송차에 올라탄다. 그것이 바로 우리 사회가 그토록 자랑스럽게 부르짖는 끈끈한 의리관(義理觀)이다.

또 "모난 돌이 정 맞는다"는 속담에서 엿볼 수 있듯이, 우리 사회에서 탁월한 능력·끼·개성·아디이어 등으로 남보다 앞서가는 사람은 언제나 왕따의 대상이 된다. 현재 우리 사회는 그와 같은 '거지식 평등주의'가 맹위를 떨치고 있다. 그러다 보니 세계를 압도할 만한 특정 분야의 전문가가 배양될 문화적 토양이 제대로 자리잡지 못하고 있다. 서구 민주주의 사회에서 보편적으로 실시되고 있는 연봉제나 성과급 제도가 우리 사회에서 쉽게 정착하지 못하는 이유도 그와 무관하지 않다.

셋째, 언제나 공동체 이익을 앞세우다 보니 사적(私的)인 부의 축적에 대해서 아주 부정적인 인식을 갖고 있다는 점이다. 조선시대를 풍미했던 사농공상의 신분 질서가 새천년을 맞이한 오늘날에도 그대로 통용되고 있으며, 상인들이 상로배(商路輩)나 시정잡배로 멸시당하는 것도 예나 지금이나 마찬가지다.

이른바 뼈대 있는 가문(家門)이라고 자랑하는 문중(門中)의 족보를 보라. 지역사람들의 현안문제를 해결해준 거상(巨商)들의 얘기는 족보 어디에도 없다. 오로지 중앙의 정치무대에 진출해서 높은 관직에 오르거나 학문으로 이름을 날린 분, 또는 박찬호 선수처럼 외부세계로 나가 우리 공동체 사회의 이름을 빛낸 사람들만이 족보의 지면을 독점하고 있다.

그러나 한 가지 분명하게 짚고 넘어갈 것이 있다. 그것은 조상의 드높은 관직이나 수준 높았던 학식이, 민초들의 삶의 질 향상에 별로 기여하지 못했다는 점이다. 그것은 당파 싸움을 부추긴 대의명분 찾기와 상대방의 뒷다리 걸기에만 악용되었을 뿐이다. 박찬호 선수 역시 국위선양을 목적으로 미국에 간 것이 아니다. 단지 자신의 명예와 부를 챙기기 위해서 미국행을 택했을 뿐이다. 또 미국인들은 박찬호 선수가 공을 던지는 모습을 보면서, 한국을 연상하거나 한국이라는 공동체가 대단하다는 생각을 갖지 않는다. 그저 박찬호 선수의 야구경기 자체를 즐

박찬호 선수에 대한 한국인들의 엄청난 착각

길 뿐이다.

그런데도 한국인들은 밤잠을 설쳐가면서까지 박찬호 선수의 야구경기를 관전하며 그에게 아낌없는 성원을 보낸다. 그 이유는 오직 하나, 박찬호 선수가 우리 공동체 사회의 일원으로서 전세계인들에게 한민족의 우수성을 널리 알리는 데 공헌하고 있다는 엄청난 착각 때문이다. 필자의 말에 불쾌감을 느낀 독자들께서는 미국여행을 할 기회가 있을 때, 미국인들을 상대로 필자가 말한 주장의 진위 여부를 꼭 한번 확인해보기를 바란다.

서구 민주주의 사회의 '일' 윤리에 내재된 특성

한편, 서구 민주주의 사회의 '일' 윤리에서, 개인은 항상 자기이익을 공동체의 이익보다 우선시한다. 즉 나의 발전이 나라발전의 근본인 것이다. 그렇기 때문에 그들은 자신의 사랑이나 가족의 행복을 지키기 위해, 최선을 다하고 진정한 프로의 길을 추구한다.

007 영화를 보라.

첩보원들의 세계에 우리가 그렇게 자랑하는 끈끈한 정·의리·우정 같은 것이 있는가! 단연코 없다. 오직 쫓고 쫓기는, 죽고 죽이는 냉혹한 정글의 법칙만이 존재할 뿐이다.

첩보원에게 요구되는 절대덕목은 의리나 인간애가 아니다. 어떠한 악조건 속에서도 부여받은 임무를 성공적으로 완수하고 귀환할 수 있는 생존능력뿐이다.

또 비밀 첩보전을 깔끔하게 마무리한 제임스 본드는, 항상 그 대가로 늘씬한 미녀와의 사랑을 보장받는다. 모든 007 영화의 말미에는 첩보부 최고책임자의 전화호출을 조용히 거부한 채, 커튼이 드리워진 침대 위에서 본드 걸과 전라(全裸)의 몸으로 엎어지는 제임스 본드가 나온다. 그 때의 제임스 본드에게는 새로운 국가적 임무보다는 본드 걸과의 정사(情事)가 더 중요하다. 즉 그에게 있어 국가는 정사 다음의 문제인 것이다. 이것이 자본주의를 꽃피운 서구 민주주의 사회의 대표적인 '일' 윤리다. 그리고 막스 베버(Max Weber)는 일찍이 그것을 '프로테스탄트의 윤리의식'으로 설명했다.

〉〉〉〉 이제는 서구 민주주의 사회의 '일' 윤리를 당당하게 선택해야…

이처럼 문화적 인식의 차이는 곧바로 경제문제로 이어진다. 현재 아시아 경제의 전반적인 침체현상은 서구 민주주의 사회의 '일' 윤리가 공동체 사회의 '일' 윤리보다 더 효율적이라는 점을 시사해준다. 치열한 경쟁이 존재하는 게임의 장(場)이 개설되고, 국가가 공개·공정·공평의 게임 룰을 보장하는 서구인들의 '일' 윤리에서는 도덕적 해이 현상이 상대적으로 덜 발생한다.

이제 우리는 고통스런 선택을 해야 할 중대 기로에 서 있다. 자멸이 예상되는 공동체 사회의 '일' 윤리를 고수하면서 서서히 망해갈 것인가. 아니면 '변하지 않으면 죽는다'는 각오로 서구 민주주의 사회의 '일' 윤리를 받아들이면서, 어떻게 후일(後日)이라도 도모해볼 생각인가.

18K 반지가 24K 반지보다 더 단단한 이유

미국경제가 한국경제보다 잘 나가는 이유는,

미국 특유의 건강한 잡종문화 때문이다!

단일민족에 대한 한국인들의 집착은 가히 병적일 정도다. 한국인들은 너나 할 것 없이, 오천 년의 유구한 역사 속에서 순수혈통을 고스란히 지켜온 민족은 우리 한민족뿐이라고 강변한다. 배달민족의 후예로서 그와 같은 민족적 자긍심을 갖고 사는 것에 대해 딴지를 걸 생각은 조금도 없다. 그러나 사실이 아닌 것을 갖고 자꾸 사실이라고 우기는 자세는, 일종의 자기최면이자 허세가 아닐 수 없다. 우리 민족의 진정한 정체성 확립과 미래 발전을 위해서는 그러한 자세부터 시정해나가야 한다.

그 동안 우리 민족은 주변 국가들로부터 끊임없는 외침에 시달려 왔다. 어떤 사람은 우리 나라가 외침을 받은 횟수가 무려 495회나 된다고 주장한다. 역사를 전공하지 않은 필자로서는, 그들의 주장에 대한 진위 여부를 규명할 수 있는 능력이 없다. 다만, 한 가지 분명하게 말할 수 있는 것은, 중국의 수나라 침략으로부터 일제의 식민통치를 거쳐 IMF 금융위기에 이르기까지, 우리의 역사는 말 그대로 이민족들의 군사적 · 경제적 침략에 대한 응전(應戰)의 파노라마였다는 점이다.

그런데 예나 지금이나 전쟁은 몇몇 국왕이나 대통령 또는 장군들이 즐기는 지도상의 줄긋기 게임이나 심심풀이 체스 놀이가 아니다. 침략자와 대항군 사이에는 치열한 혈전이 있었고, 거기서 패배한 쪽의 운명은 고스란히 승리한 나라에 귀속되었다. 그것이 바로 전쟁의 본질적인 속성이다. 그리고 패배한 쪽에서 가장 큰 희생자들은 언제나 여성들이었다.

>>>> 우리가 단일민족인가?

역사적인 측면에서 바라볼 때, 우리나라 여성들은 세계의 변화조차 제대로 간파하지 못했던 무능한 남성들 때문에 엄청난 수모와 시련을 겪어야만 했다. 남성 우월의 가부장적 제도 하에서 힘과 권력을 잡고 있던 이 땅의 남성들은, 당리당략에 따른 패거리 정치로 부실한 국정운영을 일삼았다. 그들은 세계의 패권이 어디로 향하고 있는지, 주변국들이 그러한 변화에 어떻게 대응하고 있는지에 대해 전혀 무관심했다. 오로지 작은 동네에서 '벼슬'이라는 감투 하나를 놓고, 추악한 이전투구를 일삼으며 국정을 농단했다. 그러다 보니 유비무환의 정신이 생겨날 여지가 없었던 것이다. 유비무환의 자세가 없는 나라에 오랑캐들이 들이닥치는 것은 너무나 자연스러운 일.

한편, 우리 여성들의 정조관념은 '은장도'와 '자결'로 비유될 만큼 단호했다. 그 정도로 우리 여성들은 정조를 자신의 목숨처럼 소중하게 생각했다. 그러나 그들이 목숨처럼 여겼던 정조도, 이 땅을 짓밟았던 오랑캐 무리들 앞에서는 허망하게 무너졌다. 우리 여성들의 역사는 무능하고 무기력한 남성들이 빚어낸 서글픈 역사의 연속이었다. 아직까지도 벽제지역에 남아 있는 세음령(洗淫領), 갓난아기의 엉덩이에 트레이드

마크처럼 선명하게 나 있는 몽고반점, 정신대 할머니들의 원한 맺힌 절규와 고통의 몸부림이 우리의 슬픈 역사를 말없이 대변해주고 있다.

>>>> 왜 잡종문화가 강할까?

코스모폴리탄적 이데올로기로서 맹위를 떨치고 있는 '세계화'는 기존의 편협한 민족주의나 국수주의를 배격하고, 지구촌민의식을 갖춘 무국적인(無國籍人)으로서 공존공영을 통한 상생을 요구한다. 이와 같은 세계화의 도도한 물결 앞에서 "우리 한민족만이 지구상에서 유일한 단일민족이다"라는 주장이야말로 쑥스럽고 머쓱한 가설이 아닐 수 없다.

미국의 경우를 보자.

오늘날 미국경제가 잘 나가고 있는 가장 큰 비결은 과연 무엇일까? 아마도 세계에서 제일 가는 우수한 인재와 풍부한 자본이 미국으로 대거 몰려들고 있기 때문일 것이다. 1980년대 이후 지금까지, 미국의 경상수지는 늘 적자였다. 그런데도 미국이 외환위기를 겪고 있다는 얘기를 들어보지 못했다. 왜 그럴까? 그 이유는 너무나도 자명하고 간단하다. 미국의 경제수지 적자분를 외국에서 미국으로 유입된 자본이 메워주고 있기 때문이다. 만약 우리 경제가 IMF 금융위기를 맞이했을 때, 외국자본이 한국으로 대거 유입되었다면 우리도 미국처럼 IMF 금융위기를 겪지 않고 순조로운 경제발전을 도모할 수 있었을 것이다. 더구나 지금과 같은 지식정보화 사회에서는 우수한 인재와 돈을 가진 쪽이 언제나 승리하게끔 되어 있다. 미국의 실리콘 밸리가 그것을 증명해주고 있지 않는가!

물론 미국이라고 해서 인종차별이 전혀 없는 것은 아니다. 거기도 인간이 모여 사는 사회이기 때문에 인종의 차이, 빈부의 차이가 결코 우리나라 못지않다. 그럼에도 불구하고 미국이 선진사회로서 세계질서를 주도할 수 있었던 힘의 원천은 우수한 이민족들을 흡수해서 새로운 가치를 창조할 수 있는 그들 특유의 강인한 잡종문화(雜種文化)에 있다. 이것은 마치 18K 반지가 순도 99.9%의 24K 반지보다 더 단단한 이치와 똑같다.

잡종문화의 강점을 주장하는 사람들이 종종 거론하는 일화가 있다. 자연산 미꾸라지와 양식 미꾸라지에 대한 얘기가 그것이다. 그들에 따르면 미꾸라지와 가물치는 서로 천적관계에 있다고 한다. 즉 미꾸라지는 가물치 알을 좋아하고, 가물치는 자신의 알을 몰래 훔쳐먹는 미꾸라지를 가장 즐겨 먹기 때문이다.

그런데 한 가지 흥미로운 사실은, 양식 미꾸라지가 무게·크기·굵기 면에서 자연산 미꾸라지를 압도하지만, 생존능력 면에서는 자연산 미꾸라지에 비해 크게 떨어진다는 점이다. 그만큼 자연산 미꾸라지가 양식 미꾸라지에 비해 생존능력이 탁월하다는 얘기다.

그 이유는 무엇일까?

양식 미꾸라지는 천적에 대한 경계나 먹이를 찾는 수고로움이 전혀 필요 없다. 단지 양식장 주인이 던져주는 먹이만 열심히 받아먹으며 자라기만 하면 그만이다. 반면에 자연산 미꾸라지는 항상 가물치와 같은 천적들로부터의 공격에 대비해야 하는 동시에, 생존에 필요한 먹이를 스스로 찾아서 먹어야만 한다.

열악한 환경에서 살아남기 위해 남들보다 신속하게 먹이를 찾아 먹고, 천적들의 공격을 피하기 위해 재빠르게 움직이다 보니 비만형 체질이 된다는 것은 근본적으로 불가능하다. 결과적으로 야생 미꾸라지의 날렵한 몸매와 뛰어난 민첩성은, 그것과 천적관계에 있는 가물치가 만들어준 셈이다. 또 이것은 미꾸라지와 가물치처럼 서로 다른 것들이 섞여서 사는 잡종사회에서 튼튼한 미꾸라지가 나올 수 있음을 시사해준다.

잡종문화가 강할 수밖에 없는 이유

>>>> **이 시대가 요구하는 지구촌민의식**

　이제 우리도 더 이상 단일민족임을 주장하지 말자. 단일민족은 그 속성상 유유상종(類類相從)과 동조성(同調性)의 논리로 타 민족과의 열린 교류나 상호협력을 배척할 개연성이 높다. 저마다의 독특한 개성보다는 끼리끼리 뭉치는 유성(類性)을 중시한다. 따라서 단일민족임을 강조하는 사람들은 대부분 단일한 발상, 단일한 스케일, 단일한 스타일을 고집하는 경향이 강하다. 혹시 한국인들이 학술부문에서 노벨상을 타지 못하는 이유도 거기서 비롯된 것이 아닐까?

　또 그런 부류의 사람들은 왜곡되고 편협한 민족적 우월주의나 자만감에 젖어 시시각각으로 변화하는 국제질서에 탄력적으로 대응하지 못함으로써 국가발전의 기회를 상실하게 할 뿐만 아니라, 국가와 민족의 멸망을 자초하기도 한다. 따라서 우리 민족이 정말로 세계사에 족적을 남길 수 있는 민족으로 재도약하기 위해서는, 열린 마음으로 다른 민족들과 기꺼이 융합하면서 열린 경쟁과 상호 협력을 아끼지 말아야 한다. 지금 필자의 약지에 끼워져 있는 두 돈짜리 순금 반지가 그 진리를 역설해 주고 있다.

폼생폼사의 어글리 코리언

폼생폼사의 추악한 한국인들이 사라지지 않는 한,

국가 이미지 제고는 불가능하다!

언제부터인가, 우리 주변에서 폼에 살고 폼에 죽는 '폼생폼사' 현상들이 자주 목격되고 있다. 특히 혼례, 장례, 과소비, 학벌 제일주의에서 볼 수 있는 한국인들의 폼생폼사 의식은 국가경제의 건전한 발전과 국가 이미지 제고에 매우 부정적인 요소로 작용한다.

합리적 사고와 경제적 여유를 갖고 있는 사람들이 자신의 멋진 삶을 위해 타인들 앞에서 똥폼을 잡아보려는 것에 대해서 시비를 걸어보고 싶은 마음은 눈곱만큼도 없다. 그러나 '흉내내기'라는 강력한 전염성 바이러스가 '폼생폼사'에 잠복해 있다는 것이, 필자가 걱정하는 문제다. 필자가 폼생폼사 현상의 사회적 확산에 대해 비판적인 자세를 갖는 이유도 그 때문이다.

일단 '흉내내기'라는 바이러스가 활동을 개시하면, 가난한 사람들까지 상류층 사람들의 행태를 흉내내며 사회적 거품현상의 확대 재생산에 동참하게 된다.

그러면 우리 사회는 나도 죽고 남도 죽이는, 아사피사적(我死彼死的)

공멸로 이어질 가능성이 높아진다.

더욱이 우리 사회 전반에 만연되어 있는 폼생폼사형 의식구조는 대국민 화합을 저해하는 암적 요소로 작용할 뿐만 아니라 외국인들에게 '어글리 코리언'이라는 나쁜 이미지까지 심어준다.

그러면 주변에서 손쉽게 찾아볼 수 있는 폼생폼사적 현상의 몇 가지 사례를 통해, 거기에 내재된 문제를 좀더 구체적으로 살펴보자.

》》》 죽은 자를 위한 치장에 열올리는 이상한(?) 사회

우선 폼생폼사 현상이 가장 심각한 부문은, 죽은 자와 관련된 장례 및 장묘 문화다. 3일 장(葬)을 기준으로 장례비용이 수천만 원을 호가하는 초호화 장례식장만 전국에 수백 개가 넘는다고 한다. 또 "조화와 조문인사의 숫자가 빈소의 크기와 정비례한다"는 말이 나올 정도로, 30평 이상의 대형 특실을 빈소로 선호하는 사람들이 많다. 그러다 보니 "장례식이 고인(故人)의 생전 모습을 기억하며 추모하는 것이 아니라, 가문의 과시나 부의 축적수단으로 변질되고 있다"는 일부 의식 있는 분들의 비판이 나름대로 설득력을 얻고 있는 실정이다.

한편, 장묘 문제는 장례 문제보다 더 심각하다. 필자는 등산을 좋아하기 때문에 틈만 나면 자주 산에 오르는 편이다. 그런데 등산을 하다가 묘지만 보면, 필자는 사자(死者)를 위한 치장에 열을 올리는 우리 사회의 상놈근성 때문에 그만 숨이 콱 막혀버린다.

산자락의 혈(穴)을 따라 명당 터일 것 같은 양지바른 곳에다 모셔진 호화분묘와 그 옆에 줄지어 선 화려한 비석들을 보노라면, 한국인의 조상들 중에는 단 한 사람의 상놈도 없을 것 같다는 생각이 든다. 온갖 미사여구가 동원된 비문을 읽다 보면 상놈의 자손들이 돈푼깨나 번 다음, 자기 조상의 암울했던 과거를 애써 감추려는 비애와 슬픈 가족사에 대

산 자의 체면만 중시되는 장례식장의 진풍경

한 처절한 몸부림을 느끼게 된다.

물론 자본주의 사회에서 화려한 비석을 세울 것인가, 말 것인가의 문제는 전적으로 개인이 판단해서 선택할 사안이다. 그리고 지금은 조선시대처럼 높은 관직에 오른 사람만이 비석을 세울 수 있는 시대도 아니다.

그렇다고 생전에 별다른 업적을 남기지 않고 죽은 사람의 자손이 돈을 좀 모은 다음, 조상 묘소를 호사스럽게 단장하고 임금도 부러워할 만한 묘비를 세운다고 해서, 죽은 사람의 업적이 새로 만들어지는 것은 결코 아니다. 그것은 오히려 죽은 사람의 명예를 훼손시키는 또 하나의 작은 역사왜곡일 뿐이다.

게다가 호화로운 묘비는 조국 산하를 온통 돌무더기들 천지로 오염시키는 행위인 동시에, 묘비용 돌을 채취하기 위해 자연환경을 파괴하는 사회적 문제를 유발시킨다.

가난한 나라 사람들을 가차없이 차별대우하는 한국인들

이뿐만이 아니다.

자신보다 경제적 형편이 어려운 이웃이나 우리보다 못사는 외국인들을 깔보고 업신여기는 졸부근성 역시 폼생폼사 현상의 전형적인 예다. 8·15 해방부터 오늘날까지 우리는 재일동포들의 법적 차별대우금지를 줄기차게 외쳐왔다. 그런 우리들이 이제는 머나먼 이역만리에서 코리언 드림을 안고 한국을 찾아온 외국인 산업연수생들을 얼마나 멸시하고 차별대우했는가. 우리가 언제부터 그렇게 잘 사는 민족이었고, 또 언제부터 그렇게 거들먹거리는 민족이었는가!

'농촌 총각 장가 보내기 운동'에 대한 반론

농촌 총각 장가 보내기 운동도 마찬가지다.

현대 여성들의 농촌 기피성향으로 우리나라 농촌 총각들이 신부감을 구하지 못하자, 일부 인사들이 우리보다 못사는 조선족 처녀들을 수입해서 농촌 총각들과 혼인을 시켜주고는 마치 그 일이 대단한 선행인 것처럼 떠들어댔다. 그러나 필자는 그런 분들에게 찬사를 보내고 싶은 마음이 조금도 없다.

이제 역지사지(易地思之)의 담담한 심정으로 그 문제를 한번 생각해 보자. 한국이 중국보다 조금 더 잘 산다고 해서 조선족 여자들을 대거 수입해오면, 그 곳의 가난한 청년들은 누구랑 결혼을 한단 말인가! 더구나 대부분의 조선족 청년들은 일제시대 때 조국 광복을 위해 목숨을 초개처럼 버리셨던 우리 애국지사들의 후손들인데.

앞으로 조선족 청년들의 가슴에 피멍을 들게 하는 조선족 처녀들의 수입은 더 이상 추진하지 말아야 한다. 만약 그렇지 않을 경우, 처녀 부족으로 장가를 들지 못한 조선족 청년들이 우리 한국인들을 얼마나 미워하고 원망하겠는가. 남녀 간 성비(性比) 불균형 문제와 농촌 총각들의 결혼문제는 전적으로 한국인 내부의 문제로서, 우리 스스로 해결책을 찾아야 한다. 단지 조선족 청년들이 한국 청년들보다 가난하다는 이유만으로 노총각 신세를 면하지 못하는 한, 중국을 활동무대로 하는 한국인 사업가나 여행자들은 그들의 분풀이 대상에서 결코 자유롭지 못하다는 사실을 인식할 필요가 있다.

>>>> **학벌이 능력보다 우선시되는 촌놈사회**

학벌이 능력보다 우선시되는 촌놈사회의 관습도 전형적인 폼생폼사 현상이다. 이와 관련해 필자가 20여 년 전에 겪었던 경험 하나를 소개할까 한다. 대학졸업을 앞두고 J은행에 입사시험을 본 적이 있다. 1차 필기시험에 합격한 다음, 2차 면접시험을 치르기 위해 J은행이 지정한 면접고사장에 갔다.

면접은 5인 1조로 치러졌는데, 필자가 속한 조에는 S대 출신 1명, Y대 출신 1명, 그리고 서울의 또 다른 S대 출신 2명이 포함되어 있었다. 면접관은 필자 앞의 이들 4명에게 순서대로 돌아가며 "우리 은행에 입사하면 어떤 부서에서 일하고 싶으냐?", "어떤 자세로 근무하겠느냐?" 등을 물었다. 마지막 차례였던 필자는 그들과 똑같은 질문이 제시될 것으로 믿고, 머릿속으로 그에 대한 답변을 열심히 준비하고 있었다.

그런데 막상 필자 차례가 되자, 면접관은 다른 질문을 하는 것이었다. "만약 당신이 기독교인이라고 합시다. 일요일에도 회사에 특근할 일이 생긴다면, 당신은 회사로 출근하겠습니까, 아니면 교회로 가겠습니까?"라고 묻는 것이었다. 그래서 필자는 "왜 저에게만 답변하기 곤란한 질문을 하시는 겁니까?" 하고 따져 물었다. 그러자 그 면접관은 "그것은 면접관의 고유 권한입니다. 당신은 묻는 말에만 대답하면 됩니다"라는 말로 필자의 이의 제기를 일언지하에 묵살했다.

순간, 이러한 유형의 면접이 지방대 출신 학생들을 들러리 세우기 위한 것임을 직감한 필자는 마음 속으로 당당한 패배를 굳게 다짐했다. 독한 마음을 먹고 "현재 저는 종교를 갖고 있지 않습니다만, 만약 제가 기독교인이라면 저는 회사의 일요일 특근 명령을 거부하고, 예배를 보기 위해 교회로 가겠습니다. 왜냐하면 제가 특근을 위해 일요일날 은행에 출근하겠다고 말하면 면접관님은 종교적 신념이 없는 사람이라 해서 떨어뜨릴 것이고, 또 출근을 거부하고 교회에 나가면 애사심이 없는 사람이라 해서 떨어뜨릴 것이 아닙니까? 따라서 두 상황 중에서 굳이 하나를 선택한다면, 저는 별로 가치 없어 보이는 J은행 근무보다는 차라리 종교적 신념을 선택하겠습니다"라고 대답했다. 그리고 미련 없이 면접실을 빠져나왔다. 그 후 필자는 J은행측으로부터 최종 합격통지서를 받지 못했다. 지금도 그 때 일을 생각하면 유쾌한 기분이 드는 것은 아니지만, J은행측에 고마운 면도 없지 않다. J은행 덕분에 필자가 오기를 품고 학업에 정진해서, J은행원보다는 훨씬 나은 대학교수가 되었으니까.

⟫⟫ 겉모습만으로 상대방을 평가하는 한국인들

중후장대(重厚長大)형 상품 소비를 통해 남들 앞에서 좀 튀어보겠다는 생각도 폼생폼사적 의식구조에서 비롯된 것이다. 한국인들은 전세를 사는 한이 있더라도 중대형 고급 승용차를 선호하고, 아파트를 구입하더라도 40평 이상의 고급 아파트만을 고집한다. 게다가 큰 평수의 아파트에 사는 사람들은 그 주변에 소형 아파트나 임대 아파트가 들어서는 것을 결사적으로 반대한다. 자기 자식을 가난한 집 자식들과 같이

키우고 싶지 않다는 선민의식과 자신들의 아파트 값 하락을 우려하기 때문이다.

》》》 오색풍선의 향연이 보기에는 좋지만…

그 밖에도 한 가지 덧붙여 말하고 싶은 것은, 각종 경축행사에 등장하는 오색풍선이다. 일반적으로 경축행사에 가장 많이 등장하는 것은 흰색 비둘기와 오색풍선일 것이다. 수천 마리의 흰 비둘기 떼와 수만 개의 오색풍선이 일시에 하늘 높이 비상하는 광경을 보노라면, 그 화려한 행사의 주인공 못지않게 일반 시민들의 기분도 매우 좋을 것이다.

그럼에도 불구하고, 앞으로는 축하행사의 멋과 화려함을 고조시키기 위해 수만 개의 오색풍선을 동원하는 짓을 그만두었으면 한다. 그 이유는 오색풍선이 극심한 환경오염을 유발하기 때문이다. 몇 분 동안 신나게 날아가던 오색풍선은 결국 어느 시점에 이르면 자연히 터질 것이고, 상공에서 터진 풍선은 갈갈이 찢겨진 고무조각의 형태로 지붕, 논바닥, 호숫가, 장독대 위에까지 떨어져 환경오염을 가중시킬 것이 분명하기 때문이다.

폼생폼사형 소비를 즐기는 사람들은 대체로 마음 속이 공허한 자들이다. 매사에 자신감이 충만하고 폭넓은 양식을 갖고 있는 사람은, 외화내빈을 지향하는 겉멋 부리기에 그다지 신경을 쓰지 않는 법이다. 그런데도 우리 사회에 폼생폼사형 의식구조가 좀처럼 개선되지 않는 것은, 아직까지 우리 사회가 성숙한 민주시민사회가 아니라는 단적인 증거다. 그런 의미에서 논의만 무성한 채, 항상 겉돌기만을 되풀이하고 있는 의식개혁 운동은 지금부터라도 제발 그만두었으면 한다.

교수들에게 장관직을 맡겨서는 안 되는 이유

사이비 사판교수들의 장관직 임명이 계속되는 한,
우리 정부의 경쟁력 향상은 없다!

자신에게 주어진 능력으로는 도저히 해결할 수 없는 난제들로 둘러싸여 있을 때, 사람들은 흔히 '이판사판'이라는 말을 내뱉는다. 그 뜻을 국어사전에서 찾아보면, '막다른 데에 이르러 더 이상 어찌할 수 없게 된 지경'으로 기술되어 있다. 본래 이 말은 불가(佛家)에서 사용되었던 용어다. 여기서 이판(理判)이라 함은 속세를 떠나 오로지 도를 닦는 데에만 마음을 기울이는 것을 의미하며, 이판승(理判僧)은 그 이판의 업무에 전념하는 승려를 말한다. 또 사판(事判)이라 함은 사찰의 모든 재물과 사무를 맡아 처리하는 일을 의미하며, 사판승(事判僧)은 그 사판의 업무에 전념하는 승려를 일컫는 말이다.

이와 같은 이판과 사판의 역할은 일종의 분업원리로서, 이는 우리 불교계가 원효나 의상과 같은 고승(高僧)들을 대거 배출할 수 있었던 동시에, 한국 불교가 불교의 종주국이라 할 수 있는 인도나 중국보다 더 번성할 수 있었던 비결이기도 하다. 즉 사판승은 여러 신도들로부터 부지런히 시주를 받아 절의 재산을 철저하게 관리해줌으로써 이판승이

수도에만 전념할 수 있도록 도와주었다. 그 결과 해탈과 열반의 경지에 오른 이판승들이 많이 나올 수 있었고, 나중에는 이들이 보다 많은 중생들을 불가에 귀의시킴으로써 교세의 확충과 교리의 발전을 함께 도모할 수 있었다.

〉〉〉〉 '이판사판'의 진정한 의미는?

그런데 이런 이판과 사판의 역할이 뒤바뀌게 되면, 어떤 현상이 일어날까? 가령 사찰경영의 천재인 사판승에게 "득도(得道)를 위해 벽면수도(壁面修道)만을 하라"고 하고, 수도와 사색의 달인인 이판승에게는 사바세계(娑婆世界)의 중생들과 부대끼며 시주받는 일이나 맡기는 경우를 상정해보자. 그럴 경우, 해탈의 경지에 오른 고승이나 제대로 운영되는 사찰의 모습은 거의 찾아볼 수 없을 것이다. 따라서 필자는 이판승에게 사판의 역할을 맡기고, 사판승에게 이판의 역할을 강요함으로써 고승의 고갈과 사찰경영의 파탄을 불러오는 비능률적인 사회를 '이판사판 사회'로 규정짓고 싶다. 그리고 그런 '이판사판 사회'의 전형적인 모습이 우리 대학가의 교수사회라고 생각한다.

〉〉〉〉 감투 하나에 목숨거는 천박한 대학교수들

물론 정도의 차이는 있겠지만, 현재의 대학교수 사회는 두 가지 측면에서 '이판사판 사회'라고 말할 수 있다. 우선 작게는 총장직선제에 따른 논공행상적 보직배분으로 행정능력이 보잘것 없는 사이비 사판교수들이 대학경영의 전문화와 효율화를 크게 저해하고 있다는 점이다. 또 크게는 권력에 아첨하고 빌붙었던 사이비 사판교수들이 대통령의 총애를 받아 장관이라는 감투를 썼지만, 자신의 역할을 다하지 못하고 도중

국가경제를 파탄으로 몰고 갔던 교수 출신 장관들

에 팽(烹)당했다는 사실이다.

일례로 YS 정권은 '교수 정권'이라고 불릴 만큼 유난히도 많은 교수들이 정계나 관계로 진출했다. 특히 국무총리직은 아무개 대학 총장 출신이 아니면 곤란하다 싶을 정도로 특정 대학의 총장 출신에게 집중되었다. 장관직 역시 명문대학(?)으로 일컬어지는 일부 대학의 교수들에게만 독점 배분되었다. 물론 정치 지향적인 교수들이 득세할 수 있었던 데는 YS의 "머리는 빌릴 수 있지만, 건강은 빌릴 수 없다"라는 시대착오적 논리가 크게 작용했음을 부인할 수 없다.

한편, 지행합일(知行合一)을 주장하며 적극적인 정치참여를 시도했던 전지전능한(?) 교수들이 많았음에도 불구하고, YS 정권은 경제주권마저 IMF에게 통째로 상납했다. 이것은 그 동안 뛰어난 지식인으로 그럴 듯하게 포장된 사이비 사판교수들에 의해 우리 국정이 얼마나 많은 실정(失政)을 거듭해왔는가를 단적으로 입증해준다. 그리고 이런 현상들은 이미 오래 전부터 충분히 예견된 것이었다. 다만, 시시때때로 "마, 인사가 만사인기라!"를 외치며 정치적 쇼맨십만 연출했던 YS 자신만 몰랐을 뿐이다.

이번에 치러진 제16대 대선에서도 우리 교수사회가 또다시 술렁거렸다는 후문이다. "모 교수는 어느 후보 쪽 진영에다 줄을 댔다고 하더라", "모 교수는 학교수업만 마치면 곧장 어느 후보 쪽 캠프에 가서 핵심적인 참모노릇을 했다고 그러더라"는 등 온갖 말들이 무성했다. 이 때문에 사회 일각에서는 대선 열기가 순수하고 신성해야 할 대학사회를 정치적 경쟁논리로 오염시키는 것이 아니냐는 우려의 목소리마저 나왔다. 그럼에도 불구하고 대선 주자들에게 풍향계와 안테나 주파수를 맞추고, 온갖 연줄을 총동원하여 그들에게 접근했던 사이비 사판교수들의 꿈과 야망은 오직 하나. 장관직을 맡아 국정을 자기 마음대로 한번 요리해보는 것이다.

》》》 니들이 학문의 참뜻을 알아?

그들은 또 플라톤(Platon)이나 공자(孔子)의 정치사상을 들먹이며, 자신들의 현실참여입장을 정당화시키려는 노력도 게을리 하지 않았다. 그러면서 "플라톤이나 공자 같은 대학자들도 학문의 궁극적인 목적을 더 나은 사회건설에서 찾았다"라고 강변했다. 실제로 플라톤은 지혜로운 자를 의미하는 철인왕(哲人王)이나 철인과 같은 지혜를 소유한 정치가들이 다스리는 국가를 가장 이상적인 국가라고 말했다. 공자 또한 '수신제가치국평천하(修身齊家治國平天下)'라는 정치철학을 통해, 학문 정진의 최종 목적이 온 천하를 화평하게 하는 데에 있음을 강조했다.

그러나 플라톤이나 공자의 말씀이 언제나 영원불멸의 진리가 되는 것은 아니다. 플라톤이나 공자의 주장이 설득력을 갖기 위해서는, "학자는 진정한 지혜를 터득하고 난 후에야 비로소 사회적으로 올바른 역할을 수행할 수 있다"는 전제조건이 선행적으로 충족되어야 한다. 플라톤이 진정한 지혜 없이 출세만을 좇아 수사적 변론술(Dialektike)에 집착하는 소피스트들을 경계했던 것이나, 공자가 사익 추구나 세간의 인기에만 영합하는 소인배들을 비판했던 것도 그 때문이다.

이런 측면을 종합적으로 고려하면, 우리들은 올바른 지혜를 구비하지 못하고 단순히 입신양명만을 추구하는 사이비 사판교수들에게 장관직을 맡겨서는 안 된다는 결론에 도달하게 된다. 그 밖에도 사이비 사판교수들이 장관직을 맡아서는 안 되는 이유가 몇 가지 더 있다.

〉〉〉〉 사이비 사판교수들에게 장관직을 맡기지 말아야 하는 4가지 이유

첫째, 교수들은 직업의 특성상 항시 남들과 차별되는 자신만의 독특한 그 무엇을 추구하려는 성향이 강하다. 또 남의 충고나 조언을 듣기보다는 오히려 남들을 설득시켜 자신의 입장이나 생각을 관철시키려는 경우가 훨씬 더 많다. 그런데 장관에게 요구되는 덕목은 고도의 정치적 테크닉으로 이해당사자들 간의 양보와 타협을 이끌어낼 수 있는 능력과, 거시적 관점에서의 국정에 대한 총괄적인 조정능력이다.

게다가 사이비 사판교수가 장관으로 발탁되는 경우, '국가정책의 일관성 결여'라는 심각한 문제가 대두된다. 대개 사이비 사판교수들은 청와대에서 임명장을 받기가 무섭게 전임장관이 비중 있게 추진했던 정책기조를 무시하고, 자신의 새로운 정책구상부터 제시한다. 그리고 '한건주의'에 입각해 그 정책을 밀고 나간다. 그러나 장관의 목숨이 채 1년도 안 되는 상황에서 신임장관들의 갈아엎기식 태도는 막대한 행정력의 낭비와 정책혼선만을 부채질했을 뿐이다. 교육·과학기술·보건복지 부문에서 이런 현상들이 가장 심하게 나타났다.

둘째, 사립대학 교수들은 장관의 임기를 마치면 곧바로 소속대학으로 금의환향한다. 그 때문에 장관직을 소신껏 수행할 수 있다는 장점도 있지만, 그로 인한 문제점도 만만치 않다. 즉 그들은 국정이라는 테마를 하나의 실험대상으로 간주해 평소 자신들이 설정해보았던 가설이나 검증되지 않은 사견(私見)을 국가정책으로 밀어붙이는 시도를 지속했다. 그 결과는 대부분 정부실패로 이어졌다. 비록 자신이 추진한 정책이 실패로 끝난다 해도, 장관직만 사임하고 대학으로 복귀해버리면 그만이기 때문에, 그들의 책임의식이 높을 리 만무하다. 과거 역대 정권의 교육·외교·통일 및 안보·경제정책 측면에서 이와 같은 문제점들이 많이 노출된 바 있다.

셋째, 자유로운 분위기의 대학가에서 온갖 대접만 받으며 강의와 연구활동에만 종사했던 교수들이 상명하복(上命下服)과 복잡한 정치논리로 점철된 공직사회의 생리와 행정의 세부내용을 잘 모르는 것은 너무나도 당연한 일. 따라서 대학교수들이 단기간 내에 업무파악을 제대로 하고, 자기 부처를 완벽하게 장악한다는 것이 현실적으로 불가능하다. 그런 상황에서 사이비 사판교수는 장관직에 있더라도 임기 내내 부하직원들에게 질질 끌려다니면서 결재란에 사인만 해주다가 결국 국민들의 아까운 혈세만 축내고 팽(烹)당하는 운명을 맞을 수밖에 없다.

넷째, 장관직을 꿈꾸는 사이비 사판교수들의 존재가 대학사회에 해악을 끼친다는 점이다. 정치 지향적인 사이비 사판교수들은 대부분 학교수업이나 연구활동에는 그다지 높은 관심을 보이지 않는다. 그 대신, 정치권의 향방이나 대중매체의 활용에는 남다른 반응을 나타낸다. 심지어 어떤 경우에는 자신의 전공분야와 전혀 어울리지 않는 TV 시사토론회에 출연해서, 마치 자신이 그 분야의 최고전문가인 것처럼 행세하는 사이비 사판교수들도 적지 않다.

또 그런 교수들은 항상 밖으로 나돌아다니는 것을 즐기다 보니, 학교 강의는 언제나 부실할 수밖에 없고, 그 피해는 거액의 수험료를 지불한 학생들에게 돌아간다. 문제는 거기서 끝나지 않는다. 학생지도와 연구활동에 전념하는 참다운 이판교수들이 대외 지향적인 사이비 사판교수들에 의해 무능력하거나 소심한 교수들로 폄훼됨으로써, 교수사회의 이질화 현상이 심화되고 있는 것도 간과할 수 없는 심각한 문제다.

⟫⟫ 효율적인 국정운영을 위해 대통령이 해야 할 일

앞으로 사이비 사판교수들의 준동을 막고, 각종 국가정책의 일관성과 효율성을 제고시키려면 무엇보다도 대통령이 지혜로워야 한다. 남의 머리를 빌리려면, 최소한 빌려주는 참모의 머리보다 빌리는 대통령의 두뇌가 더 똑똑하고 현명해야 한다. 그래야만 성공적인 정치적 리더가 될 수 있다. 효율적인 국정운영을 위해 대통령이 가장 먼저 해야 할 것은 현직 대학교수를 장관으로 임명하는 관례부터 파기시키는 일이다.

일본의 관료제도를 보면, 현직 대학교수가 내각대신으로 발탁되는 경우를 거의 찾아볼 수 없다. 이는 내각책임제를 채택하고 있는 일본 특유의 정치제도 탓도 있지만, 더 큰 이유는 정치력과 행정경험이 일천한 대학교수들의 실정을 가장 경계하고 있기 때문이다. 따라서 장관직은 행정과 관련된 현장정보에 정통할 뿐만 아니라 출중한 업무수행능력과, 관료집단의 이기주의와 부처 간 할거주의를 타파할 수 있는 행정전문가에게 맡겨야 한다. 또 정책실명제를 하루 빨리 도입해 장관이 재임 중에 입안하고 집행했던 모든 정책의 의사결정 과정이 투명하게 기록되어, 추후에 장관의 업적을 객관적으로 평가할 수 있도록 정리되어야 한다. 그렇게 되면, 부실한 정책집행으로 낭비되는 국가예산을 대폭 줄일 수 있을 것이다.

그리고 탁월한 이판교수들의 전문가적 식견과 기발한 아이디어를 국정에 활용하기 위해서는 해당 부처별로 그들이 주축이 되는 각종 위원회 활동을 적극 장려할 필요가 있다. 현재 우리 정부부처 내에도 수

십 개의 위원회가 설치되어 있다. 그러나 그들의 활동은 매우 저조하다. 위원회의 구성원들이 모이는 횟수도 1년에 고작 한두 번 정도이고, 그것도 정부가 사전에 마련한 복안에 대해 사후 승인을 해주는 거수기에 불과하다고 한다. 실로 부끄러운 일이 아닐 수 없다.

앞으로 정부부처위원회 위원들의 파워가 막강해야 한다. 즉 그들에게 정부정책의 타당성 여부를 검토하고, 그를 토대로 정책입안의 취소나 정책집행의 중지는 물론, 장관의 해임까지도 대통령에게 건의할 수 있는 실질적인 권한을 주어야 한다. 또 이들 위원이 장관과 내통해 국사를 그르치는 것을 막기 위해서는, 이들 위원이 승인했던 여러 정책들의 입안부터 사후결과에 이르는 전과정을 낱낱이 기록한 '정책연감'을 발간하는 것도 고려해볼 만하다. 자고로, 기록은 부실의 천적이다. 지금까지 우리나라 대통령들은 이런 측면에 대해서 너무나도 무지했고, '대충주의'라는 매너리즘에 푹 빠져 있었다. 그러니 항상 국운이 주저앉을 수밖에.

숫자 개념에 약한 한국인

숫자에 꼼꼼하지 못한 사회는

필연적으로 붕괴될 수밖에 없다!

학술모임이나 국제공동연구를 통해 친분을 쌓은 외국인 학자들이 이따금씩 필자에게 들려주는 고언(苦言)이 있다. "한국인들은 주로 외양이나 체면에만 신경을 쓰다 보니 숫자 개념이 약하다"는 것과 "한국인들은 마치 좁은 땅덩어리에 원한 맺힌 사람처럼 중후장대(重厚長大)한 것을 지나치게 좋아한다"라는 게 그 대표적인 예다. 그들의 지적이 모두 옳은 것은 아니다. 그러나 그들이 한국과 한국인에게 애정을 갖고 해주는 충고이기 때문에, 필자는 그들의 솔직한 얘기에 고마움을 느끼곤 한다.

》》》》 **한국 남성들의 이상한 술 주문 양식과 고약한 객기**

평소 한국인들의 생활방식을 가만히 들여다보면, 외국인 학자들의 지적이 크게 틀리지 않음을 알 수 있다. 가령, 승용차를 사려고 해도 경차보다는 중형 세단의 구입을 희망한다. 또 술집에서 술과 안주를 주문하는 한국 남성들의 모습 역시 허세로 가득 차 있다. 한국 남성들이 웨이터에게 잘 쓰는 말이 있다. "야, 맥주 서너 병 가져와", "술안주는 네가 알아서 좋은 것으로 가져와" 등이다.

어떤 맥주를 마실 것인가를 분명하게 선택한 다음, 구체적인 수량을 웨이터에게 주문하는 게 합리적인 소비자의 기본자세다. 그런데 우리나라 주당(酒黨)들은 맥주의 종류와 술안주의 주문은 웨이터에게 일임하고, 수량 또한 대충 '서너 병' 정도로 애매모호하게 주문한다. 두 병이면 두 병, 세 병이면 세 병이라고 분명하게 말하는 꼼꼼함과 치밀함이 결여되어 있다.

원래 술과 안주는 메뉴판을 자세히 살펴보고 술과 안주의 종류, 가격, 호주머니 사정 등을 종합해서 주문하는 것이 경제적인 소비자세다. 그런데도 우리나라 주당들은 그 모든 것을 무시한 채, 웨이터의 결정에 일임한다.

그런데 문제는, 웨이터가 주문한 사람의 입장에서가 아니라 업소의 이익이 최대가 되도록 행동한다는 사실이다. 그래야만 자신의 급여와 수당이 올라갈 것이기 때문이다. 따라서 서너 병의 주문에는 네 병의 맥주가, 맥주의 종류로는 이윤폭이 가장 큰 맥주가, 술안주는 최고로 비싼 안주가 술상에 오르게 마련이다.

또 한국인들의 술과 담배 인심은 세계적이다. 낯선 행인이 담배 한 가치를 달라고 해도 군말 없이 선뜻 건네주는 사람이 한국 남성들이다. 술집에 가보라. 요즘 술집의 술값이 결코 만만치 않는데도, 여기저기서 "오늘은 내가 쏘겠다"는 취객들의 목소리가 들려온다. 무슨 돈이 많아서 그러는지 도무지 이해가 되지 않는다. 주식시장도 바닥을 헤매고 있고, 기업들의 접대비 영수증 처리절차도 엄청나게 깐깐해졌는데, 도대체 무얼 믿고 그러는지. 모르긴 해도 그런 남성들의 상당수는 친구들 앞에서 3분 간의 객기를 떨려다 집에 가서 마누라한테 혼쭐나고, 거덜난 용돈으로 한 달 간 회사 구내식당에서 불어터진 라면으로 점심을 때워야 할지도 모른다.

그런 의미에서 필자는 친구들에게 '좀생원'이라는 말을 듣더라도 술값을 내지 않기 위해 구두끈을 매는 척하는 남성들과 '더치페이'를 통해 자신이 먹은 술값만 지불하는 사람들에게 더 높은 점수를 주고 싶다. 왜냐하면 그들과 친구를 하면, 적어도 필자 호주머니가 바닥날 가능성은 거의 없을 테니까.

〉〉〉〉 부풀려 말하는 '역사 읽기'의 치명적 오류

한국인이 숫자 개념에 취약한 것은 비단 이뿐만이 아니다.

한국에 대한 일제의 식민통치기간은 정확히 말해 34년 11개월 28일이다. 이미 알고 있는 바와 같이 우리 주권이 일제의 손아귀에 완전히 넘어간 것은, 1910년 8월 22일의 한일합병조약을 기점으로 해서다. 일제의 육군대신 데라우치 마사다케가 각본을 짜고 이완용을 비롯한 을사오적(乙巳五賊)들이 주연을 맡은 프로젝트가 1910년의 한일합병조약이다.

한국인들의 집단적인 반항을 두려워했던, 일제는 한일합병조약이 체결된 이후에도 한동안 발표를 유보했다. 일제는 한일합병조약의 체결을 철저히 숨긴 채, 국내 정치단체의 집회를 금지시키고, 정부와 국민들에게 영향력이 있는 원로대신들을 연금시켰다. 그런 다음, 1910년 8월 29일에 이르러 순종(純宗)으로 하여금 대한제국을 일제에 넘기는 양국(讓國)의 조칙을 내리게 했다. 이로써 대한제국은 멸망하고, 제2차 세계대전에서 일본이 백기를 들고 항복한 날인 1945년 8월 15일에 우리는 대한민국이라는 이름으로 해방의 감격을 맛보게 된다.

이제 한번 따져보자.

대한제국이 실질적으로 멸망한 것은 1910년 8월 22일이었고, 공식적으로 멸망한 날짜는 1910년 8월 29일이다. 그리고 우리나라의 해방은 1945년 8월 15일에 이루어졌다. 그것도 남의 손에 의해서. 그 때문에 국토는 분단되었고, 우리 국민들은 그 동안 오갈 수 없는 남과 북으로 갈라져서 망향의 아픔과 설움을 겪어야만 했다.

일제의 식민통치기간은 1945년 8월 15일부터 1910년 8월 29일과 1910년 8월 22일까지 역산(逆算)해보면 금방 알 수 있다. 여기서 한 가지 주의해야 할 것은, 1910년부터 1945년까지 4년마다 한 번씩 찾아오는 윤달 때문에 1년이 366일인 경우가 열 번 있다는 점이다. 따라서 위에서 역산한 수치에다 10일을 더해주면 정확한 일제의 식민통치기간이 구해진다. 이를 계산하기 위해서는 초등학생 수준의 산수실력만 있으면 충분하다. 그런데도 그 계산조차 제대로 하지 못하고 있으니, 그 동안 우리 역사학자들과 역사교사들은 산수시간에 무엇을 했는지 자못 궁금하다.

자, 한번 계산해보자.

실질적 망국일인 1910년 8월 22일을 기준으로 계산하면, 일제의 식민통치기간은 총 34년 12개월 4일이다. 공식적 망국일인 1910년 8월 29일을 기준으로 계산하면 일제의 식민통치기간은 총 34년 11개월 28일이다.

'민족사관(民族史觀)'을 운운하며 국사과목의 필수화를 외치는 역사학자들이라면, 일제의 식민통치기간을 34년 11개월 28일로 보는 게 당연하다. 또 그 내용을 기술하거나 가르칠 때에는, 자투리 11개월 28일은 집어내버리고 '34년의 일제식민통치'로 말해야 옳지 않을까? 필자는 국사과목의 필수화를 주장하는 역사학자들의 주장에 동조하고 싶은 마음도 없거니와, 초등학생 수준의 산수도 이해하지 못하는 그들에게 더 이상의 매력을 느끼지도 않는다. 그저 한심하다는 생각뿐이다.

아니 저 사람, 한국인 역사학자 맞아?

앞으로 일제의 식민통치기간을 무려 1년 1개월씩이나 부풀려서 36년이라고 말하는 역사학자들과 어린 학생들에게 그렇게 가르치는 역사교사들이 있는 한, 우리 사회에서 진정한 역사발전은 기대하기 어렵다. 일제로부터 받은 강압적인 식민통치가 한국인들에게 그렇게도 자랑스러운 일이었는가! 일본정부에 역사교과서 왜곡문제를 따지기 이전에, 우리들 마음 속에 아직껏 청산하지 못한 피해자적 콤플렉스부터 과감하게 극복하는 것이 좀더 시급한 문제가 아닐까?

이와 비슷한 예를 한 가지만 더 제시하고 싶다.

백제의 멸망과 관련된 의자왕과 삼천 궁녀의 얘기다. 우리는 의자왕이 성충, 흥수, 계백 장군의 충언을 무시하고 삼천 궁녀들의 치마폭에 파묻혀 놀다가, 신라와 당나라 연합군에 의해 생포되고 백제는 멸망했다고 배웠다. 지금도 우리 자녀들은 그렇게 배우고 있다. 그러나 그것은 새빨간 허구요, 오류투성이의 가짜 역사다. 코미디도 그런 코미디가 없다.

필자의 말에 문제가 있다고 생각되는 독자들은, 언제 한번 공주의 무령왕릉과 가까이 위치해 있는 공산성을 방문해보시라. 공산성은 백제가 부여로 수도를 천도하기 전까지, 백제의 여러 왕들이 살던 궁궐이었다. 공산성에 가면 옛 궁궐터를 볼 수 있는데, 그 면적이 그리 넓지 않다. 궁궐터와 궁녀들의 숫자를 상상해보건대, 30명의 궁녀를 생각해보는 것도 무리라고 느껴질 정도다. 그런데 삼천 궁녀라니. 2002년 12월 말 현재, 부여 인구가 약 3만 명 정도다. 그러면 지금으로부터 1,400여 년 전, 백제의 수도였던 부여의 인구는 총 몇 명이었을까? 그리고 궁녀들의 숫자는?

이렇게 꼬리에 꼬리를 물며 의문을 더해보면, 삼천 궁녀 얘기는 승자(勝者)인 김춘추와 김유신이 패자(敗者)인 의자왕을 코너로 몰아넣기 위해 지어낸 허구임을 금방 알 수 있다. 과거 박정희나 전두환도 자신들에게 도전했거나 반대편에 섰던 장성들을 파렴치범으로 몰아세워 강제로 예편시켰거나 감옥에 보냈던 불순한 역사를 우리는 알고 있다. 그래서 어떤 전쟁이든 반드시 이기고 봐야 한다.

더욱 기가 막힌 것은, 부여 낙화암에서 삼천 궁녀가 빠져죽었다는 대목이다. 이는 낙화암에 한번도 가보지 않은 자가 제멋대로 지어낸 픽션에 불과하다. 가보면 알겠지만, 낙화암은 매우 협소하다. 하얀 소복을 입은 궁녀들이 30명 정도만 모여도 초만원을 이룰 정도다. 그리고 낙화암에서 몸을 던지면, 그 아래에 있는 바위에 떨어질 확률이 거의 100%다. 낙화암과 강물과는 최소한 150m 이상의 거리 차가 있기 때문이다. 그렇다면, 삼천 궁녀들이 행글라이더를 타고 떨어졌다는 얘기인데, 혹시 그 당시에 행글라이더가 있긴 있었나? 그럼에도 불구하고, 아직도 우리나라 역사책들은 백제의 멸망을 다루면서 "삼천 궁녀가 백제의 비운을 애통해하며 푸른 강물에 몸을 던져…"라는 문구를 빠뜨리지 않고 있다. 그렇게 허술한 역사 읽기를 계속한다면, 필자 자신부터 '우리 역사 배우기'를 단호히 거부하고 싶다.

이처럼 숫자개념이 없다 보니, 우리 주변에서 참으로 어처구니없는 일까지 벌어지고 있다. 여의도에 우뚝 서 있는 '63빌딩'은, 실제로 63층이 아니고 60층짜리 건물이다. 그런데도 '63빌딩'이라고 명명한 이유를 조사해보니, 지상 60층과 지하 3층을 합해서 그렇게 불렀다는 것이다. 이 세상 천지에 지하 층수를 지상 층수에 더해서 건물 높이로 산정하는 나라가 우리 말고 또 있을까?

경제정책 책임자들의 무지와 오만

정부, 재벌, 언론사들 또한 마찬가지다. 그 동안 우리 정부는 국가나 기업의 총 부채규모가 얼마가 되는지, 외환보유고는 얼마인지, 장·단기 외채비율은 적정한지를 꼼꼼하게 따져보지 않았다. 정부의 외환보유고가 시시각각으로 바닥나고 있는데도, 재정경제원 장관이란 사람은 한가롭게 온갖 국제회의에 참가하면서 "한국경제는 펀더멘털(fundamental)이 안정적이다"라는 말만 되풀이했다. 그런데 얼마 지나지 않아 한국경제는 IMF 금융위기를 맞았다. 어떻게 펀더멘털이 안정적인 경제가 하루아침에 갑자기 붕괴할 수 있는가!

당시 재정경제원 장관은 국내 경제학계에서 꽤 명망 있는 경제학자로 이름을 날리고 있던 분이었다. 그런 사람이 왜 그렇게 엄청난 실수를 저질렀을까? 시스템 전문가인 지만원 박사는 자신의 저서 《국가개조 35제》를 통해 그 이유를 명쾌하게 지적하고 있다. 그는 우선 "경제는 경제학자들만이 안다"라는 생각이 매우 편협한 고정관념이라고 말하면서, 경제학자가 국내 경제문제를 진단하고 해명할 수 있는 것은 불과 10%뿐이라는 주장을 서슴지 않고 있다. 그 근거로서, 지 박사는

"경제학에는 시스템 개념, 경영진단기술, 품질향상을 위한 리더십, 기술개발을 위한 리더십이 들어 있지 않다"라고 지적했다. 특히 경제분석의 깊이는 고등 수학의 질이 좌우하는데, 경제학에서 다루는 수학수준이 미적분, 선형계획(linear programming), 회귀분석(regression analysis) 정도에만 머무르고 있어 예리한 분석력을 가질 수 없다는 게 그의 진단이다.

그는 또 한국의 역대 경제사령탑들이 시스템적 지식을 갖고 있지 않았기 때문에 수많은 경제정책이 실패로 끝날 수밖에 없었다고 진단했다. 즉 경제의 병리현상은 시스템의 산물인데도 불구하고, 그들이 시스템을 잘 몰랐기 때문에 단순한 거시경제지표만을 보고 "한국경제의 펀더멘털이 안정적이다"라고 말할 수 있었다는 것이다. 필자는 국내 경제학자들의 오만에 경종을 울려주는 지 박사의 지적에 상당 부분 일리가 있다고 생각한다. IMF 금융위기의 도래를 정확하게 예측한 경제학자는 단 한 명도 없었지만, 나중에 "IMF 금융위기가 왜 발생했는가?"를 기가 막히게(?) 설명했던 경제학자들은 너무나도 많았다는 점에서 국내 경제학자들은 국민들에게 많은 마음의 빚을 지고 있다. 경제학을 가르치며 밥을 빌어먹고 있는 필자 역시 예외가 아니다.

또 IMF 금융위기가 닥쳐오기 직전에, 한국경제의 운용 책임을 맡았던 재정경제원 장관과 경제수석보좌관은 시스템적 사고뿐만 아니라 숫자 개념도 희박했다. 그들이 거시경제지표와 더불어 국가의 외채규모, 외환보유고, 장·단기 외채비율 등을 철저하게 점검하고 미리미리 사전대비를 잘 했더라면, 적어도 우리 경제가 파국으로 치닫는 불행은 없었을 것이다. 그러나 불행하게도, 우리 정부 내에는 숫자로 표시된 국정지표를 냉철하게 관장하면서 한국경제의 방향타를 잡을 만한 정책결정자가 존재하지 않았던 것이다. 결국 한국의 금융위기는 미셸 깡드쉬를 사단장으로 하는 IMF 군대의 서울 주둔으로 일단락되었다.

재벌들의 빗나간 자존심 경쟁

재벌들은 또 어떠했는가?

재벌 총수 역시 회사 빚이 얼마인지, 영업이윤의 크기는 얼마이며 이윤은 제대로 내고 있는지, 금융비용의 크기는 얼마인지, 자사 브랜드의 인지도와 가치는 과연 얼마나 되는지에 대해 관심조차 갖지 않았다. 왜냐하면 국내 언론들이 그런 문제들을 일체 거론하지 않았기 때문이다.

날마다 우리 언론들이 떠벌인 것은 국내 5대 재벌이니, 10대 재벌이니, 30대 재벌이니 하는 재계순위뿐이었다. 역대 전임 대통령들도 5대·10대·30대 재벌 회장들만 챙겨주었다. 청와대의 기업인 오찬모임이나 대통령의 해외순방도 그들하고만 다녔다. 그러다 보니 10대 재벌 회장들은 "어떻게 하면 5대 재벌이 될 수 있을까?"만을 고민했고, 30대 재벌 회장들은 "어떻게 하면 10대 재벌이 될 수 있을까?"가 최대 현안이었던 것이다.

즉 수익성, 기술혁신, 생산성 향상, 경쟁사와의 차별성이나 독창성과 같은 기업의 내실화 지표에는 별다른 관심을 갖지 않았다. 오로지 매출액규모, 자산규모, 과거 대비 성장률과 같은 외형지표의 신장에만 총력을 기울였다. 그것도 남의 빚에만 의존한 채. 그 결과는 한 마디로 참담한 것이었다. 1998년과 1999년 두 해 동안 국내 굴지의 재벌 16개사가 어이없게 침몰하고 말았다.

IMF 금융위기는 우리들에게 몇 가지 교훈을 제시해주었다. 즉 "숫자를 꼼꼼하게 챙기는 세찰(細察)의 자세가, 호기를 부리며 대관(大觀)하는 자세보다 훨씬 더 중요하다"는 점과 "큰 기업이라고 해서 반드시 좋은 기업은 아니다"라는 점이다. 얼마 전 어느 회사가 광고 멘트로 사용했던 "우리는 제일 큰 회사가 아니라 제일 좋은 회사가 되겠습니다"라는 말이 그러한 일련의 세태변화를 잘 대변해주고 있다.

》》》 반드시 부활시켜야 할 개성상인의 고귀한 '짠돌이' 정신

이제 우리들은 1원까지도 소홀히 취급하지 않는 꽁생원들과 가깝게 지내야 한다. 또 단돈 1원을 벌기 위해 1,000리 길의 고행을 마다하지 않으면서, 남의 빚을 가장 경계했던 개성 사람들의 훌륭한 상인정신을 부활시켜 숫자개념에 취약했던 기존의 생활방식을 쇄신시켜나가야 한다. 왜냐하면 숫자에 꼼꼼하지 못한 사회나 조직은 필연적으로 붕괴될 수밖에 없기 때문이다.

겁 없는 일본 화폐, 눈치보는 한국 화폐

피해자적 콤플렉스로 일본의 눈치만 보는 한,
한반도에서 진정한 해방은 없다!

화폐금융이론을 강의하면서, 한일 양국의 화폐에 대해 유심히 관찰했던 적이 있다. 그 때 필자의 주된 관심사는 화폐의 종류, 화폐의 도안형태, 화폐에 등장하는 인물이나 배경이었다. 물론 이런 것들이 화폐금융이론의 본질은 아니다. 그러나 화폐가 특정 국가의 국민의식·철학·사상·문화 등을 대변해주는 지표라는 점에서, 필자는 그들을 한번 검토해볼 만한 가치가 있다고 생각했다.

세계 각국의 화폐변천사에 대해 전문지식이 없는 필자로서는 일본의 화폐제도가 우리 것을 모방한 것인지, 아니면 그 반대인지에 대해 정확히 알지 못한다. 그렇지만 한 가지 분명한 것은 현재 한일 양국의 화폐가 동일한 메커니즘을 갖고 있다는 점이다. 즉 화폐단위인 원과 엔을 빼면, 한일 양국의 화폐종류는 모두 1·5·10·50·100·500·1,000·5,000·10,000 단위로 구성되어 있다. 물론 일본이 몇 년 전에 경기부양책의 한 방편으로 2,000엔권을 발행하긴 했지만, 현재는 일본의 금융시장에서 거의 통용되지 않고 있다는 점도 참고할 만한 사항이다.

한편, 한일 양국의 화폐를 좀더 자세히 비교해보면 흥미있는 사실을 발견할 수 있다. 우리나라 화폐의 경우 1원짜리 주화에는 무궁화, 5원짜리 주화에는 거북선, 10원짜리 주화에는 다보탑, 50원짜리 주화에는 벼이삭, 100원짜리 주화에는 충무공 이순신 장군, 500원짜리 주화에는 한 마리의 학이 양각(陽刻)되어 있다. 또 1,000원권 이상의 화폐는 지폐이며, 1,000원권, 5,000원권, 1만 원권에는 각각 퇴계 이황 선생, 이이 율곡 선생, 세종대왕의 모습이 그려져 있다.

또한 일본의 화폐를 보면 1엔짜리 주화에는 어린 나무(若木), 5엔짜리 주화에는 톱니바퀴(齒車)와 벼이삭(稻穗), 10엔짜리 주화에는 평등원 봉황당(平等院鳳凰堂), 50엔짜리 주화에는 국화(菊花), 100엔짜리 주화에는 벚꽃(櫻花), 500엔짜리 주화에는 오동나무 꽃(桐花)이 양각되어 있다. 일본 역시 1,000엔권 이상의 화폐는 모두 지폐다. 그리고 나츠메 소세키(夏目漱石), 니토베 이나조우(新渡戸稻造), 후쿠자와 유키치(福澤諭吉)가 각각 1,000엔권, 5,000엔권, 1만 엔권의 등장인물이다.

〉〉〉〉 겁 없는 일본 화폐

일본의 화폐에서 한 가지 특기할 만한 사항은, 1984년을 계기로 1,000엔권 지폐의 등장인물이 바뀌었다는 점이다. 원래 1,000엔권 지폐는 1963년에 최초로 발행되었으며, 등장인물은 러시아의 하얼빈 역에서 우리나라의 안중근 의사에게 사살된 이토 히로부미(伊藤博文)였다. 그러나 일본은 1984년에 1,000엔권 지폐의 등장인물을 이토 히로부미에서 나츠메 소세키로 갑자기 대체시켰다.

나츠메 소세키는 일본의 유명한 영문학자인 동시에 소설가로서 명성을 쌓은 사람이다. 그는 도쿄 대학을 졸업한 다음 영국에서 유학했고, 귀국 후에는 모교에서 강사생활을 하다가 〈아사히신문(朝日新聞)〉에

입사했다. 그리고 1905년에 《나는 고양이다(吾輩は猫である)》와 《윤돈탑(倫敦塔)》을 발표함으로써 일본 문단에 탄탄한 기반을 확보했던 사람으로서, 우리나라의 박경리 선생과 필적할 만한 소설가다.

그건 그렇고, 일본이 아시아 침략의 원흉인 이토 히로부미를 도중 하차시킬 수밖에 없었던, 저간의 속사정(?)에 대해서는 알 길이 없다. 다만, UN 안보리 상임이사국을 꿈꾸고 있는 일본이, 1980년대에 들어와 아시아 주변국가들의 불필요한 오해나 마찰을 불러일으키지 않기 위해서 스스로 내린 자구책이 아닌가 싶다.

이뿐만이 아니다. 현재 일본의 법화(法貨)로서 최고 가치를 지니는 1만 엔권에 등장하는 후쿠자와 유키치는 일본 게이오 대학을 설립한 교육자이자 사상가였다. 그는 정치가로서도 일본 조야(朝野)에 막대한 영향력을 행사했던 인물이다.

또 그는 우리나라의 김옥균, 이동인, 유길준과 같은 개화파 인사들과 교류하면서 선린 우호적인 한국관(韓國觀)을 표명했던 것으로 알려져왔다. 그러나 최근 몇몇 학자들의 연구에 따르면, 그가 매우 철저한 정한론자(征韓論者)였다고 한다.

특히 일본 쓰다주쿠 대학의 다카사키 소지(高崎宗司) 교수의 연구가 그 대표적인 예다. 그는 한국과 관련된 일본인 망언의 뿌리를 찾기 위해서 한일 강제병탄 이전까지 일본 지식인들의 언행을 면밀하게 조사했다. 그 결과, 그는 후쿠자와 유키치를 망언의 뿌리로 지목했다. 즉 한국을 멸시했던 후쿠자와 유키치의 생각이 일본 관료들에게 그대로 스며들어 일제의 식민통치를 정당화하는 논리로 악용되어왔다는 게 그의 일관된 주장이다.

이처럼 아시아 침략의 원흉인 이토 히로부미나 정한론의 괴수인 후쿠자와 유키치를 고액권 지폐의 등장인물로 설정했을 만큼, 일본의 배짱은 정말로 파렴치한 수준을 넘고 있다.

》》》》일본의 눈치만 보는 한국 화폐와 한국은행

이제 우리나라 화폐를 좀더 살펴보자.

우리나라 화폐의 경우 등장인물이나 도안이 어떤 기준에 의해 어떻게 선정되었는지는 모르지만, 도저히 이해할 수 없는 것이 하나 있다. 그것은 임진왜란과 정유재란으로부터 조선을 구해낸 충무공 이순신 장군과 거북선이 그야말로 푸대접을 받고 있다는 점이다. 100원짜리 동전에 등장하는 충무공의 존귀함이 500원짜리 동전에 나오는 한 마리의 학보다도 못하고, 5원짜리 동전에 도안된 천하무적의 거북선이 50원짜리 동전에 새겨진 벼이삭만큼의 가치도 없다는 말인가. 이것 또한 일본과 일본인에 대해 눈치를 보는, 우리의 또 다른 피해자적 콤플렉스는 아닌지 정말로 의심스럽다.

또 몇 년 전에는 일본인 상인 오야마 가즈타카가 무례한 편지를 한국은행 총재에게 보내와 사회적 문제가 된 적이 있다. "한국에서 발행한 500원짜리 동전이 일본에서 절도(竊盜)에 이용되고 있으니, 그 동전의 무게와 도안을 바꾸라"는 것이 그의 요구였다. 그에 따르면, "일본에서는 자동판매기에 500원짜리 동전을 넣은 뒤 물건을 사지 않은 채, 곧바로 반환 버튼을 누르고 500엔짜리 동전을 꺼내가는 절도사건이 잇따르고 있다"는 것이다.

그리고 "이런 수법의 절도행각 때문에 일본의 자동판매기 설치업소는 자동판매기 한 대당 연간 약 30만 엔 정도의 손해를 보고 있으며, 이대로 가다간 한국에 대한 불신이 높아질 가능성이 크다"는 경고까지 덧붙였다.

그는 이어 "500원짜리 동전의 무게를 7.8g에서 6.3g으로 줄이고 도안을 바꾸는 한편, 새 동전이 만들어질 때까지 해외반출을 제한해야 한다"는 의견까지 제시했다. 그러나 필자가 대전의 대덕연구단지 내에 있는 화폐박물관에서 입수한 자료에 따르면, 유감스럽게도 한국에서 500원짜리 동전의 발행시기(1981년 1월 8일)가 일본의 500엔짜리 동전의 발행시기(1981년 6월 30일)보다 무려 6개월이나 앞선다. 특허(特許)의 경우는 1초만 먼저 등록해도, 그에 따른 모든 독점적 권리가 최초의 등록자에게 귀속된다. 화폐라 해서 예외가 아니다. 만약 500원과 500엔 동전이 사회적 문제가 되고 있다면, 일본이 자진해서 500엔 동전을 바꾸는 것이 국제적인 상식이다.

더구나 한국인이 범행을 저질렀다는 명확한 근거도 없이, 우리에게 절도를 운운하는 것은 한국인의 자존심을 짓밟는 몰상식한 주장이다. 나중에 밝혀진 것이지만, 일본의 자동판매기에서 500원을 500엔으로 바꿔가다 붙잡힌 사람은 한국인이 아니라 우리와 외모가 거의 똑같은 이웃나라 사람이었다.

이미 일본인들은 1923년 9월 1일에 발생했던 관동대지진 때, "조선인들이 폭동을 일으키며 방화, 독극물 투입, 투탄(投彈) 등의 테러 행위를 저지르고 있다"는 유언비어를 퍼뜨려 재일 동포 수천 명을 학살했던 고약한 전례를 가지고 있다. 필자는 이런 취지의 글을 일본의 〈아사히신문〉, 〈요미우리신문〉, 〈일본경제신문(日本經濟新聞)〉 등에 기고하면서 일본인들의 무례한 태도를 정중하게 따졌다. 그리고 1999년 12월 29일 아침, 한국의 주요 일간지들이 도쿄발로 일제히 전한 '일(日) 500엔 새 동전 발행' 이라는 기사를 읽을 수 있었다. 일본이 제정신을 차렸다는 사실이 너무나도 통쾌했다. 필자가 일본의 신문에 항의편지를 보내면서 통탄했던 것은, 그 당시 국내에서 500원과 500엔의 문제에 대해 관심을 갖는 사람이 아무도 없었다는 점이다. 도대체 한국은행은 어느 나라 은행이며, 그런 자세로 근무하고도 월급 타고 퇴직금을 받을 수 있는가. 또 그러고도 한국은행의 직원들 대부분이 명문대학을 졸업했다고 품잡을 수 있는가.

안중근, 윤봉길, 김구 선생의 이유 있는 탄식

>>>> 이제는 당당한 우리 고유의 화폐관을 정립해야 할 때

앞으로 정부는 5만 원권이나 10만 원권, 더 나아가 50만 원권의 고액 지폐까지 발행할 예정이라고 한다. 물가상승에 대한 불안, 뇌물상납이나 돈세탁에 대해 혐오감을 갖고 있는 국민정서를 감안할 때, 한국은행이 이들 지폐 발행을 당장에 실행할 가능성은 그다지 높지 않다. 그러나 경제규모가 더욱 확대되고 그에 따라 거래나 신용규모가 커지면, 또 수표 발행의 경제적 비용이 커질수록 고액지폐의 발행은 필수 불가결한 사항이다.

그 때, 우리 정부와 한국은행은 김구 선생이나 안중근, 윤봉길 의사를 고액권 지폐의 등장인물로 설정해주기 바란다. 왜냐하면 일제에 맞서 싸운 영원불멸의 애국지사인 그 분들의 당당한 모습이 새겨진 지폐는, 그 자체로 일본 경계를 위한 확실한 보증수표가 될 것이기 때문이다. 또 동전에 넣어진 도안인물과 배경에 대한 우선순위를 재조정해서, 후손들에게 우리 화폐가 더 이상 조롱거리가 되지 않도록 해야 하지 않을까?

진정한 주권국가로서의 국격(國格)을 제고시키기 위해서는 무엇보다도 코흘리개 수준에 머물고 있는 우리의 화폐관부터 세련되게 변화시켜나가야 한다. 그럼에도 불구하고 우리 세대는 그것이 갖는 중요성을 까마득히 망각한 채, 오늘을 살아가고 있다. 참으로 안타깝고 민망한 일이 아닐 수 없다. 이 문제에 대한 우리 정부와 한국은행, 그리고 국민 모두의 새로운 인식전환을 기대한다.

철새와 돼지를 위한 변명

철새와 돼지만도 못한 정치 리더들이 많은 한,

한국 정치의 내일은 없다!

대부분의 한국인들은 철새와 돼지를 아주 얕보는 경향이 있다. 정치적 신념이나 철학은 고사하고 삶의 목표나 방향도 일정하지 않은 채, 눈앞의 이익만을 좇아 당적 옮기기를 밥먹듯이 하는 국회의원들에게 한국인들은 '철새 정치인'이라는 닉네임을 붙여준다. 또 한국인들은 어눌한 언행을 일삼거나 지나친 욕심을 부리는 사람에게 "돼지같이 미련한 놈", "돼지처럼 저 자신밖에 모르는 놈"이라는 폭언을 서슴지 않는다.

>>>> **철새를 우습게 보지 마라!**

그렇다면, 철새와 돼지에 대한 한국인들의 평가는 과연 정당한 것인가? 결론부터 말하자면 절대로 그렇지 않다. 필자는 이따금씩 가족들과 함께 충남 서천의 금강 하구에 나가 망원경으로 여러 종류의 철새 떼를 보며, 일상에 찌든 머리를 식히곤 한다. 각종 공해와 환경오염으로 신음하고 있는 한국을 잊지 않고 찾아와 수많은 국민들에게 마음의 평화와 위안을 주는 철새들이 그저 고맙고 감사할 따름이다.

동물 가운데는 자신의 고유영역을 확보해 자손 대대로 물려주는 놈들이 있는가 하면, 철새처럼 계절의 변화에 따른 최적의 생존조건을 찾아다니며 평생을 떠도는 녀석들도 있다. 왜 철새들은 안주하는 삶을 살지 않고 낯선 타관 땅을 떠돌며 살아야 하는 것일까? 혹시 철새들에게도 우리 인간들처럼 역마살이라는 게 있는 것이 아닐까? 아무리 신(神)의 영역에 속하는 문제라고 하지만, 철새의 방랑자적 삶이 필자에게 궁금한 것은 어쩔 수 없는 일이다.

추운 겨울을 나기 위해 멀리 시베리아의 캄차카 반도로부터 금강 하구에 이르는 수천 킬로미터를 날아온다는 흰뺨검둥오리, 수만 킬로미터에 이르는 북극과 남극을 오가며 생활한다는 제비갈매기의 얘기는 필자에게 신기함과 놀라움을 던져준다. 지리정보시스템(GIS)이나 인공측위시스템(GPS)과 같은 첨단기술의 도움을 받지 않고서도 어떻게 그 먼 거리를 비행해서 자기 고향으로 정확하게 되돌아올 수 있단 말인가.

지금까지 조류학자들이 밝혀낸 바에 따르면, 철새들은 태양이나 별을 방향지표로 사용하기도 하고 특이한 지형지물, 냄새, 지구의 자기장 같은 것을 총동원해서 길을 찾는다고 한다. 생존을 위해 이용 가능한 모든 것을 활용하며 주어진 삶에 최선을 다하고 인간들에게는 그 어떠한 피해도 끼치지 않는 철새들의 자기 수양적 노력이, 눈부실 정도로 아름답게만 느껴진다.

또 자연의 냉엄한 질서에 순종하면서 아무런 욕심이나 미련을 갖지 않고 '머무를 때와 떠날 때'를 아는 철새들의 삶은, 마치 《주역(周易)》의 〈문언전(文言傳)〉에 나오는 "지지지지 지종종지(知至至之 知終終之; 이를 곳을 알아서 이르고, 멈출 곳을 알아서 멈춰라)"를 실천하는 진정한 선비의 삶처럼 경건하고 엄숙해보인다. 필자가 이권이나 가소로운 정치적

술수의 하나로 당적을 바꿔가며 변신에 변신을 거듭하는 저질 국회의원들과 철새를 비교해서는 안 된다고 생각하는 이유도 그 때문이다.

몇 년 전, 집권여당이었던 새천년민주당(이하 민주당)이 안정적인 국정운영을 위한다는 구차한 명분 아래, 교섭단체도 구성하지 못하고 있던 자유민주연합(이하 자민련)에다 3명의 국회의원을 꿔주었다. 그런데 자민련의 강창희 의원이 이에 크게 반발하자, 당황한 자민련 집행부는 그를 서둘러 제명 처리했다.

강 의원의 제명으로 교섭단체구성에 또 한 명의 국회의원이 부족하자, 민주당은 한 명의 국회의원을 또다시 긴급 임대해주었다. 민주당과 자민련 간의 공조복원을 도모하기 위한 국회의원 빌려주기는, 한 마디로 개그 콘테스트에서도 등외(等外) 판정을 받을 만한 함량미달의 정치적 쇼였다.

〉〉〉〉 서산대사의 호된 꾸지람

얼마 전, '지는 해'에 대한 정치인들 간의 논란은 더더욱 가관이었다. 이인제 의원(현 자민련 총재 대행)이 김종필(이하 JP) 자민련 명예총재를 '지는 해'에 빗댔던 모양이다. 그런데 2001년 1월 9일에 있었던 기자간담회에서 어느 기자가 JP에게 이인제 의원의 발언에 대한 소회(所懷)를 묻자, 그는 이렇게 대답했다. "이인제 의원이 말한 '지는 해'가 틀린 말은 아니지. 내 나이 일흔을 넘겼으니 이제 저물어가는 사람 아닌가. 다만 마무리 지을 때, 황혼을 한번 벌겋게 물들여서 그렇게 매듭 지어봤으면 하는 거야."

노름판보다도 더 지저분한 정치판에서 온갖 산전수전을 겪은 백전노장의 말씀 치고는 품격이 전혀 보이지 않는다. "세상이 두 쪽 나는 한이 있더라도 그냥 이대로는 죽지 않겠다"는 강한 아집과 독선만이 노망처럼 비쳐졌을 뿐이다. 만약 하늘나라에서 영면하고 계실 서산대사께서 JP의 말을 들었다면, 그 어른께서는 무어라고 대답하셨을까? 아마도 그 분은 "눈 덮인 들판을 걸어갈 때, 발걸음 하나라도 어지럽히지 마라. 오늘 내가 가는 이 길이 뒷사람의 이정표가 될 것이기에…"라는 말로 JP의 오만방자함을 엄히 꾸짖었을 것이다.

또 철새들이 JP의 말을 들었다면, 그들은 어떻게 대답했을까?

모르긴 해도 "정말로 웃기시는 JP님! 황혼이 벌겋게 물드는 것은, 태양이 자연의 섭리에 절대적으로 순종하며 아름다운 퇴장을 하기 때문입니다. 만일 자연이 심술을 부려 하늘 전체를 비바람이나 구름으로 덮어버린다면, 제아무리 강력한 태양이라도 붉게 물든 황혼녘을 절대로 만들지 못합니다. 그런데도 당신은 무슨 빽을 믿기에 위대한 자연의 섭리를 그리도 당당하게 거스르려 하십니까. 저희 철새들 눈에는 당신의 언행이 지나친 노욕으로밖에 달리 보이지 않습니다. 청하옵건대, 후대의 사가(史家)들에게 조금이라도 긍정적인 평가를 받고 싶거든, 하루빨리 추악한 정치판에서 깨끗하게 은퇴하십시오. 그것만이 무능력한 당신에게 평생 동안 호의호식을 보장해준 당신의 국가와 민족에 대한 최소한의 예의입니다"라고 말할 것이 분명하다. 그런 의미에서 한국인들은 철새의 습성도 잘 모르면서, 그들을 한낱 분별없는 '뜨내기 새' 정도로 폄하시켰던 것이다.

〉〉〉〉 너희들이 돼지를 아느냐?

돼지 또한 철새와 마찬가지다.

과거 국회의원에 도전했다가 연거푸 고배를 마신 어느 인기 개그맨으로부터 들은 얘기다. 양돈사업을 하고 있다는 그는, 시골에서 돼지를 직접 길러보았던 필자보다도 돼지에 대해 훨씬 더 많은 지식을 갖고 있

JP에 대한 철새들의 항변; 아저씨, 어서 빨리 정치판을 떠나세요!

었다. 그가 말한 돼지들의 4가지 독특한 습성은 다음과 같다.

| 돼지들의 4가지 독특한 습성 |

1. 어미돼지의 젖은 모두 12개인데, 각 새끼들에게는 자신이 빨아야 할 젖꼭지가 고정되어 있다는 것이다. 그는 돼지새끼들이 아무리 배가 고파도 자신의 젖꼭지만 빨 뿐, 동료새끼들이 빨아야 할 젖꼭지를 탐하지 않는다고 했다. 과거 농촌에서 돼지를 길러보았던 필자의 경험으로는 그런 것 같지 않은데, 아무튼 그는 이렇게 주장했다.
2. 돼지의 후각능력은 개의 후각 능력보다 훨씬 뛰어나다고 했다. 그래서 일부 국가의 공항에서는 마약탐지를 위해 돼지를 활용하고 있다고 한다. 그러나 돼지에게는 한 가지 치명적인 약점이 있는데, 그것은 배가 고플 때만 후각 능력이 뛰어나다는 점이다. 돼지를 굶긴다는 것은, 곧 동물학대

에 해당되기 때문에 마약탐지를 위한 동물로서 개가 돼지보다 더 많이 활용되고 있다는 것이 그의 설명이었다. 멧돼지의 후각 능력이 탁월하다는 동물학자들의 얘기를 듣다 보면, 이 말은 상당히 일리가 있어 보인다.

3. 돼지고기의 맛은 도살할 때, 돼지가 받는 스트레스의 크기에 따라 결정된다고 한다. 죽기 전, 몸부림을 심하게 쳤거나 공포에 떨었던 돼지일수록 고기 맛이 떨어진다는 게 그의 지론. 그래서 그는 도살 전에 돼지들에게 막걸리를 먹임으로써 죽음에 대한 공포나 스트레스를 해소시켜준다고 했다. 그러므로 자신이 사육해서 판매하는 돼지고기 맛이 일품이라는 것이다.

4. 돼지들은 반드시 한 곳을 정해 배설을 한다는 것이다. 외모와는 다르게 돼지가 매우 깨끗한 생활을 하는 동물이란 게 그의 돼지 예찬론.

한국인들 중에는 남의 것을 탐하는 사람, 잠잘 곳과 배설할 곳을 제대로 구분하지 못하는 사람들이 적지 않다. 우리는 술에 취해 화장실과 전봇대를 구분하지 못하고 아무 곳에다 방뇨를 하는 한국 남성들을 쉽게 만날 수 있다. 오죽했으면 외국인들의 입에서 "북한에 4대 군사노선이 있다면, 한국에는 4대 금지노선이 있다"는 얘기까지 나왔겠는가!

게다가 외국인들이 주장하는 한국인의 4대 금지노선 중에서 제1순위를 차지하고 있는 것은, 유감스럽게도 낙서금지, 주차금지, 출입금지가 아니라 소변금지라고 한다. 더욱이 소변금지라고 써붙인 장소에서 볼일을 보는 남성들에게 "왜 이 곳에서 볼일을 보느냐?"고 항의하면, 그들 대부분은 "소변금지를 거꾸로 읽어보시오. 지금변소가 아니오? 그래서 오줌을 누었을 뿐인데, 웬 잔말이 그렇게 많소!"라고 항변한다고 한다. 어리석은 질문에 현명한(?) 대답일지는 모르지만, 아무튼 창피한 일임에는 틀림없다. 이제 이런 부류에 속하는 한국 남성들은, 돼지를 더 이상 우둔하고 미련한 존재로 깎아내릴 만한 자격이 없다.

그뿐만이 아니다.

인간과 돼지와의 관계를 나타내주는 한자로 '집 가(家)'가 있다. 그런데 '집 가(家)'는 '지붕 면(宀)'과 '돼지 시(豕)'의 복합어로 구성되어 있다. 이에 대해 두 가지의 서로 다른 해석이 존재하는데, 그것을 요약하면 다음과 같다.

| 집 가(家)에 대한 두 가지 상이한 해석 |

1. 중국의 남쪽 지방 사람들은 제주도의 똥돼지처럼 돼지를 화장실 밑에 가둬놓고 기른다. 그들은 나무나 대나무로 집을 짓는데, 그 높이는 대부분 2층이다. 2층에는 살림방과 화장실을 만들고 가축들은 그 밑의 1층에다 두었다. 도둑들로부터 가축을 보호하고 사람의 똥을 가축의 사료로 쓰기 위해서였다. 지붕 밑에 돼지가 있는 형태로 씌어진 '집 가(家)'라는 한자(字)는 그런 내용을 시사해주고 있다.

2. 옛날에는 지푸라기를 이어서 엮은 '이엉'으로 집의 지붕을 덮었다. 그러다 보니 지붕 속에 구렁이를 비롯한 각종 뱀들이 서식하게 되었다. 그래서 사람들은 뱀을 잡아먹는 돼지를 집 안에다 키움으로써 뱀의 출현에 따른 공포로부터 해방될 수 있었다. 전통적으로 농촌 한옥의 구조를 보면, 반드시 집 안의 한구석에 돼지우리가 있는데, 이는 가족들의 식사 후에 발생하는 음식찌꺼기를 돼지사료로 사용할 뿐만 아니라, 뱀들의 공격으로부터 가족을 보호하기 위해서였다.

'집 가(家)'에 대한 첫번째 의미는 우리들에게 《공자가 죽어야 나라가 산다》의 저자로 잘 알려져 있는 상명대 중문학과 김경일 교수의 해석이다. 그는 《제대로 배우는 한자교실》이라는 책에서 '집 가(家)'의 의미를 그렇게 풀이했다. 또 두번째 의미는 한자에 해박하신 공주대의 한 선배 교수님께서 재미 반 농담 반으로 말씀하신 사항을 그대로 옮겨 적어본 것이다.

그러나 필자는 개인적으로 김 교수의 해석에 동조하고 싶다. 그래도 갑골문을 전공한 분의 얘기니까. 게다가 김 교수의 주장은 '집 가(家)'의 형상대로 '지붕 면(宀)'과 '돼지 시(豕)'가 수직구조를 이루고 있는 데 반해, 공주대의 선배 교수님 말씀은 집과 돼지우리가 수평구조를 하고 있다는 것이다. 그런 점도 김 교수의 주장에 좀더 설득력을 더해주는 요소라고 생각된다. 물론 선배 교수님의 말씀인 두번째 해석이, 우리 농촌사회의 전통문화와 관련해서 훨씬 더 많은 흥미를 유발하는 것은 사실이다. 그러나 문제는 그것을 명쾌하게 입증해줄 만한 자료를 아직까지 찾지 못했다는 점이다.

한국인들 중에서 '집 가(家)'라는 한자를 모르는 사람은 거의 없다. 그러나 '집 가(家)'가 돼지와 깊은 관련을 맺고 있다는 사실을 알고 있는 사람은 그다지 많지 않을 것이다. 이처럼 돼지에 대한 정보와 지식을 갖고 있지도 않으면서, 한국인들은 걸핏하면 돼지를 '미련하고 어리석은 동물의 대표주자'로 비하시키곤 한다. 돼지의 입장에서 바라보면 정말로 화나는 일이 아닐 수 없다.

아무튼 철새와 돼지에 대한 책을 읽고 관계 전문가들의 얘기를 들으면서, 필자는 그들에 대한 따뜻한 이해가 필요하다고 생각했다. 특히 한국인들에게 이유 없이 매도를 당하면서도 침묵으로 일관할 수밖에 없는 철새와 돼지를 대신해서, 그들의 항변을 적어보고 싶었다. 부디 이 졸저(拙著)가 독자들에게 철새와 돼지를 새롭게 인식하는 계기를 마련해주었으면 한다.

엉터리 투성이의 동상(銅像) 천국, 그 이름은 대한민국!

**동상도 제대로 못 만드는 사람들이,
어떻게 세계 제일의 명품을 만들 수 있겠는가!**

세계 여러 나라를 여행하다 보면, 한 시대를 풍미했던 각 나라의 영웅호걸들을 동상(銅像)으로 만날 수 있다. 유럽 국가들에서는 창이나 칼과 같은 무기를 들고 말을 탄 장군의 동상을 많이 볼 수 있는데, 이는 그들의 역사와 깊은 관련이 있다. 근대국가가 성립되기 이전까지 유럽 국가들이 벌인 전쟁을 추적해보면, 거기에는 한 치의 에누리도 없이 말·창·칼 등이 전장의 필수품으로 등장한다.

우선 광활한 영토를 지배하려면 빠른 속도로 달릴 수 있는 말이 필요했을 것이고, 상대방을 단숨에 제압하기 위해서는 가장 앞선 과학기술을 무기제작에 응용해야만 했다. 아마도 그 당시의 최첨단 기술은 돌에서 쇠를 추출해내는 기술과, 그 쇠를 가지고 고강도(高强度)의 병기를 만드는 기술이었을 것이다.

또 일본에서 만날 수 있는 동상들은, 사무라이 복장에다 칼을 차고 있는 모습이 주류를 이룬다. 유럽 국가들에서 흔히 볼 수 있는 말이, 일본의 동상에서는 거의 등장하지 않는다.

게다가 일본 동상의 주인공들은 대부분 바다와 같은 먼 곳을 응시하고 있다. 이는 유럽 국가들에 비해 상대적으로 땅이 협소했던 일본의 자연환경, 칼이 정치적 도구의 하나였던 일본 고유의 사무라이 문화, 폐쇄적인 섬나라의 한계를 극복하고 세계로 뻗어나가려 했던 일본인들의 기원의식을 반영한 것으로 생각된다. 그런 점에서 동상은 그 나라의 역사와 문화, 그리고 국민들의 의식세계를 보여주는 하나의 거울이라고 말할 수 있다.

>>>> 서양인들은 동상 하나를 만들더라도 대충 만들지 않는다!

한편, 유럽 국가들의 동상에서 한 가지 흥미를 끄는 것은, 그들의 영웅을 태운 말의 앞발 모양이 제각기 다르다는 사실이다. 어떤 동상의 말을 보면, 하늘을 향해 앞발을 모두 치켜세우고 있다. 또 다른 동상을 보면 앞발 가운데 한쪽 발만 들고 서 있는 말도 있고, 앞발 모두 땅을 밟고 있는 말도 종종 볼 수 있다. 재미있는 것은 말의 앞발 모양이 영웅호걸들에 관한 비밀정보를 알려준다는 점이다.

가령, 영웅호걸을 태운 말의 앞발이 모두 허공을 향해 치켜세워져 있으면, 그 동상의 주인공이 전쟁터에서 전사했음을 시사해준다. 또 말이 한쪽 앞발만 들고 서 있으면 그 동상의 주인공이 전쟁터에서 부상당했음을, 앞발 모두 땅을 밟고 있는 말은 전쟁터에서 죽거나 부상을 입지 않고 온전하게 살아남았음을 알려주는 징표다. 그처럼 서양인들은 동상 하나를 건립하더라도 정밀한 고증과 철저한 확인작업을 거쳐 꼼꼼하게 만든다.

이것은 문화인류학을 전공하는 일본인 학자에게서 주워들은 얘기다. 홍사중도 《한국인의 가치관은 있는가?》라는 책에서 이와 똑같은 주장을 하고 있다.

⟫⟫ 부끄럽기 그지없는 광화문 네거리의 이순신 장군 동상

그에 반해 우리나라의 동상들은 그냥 대충대충 만드는 것 같다. 동상 자체에도 어떤 뚜렷한 흐름이 보이지 않는다. 말을 탄 장군으로 형상화시킨 동상이 있는가 하면, 그렇지 않은 동상들도 적지 않다. 한 마디로 이것저것이 한데 뒤엉킨 짬뽕 스타일이다. 더욱이 가관인 것은, 잘못을 지적해줘도 그것을 고치려는 사람이 없다는 사실이다.

서울 광화문 네거리에 가면, 임진왜란과 정유재란으로부터 조선을 구한 이순신 장군의 동상이 있다. 그 동상을 가만히 살펴보면, 이순신 장군이 오른손으로 칼집을 잡고 서 있다. 그런데 오른손으로 칼집을 잡고 있다는 것은, 곧 이순신 장군이 왼손잡이라는 얘기다. 왜냐하면 오른손으로 칼집을 잡고 있으니까, 왼손으로 칼을 빼서 싸워야 하기 때문이다.

이순신 장군은 덕수 이씨의 양반가문에서 태어난 분이다. 과연 조선시대 사대부 집안이었던 덕수 이씨 가문에서 왼손잡이가 나올 수 있었을까? 전통적으로 한국인들은 왼손의 사용에 극심한 알레르기 반응을 보여왔다. 글쓰기, 밥 먹기, 활쏘기, 검술 익히기, 심지어는 화장실에서 큰일을 보고 밑을 닦는 것도 오른손의 고유임무다. 지금도 그 전통은 고스란히 우리 세대에 의해 계승되고 있다. 현재 왼손으로 글씨 쓰고 밥 먹는 사람들의 비중은, 전체국민 가운데 0.001%도 안 될 것이다.

필자는 한동안 이순신 장군이 오른손잡이라는 사실을 밝혀내기 위해 많은 노력을 아끼지 않았다. 이순신 장군이 직접 쓰셨던 《난중일기(亂中日記)》도 수 차례 읽어보았고, 심지어 이순신 장군을 주인공으로 다룬 소설 《불멸(不滅)》과 《칼의 노래》도 열심히 읽었다. 또 현충사를 여러 차례 방문하여 이순신 장군이 남기신 유물을 하나하나 살펴보기도 했다. 그러나 아직까지 이순신 장군이 오른손잡이였다는 결정적인 증거를 찾아내지 못했다. 다만, 현충사의 유물전시관에 있는 이순신 장군의 장검에 나타난 칼날의 방향에서 그 분이 오른손잡이라는 점을 유추해 냈을 뿐이다.

이순신 장군이 오른손잡이였다면, 광화문 네거리에 서 있는 장군의 동상은 지체없이 철거되어야 마땅하다. 그리고 이순신 장군께서 왼손으로 칼집을 잡고 당당하게 서 계신 모습으로 동상을 재건립해야 한다. 적어도 우리가 일본으로부터의 진정한 독립을 원한다면 말이다. 검객의 세계에서 오른손잡이 검객이 칼집을 오른손으로 잡고 있다는 것은, 곧 항복을 의미한다고 한다. 왜군을 상대로 23전 23승 23KO의 대승을 거둔 이순신 장군을, 왜놈들에게 항복한 장군으로 왜곡시켜놓고도 우리가 한국인이라고 말할 수 있는가!

어떤 사람은 이순신 장군이 들고 있는 칼이 전투용 칼이 아니라 장군의 위엄을 상징하는 지휘도(指揮刀)라고 말하면서, "지휘도는 당연히 오른손으로 잡고 있어야 한다"고 주장을 하는 모양이다. 그런 사람들에게 필자가 정중하게 되묻고 싶은 말이 있다. 지휘도란, 말 그대로 그것을 들고 지휘를 할 만큼 가볍고 짧은 칼이어야 한다. 현재 우리 육군의 사단장들이 들고 있는 지휘봉을 살펴보라. 그것이 과연 자신의 키만한 지휘봉인지를. 그러니 앞으로 지휘도라는 허무맹랑한 주장은 그만 하시라.

다행스럽게도 요즘 한창 잘 나가는 국내의 모 은행은 자신들의 TV 광고에서 이순신 장군의 동상을 제대로 형상화시키고 있다. 왼손으로 육중한 칼집을 잡고 당당하게 서 계신 동상으로 말이다. 또 우리 큰아들 녀석의 수학경시대회 때문에 가보았던 대전의 H중학교 교정에도 이순신 장군의 동상이 올바르게 조각되어 있었다.

문제는 여기서 끝나지 않는다. 광화문 네거리에 서 있는 이순신 장군의 동상은 전통적인 무인(武人)의 근엄한 얼굴표정을 짓고 있다. 큰눈을 부릅뜨고 지금 당장이라도 왜적들에게 호통을 치실 듯한 용장의 모습이다. 그러나 현충사에 모셔진 영정이나 100원짜리 동전의 앞면에 새겨진 이순신 장군의 얼굴은 선비처럼 인자한 모습이다. 같은 나라에서 동일인물을 묘사하는데, 어떻게 이처럼 극단적으로 달리 표현할 수 있는가. 이는 지금까지 이순신 장군에 대한 연구가 별로 진척되지 않았다는 것을 시사해준다.

그런데도 국내의 모 정보통신 회사는 이순신 장군이 성큼성큼 걸어나오면서 '유쾌! 통쾌! 상쾌!'를 외치는 광고를 내보냈으니, 정녕 그들이 제정신을 갖고 그 광고를 만들었는지 궁금하다. 지금 광화문 네거리에 모셔진 이순신 장군은 매우 불쾌한 심정으로 우리 국민을 내려다보고 있다.

엉터리 투성이의 한국 동상들

그 밖에도 한국에는 엉터리 동상들이 많이 있다. 충남 부여군청 앞에 세워진 계백 장군의 동상을 보면, 말이 오른쪽 앞발을 들고 서 있다. 계백 장군은 기울어가는 백제를 구하기 위해 결사대 5,000여 명을 이끌고 황산벌에 나아가 김유신과 당나라 소정방의 5만여 군대를 맞아 싸우다가 장렬하게 전사한 장군이다. 따라서 계백 장군의 동상은, 말이 앞발 모두를 치켜세운 채 비상(飛上)하려는 모습으로 조각했어야 옳다.

또 신라의 고도(古都)였던 경주의 황성공원에 가면, 삼국통일의 위업을 달성한 김유신 장군의 동상을 만날 수 있다. 그런데 김유신 장군의 동상 역시 말이 오른쪽 앞발 하나만 들고 서 있다. 김유신 장군은 전쟁 중에 전사했거나 부상을 당한 분이 아니다. 당연히 김유신 장군의 동상은 말이 앞발 모두 땅을 밟고 서 있는 모습으로 만들어졌어야 한다. 더 가관인 것은 서울 용산구에 세워져 있는 김유신 장군의 동상이다. 그

동상 하나도 제대로 만들지 못하는 한국인들!

동상은 말이 앞발 모두를 치켜세우면서 허공을 향해 비상하는 모습을 하고 있다. 그 동상을 본 외국인들은 그가 전쟁 중에 전사한 장군으로 이해할 것이 분명하다.

대전 국립 현충원의 천마웅비상

대전 유성구에 위치한 국립 현충원의 천마웅비상(天馬雄飛像)도 마찬가지다. 현충원 입구에 도착하면, 천마웅비상이 가장 먼저 추모객들을 반긴다. 천마웅비상은 세 마리의 말이 각자 자신들의 앞발 모두를 치켜세우고 있다. 그래도 이 천마웅비상은 다른 동상들에 비해 정확하게 만들어진 조각품이라고 생각한다.

그 이유는 간단하다. 우선 말은 전쟁을 상징한다. 역사를 관조해볼 때, 말이 등장하지 않는 전쟁은 상상하기 어렵다. 또 말이 앞발 모두를 치켜세우는 것은, 국립 현충원에 묻힌 분들이 모두 국가와 민족을 위해 싸우다가 돌아가신 호국영령들임을 시사한다. 게다가 천마웅비상을 구성하는 말이 세 필인 것은, 우리의 전통사상에서 '3'이 갖는 의미 때문이다. 즉 우리의 전통사상에서 '3'이라는 숫자는 '영원' 또는 '완벽'을 뜻한다. 대통령을 비롯한 기관의 장(長)들이 의결사항을 확정지을 때, 망치질을 세 번 하는 것도 그것이 하늘과 땅, 그리고 사람에게 선포할 만큼 완벽하게 처리되었음을 알리는 요식 행위다. 《천부경(天符經)》을 읽어보면, 그 내용을 보다 자세하게 이해할 수 있다.

이를 종합해보면, 대전 국립 현충원의 정문에 있는 천마웅비상은 "전쟁터에서 나라를 위해 싸우다 전사하신 호국영령들의 넋이 영원하라!"는 국민들의 염원을 반영하는 것으로 볼 수 있다. 그럼에도 불구하고 대전 국립 현충원측은 천마웅비상을 엉터리로 해석해놓고 있다. 그러니 추모객들이 천마웅비상의 의미를 정확하게 이해할 리 없다. 참고로 천마웅비상에 대한 대전 국립 현충원측의 해석을 원문 그대로 옮겨 놓으면 다음과 같다.

천마웅비상

- 천마웅비상은 순국선열과 호국영령의 거룩한 넋을 원동력으로 세 필의 천마가 힘찬 기세로 조국을 영원히 약진, 번영으로 이끈다는 의미를 지니고 있다.
- 천마의 풀이
- 말은 서기(瑞氣)와 충성을 상징하는 동물로 인간과 역사적으로 밀접한 관계를 가지고 있으며, 특히 우리 민족은 예로부터 농경, 수렵 등에서 긴요하게 말을 이용해왔다.
- 나마(裸馬)는 동서고금을 통해 신성한 영물로 보아왔다.

위의 글을 보면, 호국영령들의 영혼이 잠들어 있는 국립묘지에 왜 하필이면 말이 등장하는지, 또 네 필의 말이 아니고 왜 세 필의 말이어야 하는지, 그리고 왜 모든 말이 앞발을 모두 들고 있는지에 대해 그 어떤 정보도 얻을 수 없다. 더욱이 대전 국립 현충원의 정문에다 천마웅비상을 세운 목적이 무엇인지에 대한 본질적인 의문조차 해명해주지 못하고 있다. 조각은 제대로 해놓고도 그에 대한 해석이 함량미달이어서 그 깊은 의미가 블랙박스로 남아 있는 대표적인 사례가 바로 대전 국립 현충원의 천마웅비상이다. 하루 속히 그 곳 관계자들의 새로운 인식전환과 올바른 재해석의 시도를 기대한다.

자고로 문화는 아는 만큼만 볼 수 있다!

고미술사학자인 명지대의 유홍준 교수는 《나의 문화유산답사기 1》이라는 자신의 책 서문에서 "인간은 아는 만큼 느낄 뿐이며, 느낀 만큼 보인다"는 말을 하고 있다. 문화의 이해에 대한 명언이 아닐 수 없다. 이제 어느 시대 특정 문화가 경쟁력을 가지려면, 그 문화가 글로벌 스탠더드를 충실히 따르면서도 자기 고유의 아이덴티티(identity)를 확보해야만 한다. 다소 이율배반적인 얘기처럼 들리는 그 말의 의미를 우리나라의 동상에다 적용시켜 보면, 색다른 하나의 진리를 유추해낼 수 있다. 즉 우리가 자랑하는 영웅호걸들의 동상을 외국의 그것들과 차별시켜 만들되, 거기에는 세계인들이 함께 알고 공유할 수 있는 기본 룰이 철저하게 지켜져야 한다는 점이다.

가령, 오른손잡이 장군은 반드시 왼손으로 칼집을 쥐고 있어야 한다. 전사한 장군을 태운 말은 앞발 모두를 치켜세워야 하고, 부상당한 장군의 말은 앞발 중 한발만 들고 서 있어야 한다. 그리고 온전하게 전쟁을 치르고 자신의 명대로 살다가 죽은 장군의 말은 앞발 모두 땅을 밟고 있는 것으로 조각해야 한다. 그렇게 해야만 우리나라가 자랑하는 영웅호걸들의 동상을 바라보면서 외국인들이 그들을 똑바로 이해할 것 아닌가. 우리는 더 이상 외국인들이 이순신 장군을 왼손잡이 장군으로, 계백 장군과 김유신 장군을 부상당한 장군으로 오해할 소지를 없애야 한다. 또 대전 국립 현충원도 천마웅비상의 해석을 올바르게 해줌으로써, 추모객들이 천마웅비상의 진정한 의미를 이해할 수 있도록 배려해야 한다.

끝으로 한국의 조각가들이여!

이제 그대들은 '대충주의'와 영원히 결별하라. 상대적으로 만들기 쉬운 동상 하나도 정확하게 만들지 못하는 나라가 어떻게 초정밀 분야에서 세계 제일의 명품을 생산할 수 있겠는가. 전국에 흩어져 있는 영웅호걸들의 동상을 바라보노라면, 자신들을 왜곡시킨 조각가들을 비웃으며 동상을 다시 만들어달라는 그들의 아우성 소리에 필자는 오늘도 잠을 이루지 못하고 있다.

3 '우리이즘'과 '대충주의'의 극복방안

제3부에서는 '우리이즘'과 '대충주의'에 대한 문제를 중점적으로 살펴보았다. 한국인들이 '우리'라는 용어를 가장 많이 사용하고, '우리이즘'에 빠져 있는 이유는 한국문화의 기본뿌리가 농경문화 중심의 촌락공동체 사회였기 때문이다. 옛날 모내기나 밭매기는 결코 혼자서 할 수 있는 쉬운 일이 아니었다. 품앗이라도 해야만이 큰힘을 들이지 않고 농사를 지을 수가 있었다. 홀로 되는 것을 매우 두려워했던 한국인들의 의식구조도 거기서 비롯된 것이라고 생각한다. 이처럼 농경문화를 배경으로 탄생한 '우리이즘'에는 한국인 특유의 상부상조 정신, 따뜻한 정(情), 공동체의식과 같은 미덕이 내재되어 있다. 따라서 '우리이즘'을 무조건 나쁜 것으로 매도할 수만은 없다.

문제는 농경사회가 산업화사회로 전환되면서, 좋은 의미에서의 '우리이즘'이 한통속, 끼리끼리의 횡포, 서로 봐주기, 정실(情實)관계로 변질되었다는 점이다. 또 변질된 '우리이즘'이 한국사회의 발전을 가로막고 있을 뿐만 아니라, 한국인들을 어글리 코리언으로 타락시키고 있다는 데에 문제의 심각성이 있다.

그런데 얼마 전 이러한 '우리이즘'에 놀랄 만한 이변(異變)이 일어났다. 2002년 한일 월드컵에서 전세계인들을 깜짝 놀라게 했던 거리응원전이 바로 그것이다. 그 동안 끼리끼리의 횡포, 지역차별, 배타주의에 절어 있었던 한국인들이, 조그만 축구공이 만들어내는 기적에 힘입어 이미 오래 전에 우리 사회에서 사라졌던 건전한 공동체의식을 새롭게 부활시킨 것이다. 세계를 향해 거칠 것 없이 포효했던 국민대통합의 폭발적인 에너지는, '우리이즘'도 방향과 속도만 올바르게 조정할 수 있다면 얼마든지 지식정보화 사회를 선도할 수 있는 하나의 대안이 될 수 있음을 보여주었다.

21세기 지식정보화 사회는 인간 중심의 휴먼-네트워크가 위력을 발휘하는 시대다. 또한 좁은 의미의 인연(학연·지연·혈연·종교연) 외에 지식과 업무 중심의 지연(知緣)과 사연(事緣)을 잇는 휴먼-네트워크가 제대로 설정되려면, 따뜻한 인간애와 서로의 마음을 열어주는 정(情)이 전제되어야 한다. 게다가 지식정보화 사회에서는 3D(difficult·dirty·dangerous)가 쪼그라들고, 3A(anyone·anywhere·anytime)가 빛을 발휘할 것이 분명하다. 즉 언제, 어디서, 어떤 사람과도 스스럼없이 만나 당당하게 비즈니스를 할 수 있는 전천후 인재들만이 성공으로 가는 사다리에 오를 수 있다. 그러려면 조그만 울타리 개념인 민족과 국적의 장벽을 뛰어넘으려는 노력을 통해, 새로운 지구촌민 의식으로 무장해야 한다. 만약 한국인들이 이와 같은 열린 '우리이즘'을 실천해나간다면, 그것은 우리 사회의 선순환(善循環)을 촉진하는 강력한 비아그라가 되어 한국경제를 세계 속에 우뚝 서게 할 것으로 확신한다.

'대충주의'도 마찬가지다. 한국인의 '대충주의'는 성수대교 붕괴, 여객기 추락, 서해 페리호 침몰, 삼풍백화점 붕괴, 대구 지하철방화 참사 등과 같은 전대미문의 사건을 통해 세계인의 조롱과 비웃음을 샀다. 또한 부실한 업무처리, 마무리공정에 대한 무신경, 기록하지 않는 태도와 거기서 파생된 똑같은 실수의 반복, 졸속행정으로 이어졌던 '대충주의'가 IMF 금융위기를 불러왔던 원인인 동시에 국가경쟁력 하락의 주범이었다.

그렇다고 해서 '대충주의'가 항상 부정적인 의미만을 갖는 것은 아니다.

'대충주의' 속에는 융통성과 직감(直感)이라는 긍정적인 요소도 내재되어 있다. 일례로 이 비좁은 땅덩어리에서 세계적 수준의 남녀 골퍼와 양궁선수들이 즐비한 것은, 한국인들의 소프트웨어에 내장되어 있는 우뇌(右腦) 중심의 탁월한 직감과 융통성 때문이다. 젓가락으로 밥알 한톨까지 남기지 않고 완벽하게 식사를 끝내는 일본인들로서는 융통성과 직감에 의존하는 골프나 양궁분야에서 세계 초일류급의 뛰어난 선수를 배출할 수 없다. 실제로, 골프나 양궁분야의 국제대회에서 일본인들이 우승했다는 얘기를 들어본 적이 있는가?

이제 한국경제가 세계경제 4강 대열에 진입하기 위해서는 '대충주의'에서 긍정적인 요소는 최대한 살리고, 부정적인 요소만 고쳐나가면 된다. 다시 말해 전후(前後) 사정을 감안해 신속한 의사결정을 가능케 하는 융통성은 한국인들의 엄청난 강점이다. 더구나 요즘처럼 속도전(速度戰)의 시대에서는 약삭빠른 토끼가 서바이벌하고, 느림보 거북이는 자멸할 수밖에 없다. 과학기술자들이 여러 기술분야에서 응용 및 활용하고 있는 '퍼지기술(fuzzy technology)'의 원천도, 따지고 보면 융통성과 궤를 같이한다.

직감 역시 예외가 아니다. 사물의 핵심이나 본질을 꿰뚫는 수준 높은 안목만 가지고 있다면, 직감이야말로 자신을 방어할 수 있는 히든 카드. 옛날 아주 유명한 대목수들은 나무토막을 자를 때, 일일이 줄자를 가지고 정확하게 측정해서 자르지 않았다. 그들에게는 줄자보다도 더 정확한 '눈대중'이라는 마음 속의 줄자를 가지고 있었다. 신속하게 나무토막을 자르면서도 줄자로 꼼꼼하게 재서 자른 것처럼 한치의 오차가 없었기에, 그 멋진 건축물을 정해진 기간 내에 지을 수 있었던 것이다.

다만, 내적인 실력을 갖추지도 않고 요령을 피운다거나 건성으로 업무를 처리함으로써 조직과 국가에 누를 끼치는 '대충주의'는 우리의 경계대상 1호다. 그리고 시스템적 사고의 결여, 사악한 마음에서 원칙과 룰을 무시하는 자세, 부실한 업무처리와 같은 '대충주의'는 더 이상 용납할 수 없는 한국사회의 공적(公敵)행위다. 다행스럽게도 현재의 우리 사회는 개인과 조직에 대한 업적평가가 매우 엄격해지고 있다.

한동안 철밥통으로 군림해왔던 공직자들에게도 '다면평가'와 같은 보다 합리적이고 객관적인 평가기법이 적용되고 있을 정도다. 게다가 한국경제는 여러 부문에서 고강도의 구조조정을 계속 진행시켜야 할 입장이기 때문에, 저속한 의미에서의 '대충주의'는 어떤 형태로든 깨끗하게 정리되어나갈 것으로 믿는다. 필자가 한국경제의 미래를 낙관적으로 바라보고 싶은 충동에 사로잡히는 것도 그 때문이다.

제4부

수(受) · 파(破) · 창(創)
프로세스가 작동하지 않는 한국

배움에 대한 자세가 일류와 이류를 결정한다!

세계 초일류기업이 되기 위한 전제조건

수(受)·파(破)·창(創) 프로세스가 작동하지 않는 한,

우리 기업의 세계 초일류화는 없다!

중국의 고사성어에 "호랑이를 그리려다 개를 그린다"는 뜻을 가진 '화호유구(畵虎類狗)'가 있다. 원래 화호유구는 "호랑이를 그리다가 성공하지 못하면 오히려 개와 비슷하게 된다"는 "화호불성 반류구자(畵虎不成 反類狗者)"에서 나온 말로서, 출처는 《후한서(後漢書)》의 〈마원전(馬援傳)〉이다.

또 '화호유구'는 선비로서의 인격수양과 관련해 자칫 행하기 쉬운, 호걸에 대한 어설픈 흉내나 경박한 처신을 경계하는 말로도 널리 인용되고 있다. 그러나 필자는 '화호유구'란 단어를 접할 때마다 '수·파·창 프로세스'의 결여로 세계 초일류기업이 되지 못하고 항상 이류기업에 머물고 있는 국내기업들을 생각하게 된다.

본래 인류문화라는 것은 모방이나 흉내내기의 산물이다. 창조라는 것도 결국은 모방과 개선의 시계열적 과정이다. 그러나 남의 것을 단순히 모방하는 것은 창조가 아니다. 적어도 '창조했다'는 평가를 받으려면, 단순모방에서 벗어나려는 창의적인 노력을 통해 최소한의 독창성을 확보해야 한다. '모방은 창조의 어머니'라는 말도 이를 두고 하는 말이다.

〉〉〉〉 모방과 창조에 대한 한국인의 이중적인 의식구조

모방과 창조에 대한 한국인의 의식구조를 가만히 들여다보면, 다분히 이중적임을 쉽게 알 수 있다. 전지구상에서 한국인만큼 창조와 독창성을 강조하는 민족도 드물다. 한국의 언론 및 대중매체에 가장 많이 등장하는 수식어가 '세계 제일의', '세상에서 가장 큰', '세계 최초로'라는 사실에서 우리는 그것을 재확인할 수 있다. 그러나 한국인들이 생산한 상품이나 생활양식 중에서 세계 최초로, 세계에서 제일 가는 것을 독자적으로 창안했거나 발명한 것이 있는지 한번 찾아보라. 그리 많지 않을 것이다.

근대까지만 해도 우리 한국인들은 중국의 앞선 문물을 대충 모방하거나 깡그리 베끼면서 살아왔다. 조선시대의 과거제도, 환관제도, 동성동본 결혼금지, 가례(家禮) 등이 그 대표적인 예다. 심지어 한국인들이 좋아하는 청국장도, 옛날 우리 할머니들이 창조해낸 발명품이 아니다. 청나라 사람들이 즐겨먹던 장(醬)을 그대로 흉내내서 만든 것이, 오늘날 우리가 한국 고유의 식품이라고 자랑하는 청국장이다. 그래도 우리 할머니들은 조선의 여인답게 당당하고 솔직하셨다. 비록 청국장의 맛이 쓸 만해서 도입은 했지만, 그것을 조선의 발명품으로 둔갑시키지는 않았다. 청국장이라는 명칭에서, 우리는 '원산지만큼은 결코 속이지 않겠다'는 조선 할머니들의 자존심을 읽을 수 있다.

현대에 들어와서는 중국보다 산업화가 한참 앞선 일본과 미국을 비롯한 선진국들의 기술, 생산방식, 생활양식 등을 도입한 후, 우리의 값싼 노동력을 활용해 1960~80년대의 눈부신 경제발전을 이룩해냈다.

배움에 대한 자세가 일류와 이류를 결정한다!

이 때만 해도 동서냉전체제가 존재한데다 오늘날처럼 각 나라 간에 경쟁도 치열하지 않았다. 그런 까닭에 국제사회에서 "형님 한번 도와줍쇼"라는 한 마디 말로 기술, 생산방식, 생활양식 등을 공짜로 제공받거나 아주 저렴한 비용을 지불하고 그것들을 모방할 수 있었다. 그러나 1980년대 종반에 접어들면서, 세상은 엄청난 변화의 소용돌이에 직면하게 된다. 국가 간 경쟁이 격화되면서 과거 이데올로기를 기준으로 나뉘어졌던 적과 동지의 이분법적 관계가 자국의 이익을 중시하는 다원화체제로 재편되기 시작했다. 이제는 기술, 생산방식, 생활양식 그 자체가 국가경쟁력과 문화적 우위성 여부를 결정짓는 핵심요인이 되어버렸다. 선진국들은 잠재 경쟁국들에게 기술이전을 거부하고, 기술수출을 하더라도 비싼 로열티를 요구하거나 그 기술로 만든 제품에 대한 수출국 또는 수출물량까지 엄격하게 제한하고 있다. 생산방식이나 생활양식의 도입도 기술만큼이나 쉽지 않다. 모든 것이 국제적 표준이나 지적재산권으로 보호되기 때문이다.

한편, 남의 기술이나 생활양식을 모방하면서 살아온 한국인들이, 실제로는 모방에 대해 매우 부정적인 입장을 갖고 있다. 속으로는 아무런 죄의식도 없이 남의 것을 베끼면서도, 겉으로는 "모방은 안 돼!"라고 외치는 사람들이 우리 한국인이다. 그렇다면, 늘 모방 속에서 생활해온 한국인들이, 모방에 대해 지독한 콤플렉스를 갖고 있는 이유는 과연 무엇일까? 필자는 항상 실리보다 명분과 체면을 앞세웠던 한국인의 의식구조에 근본적인 원인이 있다고 생각한다. 그리고 그 뿌리는 조선시대의 정치 지배논리를 제공했던 성리학(性理學)에 있다고 생각한다. 조선시대가 당파싸움으로 얼룩졌던 것도 그와 결코 무관하지 않다.

사농공상의 신분질서 하에서 가장 서열이 높았던 계층은, 사(士)로 일컬어지는 선비들이었다. 그 당시 선비들의 절대덕목은 학문을 연마한 다음, 무지한 백성들을 교화시키거나 가르치는 일이었다. 지금도 우리 사회에서는 교수나 교사처럼 남을 가르치는 직업을 가진 분들이 나름대로 존경과 신뢰를 받고 있다. 사기꾼들이 가장 좋아하는 부류도 세상물정에는 어리숙하지만 남에게 존경과 신뢰를 받고 있는, 그래서 남들을 잘 믿는 교수나 교사들이다. 어떤 사람은 요즘 교사들의 권위가 예전보다 형편없는 수준으로 떨어졌다고 항변할지 모른다. 그러나 우리 사회가 교사를 선생님으로 부르는 것을 보면, 가르치는 사람에 대한 따뜻한 예우는 아직까지도 변함이 없다.

그런데 한국에서 '배운다'는 것은 그 대상이 선비로서의 자질을 키우는 사서삼경(四書三經)을 배우든, 아니면 장인(匠人)이 되기 위한 기술을 배우든 간에, 거기에는 남에게 말할 수 없는 내면의 열등의식이 내재되어 있다. 왜냐하면 한국인들은 "가르치는 사람은 다른 사람들보다 무엇인가 월등히 훌륭하고 많은 지식을 갖고 있는데 반해, 배우는 사람은 가르치는 사람에 비해 무엇인가 모자라고 부족한 사람이다"라고 생각하기 때문이다. 따라서 한국인들은 자신이 배워야 하는 입장에 놓이게 되면, 일단 체면과 명예가 손상된 것으로 여기고, 그러한 배움에 최선을 다하지 않는다.

수·파·창 프로세스가 작동하는 일본 기업

그러나 실리를 중시하는 양명학(陽明學)을 받아들인 일본인들은 우리 한국인들과 정반대다. 그들에게는 체면이나 명예보다 실리가 최우선이다. "지금은 글·기술·장사수완 등이 부족해 다른 사람에게 배우고 있지만, 앞으로 최선을 다해 배우고 익히면 언젠가는 남들보다 내가 더 뛰어난 사람이 될 수 있다. 그러면 나는 지금보다 더 나은 사회적 대우를 받을 수 있다"고 굳게 믿는 사람들이 일본인들이다. 우리가 세상과 담을 쌓은 쇄국정책으로 일관할 때, 그들은 자국의 문을 활짝 열고 선진 열강들의 앞선 제도·무기·문화를 열심히 배우고 수용해 세계에서 가장 빠른 속도로 부국강병의 꿈을 실현시켰다. 20세기 초, 한국과 일본 간의 국력 차이를 명쾌하게 설명해줄 수 있는 키워드는 이와 같은 '배우는 자세의 차이' 다.

현대의 일본어를 보면, 일본인들의 '배우는 자세' 에 관한 비밀이 숨겨져 있다. 일본에서는 모방하는 것이, 곧 배우는 것을 뜻한다. 일본어 사전에서 '배우다' 라는 의미를 갖는 마나부(まなぶ)를 찾아보면, 거기에는 '배우다, 본받아 체득하다, 가르침을 받다, 흉내내다' 라고 기술되어 있다. 또 '모방하다' 의 뜻을 지닌 마네부(まねぶ)를 찾아보면, 마네부가 마나부의 고어(古語)임을 분명하게 밝히고 있다. 즉 '배우다' 는 '모방하다' 에서 파생된 것이다. 우리는 이 단순한 사실로부터 일본인들의 모방관(模倣觀), 즉 모방은 체면을 구기는 창피한 것이 아니라 창조를 위해 열심히 배워야 하는 소중한 대상임을 엿볼 수 있다.

먼 옛날부터 일본인들은 선진문물을 접하면, 그것을 낱낱이 까발려서 엄정하게 분석하고 평가하는 역(逆)엔지니어링(reverse engineering)을 통해 모방을 뛰어넘는 새로운 독창성을 이끌어냈다. 중후장대(重厚長大)형 기술을 도입해서 경박단소(輕薄短小)형 신기술로 전환시킨다거나, 어떤 하나의 선진기술을 도입하면, 곧바로 그것을 응용해서 여러 개의 색다른 신상품을 생산해냄으로써 기술을 이전해준 국가를 곤경에 빠뜨리기도 했다.

어떻게 해서 이런 일들이 일어날 수 있었을까?

그것은 일본인과 일본 기업들이 '수·파·창 프로세스'를 아주 활발하게 작동시켰기 때문이다.

여기서 수(受)란, 선진 문물을 있는 그대로 받아들여 철저하게 모방한다는 의미를 지닌다. 일본인들은 수의 단계에서 선진국 사람들이 고안해낸 기술이나 문화의 기본속성은 물론 상품의 제조비법까지 완벽하게 소화시킨다.

그런 다음, 선진문물의 장·단점 분석을 통해 일본 내에서의 응용 가능성과 새로운 독창성의 창출여부를 다각적으로 연구 검토하는데, 이것이 곧 파(破)의 단계다. 일본인들이 파의 단계에서 시종일관 견지했던 것은 "일본의 혼(魂)은 유지하고, 서양의 앞선 기술만을 활용한다"는 화혼양재(和魂洋才)의 정신이었다. 무조건 베껴대는 한국인들과는 사뭇 다른 자세다.

창(創)의 단계는 '고객제일주의'를 지향하는 관점에서, 기존의 낡은 격식과 사고의 틀을 과감하게 파괴시킴으로써 일본 고유의 독창성을 확립해나가는 과정이다. 따지고 보면, '메이드 인 저팬(made in japan)'의 명성과 신화는 이러한 창의 과정이 활발하게 작동했기 때문에 가능한 것이었다. 그런 의미에서 창조하지 못하고 무조건 모방만 하는 기업은 영원한 이류기업에 불과할 따름이다.

한국 기업들이 본받아야 할 일본 맥도널드점의 서비스전략

'수·파·창 프로세스'의 철저한 이행을 통해 대성공을 거둔 일본 맥도널드점의 사례를 결론 삼아 간략하게 소개할까 한다. 일본에서 가장 성공한 외식산업은 맥도널드다. 심지어 미국 본사보다도 매출액이 많을 정도다. 일본 맥도널드점에는 무려 2만 5,000여 가지나 되는 영업 노하우가 있다. 그 노하우를 기초로 햄버거를 굽는 법·고객 접대법·품질과 서비스 등이 철저하게 매뉴얼화되어 있다.

예를 들면, 전국의 어느 맥도널드점이든 카운터의 높이는 공히 72cm다. 이것은 평균신장 170cm의 고객이 주머니에서 가장 쉽고 편안하게 돈을 꺼낼 수 있는 높이가 72cm이기 때문이다. 또 빵의 두께는 정확히 17mm인데, 이는 고객이 그것을 입에 넣었을 때 가장 맛있다고 느끼는 두께라는 것이다. 이는 오랜 경험과 다양한 실험을 통해서 밝혀진 것들이다.

게다가 맥도널드점의 매뉴얼을 보면 카운터의 여자 점원은 고객으로부터 햄버거 주문을 받는 순간, 반드시 큰 소리로 "감사합니다"라고 말하도록 되어 있다. 그리고 그 말을 하고 나서 꼭 3초 정도의 사이를 두고 "코카콜라는 어떠세요?"라고 질문하게 한다. 그러면 대부분의 고객은 그걸 달라고 대답한다. 이를 통해 일본 맥도널드점은 먹는 햄버거 뿐만 아니라 마시는 코카콜라까지 함께 파는 것이다.

일본 맥도널드점 후지덴(藤田) 사장의 인간 심리분석에 따르면, 누구나 "감사합니다"라는 말을 들으면 황홀해진다고 한다. 그리고 약 3초 정도 황홀한 최면상태에 빠진다는 것이다. 이 때 마실 것을 권하면, 거의 모든 사람이 아무런 비판 없이 그냥 받아들인다고 한다. 또 전국의 어느 맥도널드점에 들어가더라도 똑같은 맛과 서비스를 제공받을 수 있는 것도 철저하게 표준화시켜놓은 매뉴얼 덕분이다. 위 내용은 일본경제연구회가 편집하고 유진화가 번역한 《돈벌이 천재, 일본 따라잡기》에 나오는 이야기를 읽고, 필자가 일본에서 실제로 확인해본 사항이다.

미국 맥도널드사로부터 브랜드와 영업방법을 수입한 일본 맥도널드점은 미국식 방법을 철저하게 수용하고, 영업에 관한 기본 테크닉을 충실하게 모방했다. 그리고 '고객 제일주의'적인 관점에서 미국식 영업전략을 철저하게 일본화시키기 위해 근본적인 파괴를 결행했다.

그 결과 고객의, 고객에 의한, 고객을 위한 경영전략으로서 고객이 가장 편안하게 느끼는 카운터의 높이, 고객이 가장 맛있게 먹을 수 있는 빵의 두께, 맛과 서비스의 표준화라는 기막힌 전략을 새롭게 창조해낼 수 있었던 것이다. 이것이 바로 미국 본사와 분명하게 차별되는 일본 맥도널드점의 새로운 오리지널리티다. 지금 우리 기업들은 일본 맥도널드점의 기발한 발상과 영업전략을 벤치마킹해볼 필요가 있다. 적어도 우리 기업들이 세계 초일류기업이 되겠다는 다부진 꿈을 포기하지 않았다면.

화투의 비밀 코드도 모르면서 고스톱에 목숨을 거는 사람들!

화투의 비밀 코드도 모르면서 패가망신의 길로 접어드는
한국인들이 너무 많다!

몇년 전, 국내의 한 여론조사전문기관이 성인남자들에게 "여가 시간 때 가장 많이 즐기는 게임이 무엇이냐?"라는 설문조사를 했던 적이 있다. 그 때 압도적인 표차이로 1위를 차지한 것이 '고스톱'이라는 화투(花鬪)놀이였다. '꽃 싸움'으로 풀이되는 화투를 세계 최초로 고안해낸 사람은 일본인이다. 그들은 화투를 화찰(華札), 일명 하나후다(はなふだ)라고 불렀는데, 19세기 말 부산과 시모노세키를 오가는 상인들에 의해 한국으로 유입되면서 화투로 불리게 되었다.

일본 화투가 도입되기 전까지, 조선에서는 숫자가 적힌 패를 뽑는 '수투(數鬪)'라는 놀이가 널리 행해지고 있었다. 그런데 일본 화투가 등장하면서 수투는 흔적도 없이 사라지고 말았다. 그것은 우리 인간들에게 논리적인 숫자 싸움보다는 꽃 그림 위주의 이미지 싸움이 더 쉽고 재미있었기 때문이 아닐까 싶다.

한국인들은 으레 세 사람 이상만 모이면, 어디서든지 고스톱 판을 벌인다. 이름만 대면 다 알 만한 중진급 국회의원들까지 신성한 국회의사

마누라보다도 고스톱을 더 좋아하는 한국 남성들!

당 안에서 고스톱 판을 벌일 정도다. 정치현장을 노름판으로 격하시킬 만큼의 위력을 지닌 화투이고 보니, 어쩌면 우리나라 전체가 '고스톱 공화국'이라고 해도 그리 틀린 말이 아닐 것이다. 그런데 정작 화투의 실체에 대해서 제대로 아는 사람은 거의 없다. 대부분의 한국인들은 화투에 숨겨진 일본문화의 비밀 코드에 대해서는 까막눈인 채, 오늘도 고스톱에 목숨을 걸고 있다.

》》》 **화투와 일본 문화의 비밀코드**

월별로 각각 4매씩 총 48장으로 구성된 화투는 일본문화의 축소판이다. 화투의 낱장 하나하나가 그냥 만들어진 게 아니다. 거기에는 일본 고유의 세시풍속, 월별 축제와 갖가지 행사, 풍습, 선호, 기원의식, 심지어는 교육적인 교훈까지 담겨져 있다.

우선 1월은 20점짜리 뼁광(光), 5점짜리 홍단, 두 장의 피로 구성되어 있다. 세칭 뼁광인 화투의 문양을 보면 4분의 1쪽짜리 태양, 한 마리 학(鶴), 소나무, 홍단 띠가 나온다. 여기서 태양은 신년 새해의 일출을, 학은 장수와 가족의 건강에 대한 염원을 나타내는 그들 나름대로의 문화적 코드다.

1월의 화투에 등장하는 소나무는 설날부터 1주일 동안 현관 옆에다 장식해두고, 조상신과 복을 맞아들인다는 일본의 대표적 세시풍속인 '가도마쯔(門松; かどまつ)'를 의미한다. 특히 학을 의미하는 쯔루(鶴; つる)가 소나무를 뜻하는 마쯔(松; まつ)의 말운(末韻)을 이어받는 것도, 흥미를 끌 만한 일본식 풍류다.

또 열두 달 중에서 8월과 11월을 의미하는 화투 팔(八)과 오동을 제외한 나머지 열 달의 5점짜리 화투에 등장하는 청색과 빨간색 띠는 '단책(丹冊)'이라고 하는 일종의 종이다. 일본에서는 하이쿠(俳句; はいく)라는 일본의 전통 시구(詩句)를 적을 때 그 종이를 사용하며, 크기는 대략 가로 6cm, 세로 36cm 정도다. 이것 또한 일본인의 시작(詩作) 풍류를 상징한다.

여기에다 한 가지 덧붙이고 싶은 것은 청색과 빨간색에 관한 한일 양국의 시각 차이다. 한국에서는 빨간색이 죽음, 빨갱이, 호적에 빨간 줄 긋기와 같이 아주 부정적인 의미를 갖지만, 일본에서의 빨간색은 쾌청한 날씨, 경사스러움, 상서로움을 나타낸다. 그런 점에서 화투 일·이·삼의 5점짜리에 빨간색의 홍단이 있다는 것은, 그만큼 일본인들에게 1·2·3월이 매우 상서로운 달임을 시사해준다.

2월을 나타내는 화투 이(二)의 문양에는 꾀꼬리와 매화가 나온다. 매화가 등장하는 이유는, 일본의 매화축제가 2월에 시작되기 때문이다. 매화축제는 이바라키현 미토의 가이라크 매화공원을 비롯한 전국의 매화공원에서 동시에 개최된다. 또 꾀꼬리는 일본에 서식하는 텃새로서 '우구이스다니'라는 도쿄의 지명에도 남아 있을 만큼 일본인들에게 매우 친숙한 새다.

한 가지 의아한 점은 2월의 화투에 꾀꼬리가 등장한다는 사실이다. 국내 조류학자들에 따르면, 철새인 꾀꼬리가 일본으로 되돌아오는 시점은 대체로 4월 이후라고 한다. 그런데도 2월의 화투에 꾀꼬리가 나오는 이유는 무엇일까? 아직까지 그 의문을 풀어줄 수 있는 단서를 찾아내지 못했다. 다만, 매화를 뜻하는 우메(うめ)와 두운(頭韻)이나 말운이 일치하는 생물을 찾는 과정에서 봄의 전령인 꾀꼬리가 우구이스(うぐいす)로 두운이 일치했기 때문이 아닌가 싶다. 또 여기에서 한 가지 지적하고 넘어갈 사항은, 각 월별로 20점짜리 광(팔광은 제외)이나 10점짜리 화투에는 반드시 하나의 생물이(팔 10점짜리 화투는 기러기 세 마리, 육 10점짜리 화투는 나비 두 마리로 예외) 출현한다는 점이다.

일본의 벚꽃 축제는 3월에 최고 절정에 이르기 때문에, 화투 삼(三)의 문양은 온통 벚꽃(일본명; 사쿠라꽃)으로 가득 차 있다. 삼광(三光)의 벚꽃 밑에 그려진 것은 만막(慢幕; まんまく)이라는 휘장으로서, 그것은 일본인들이 경조사 때에 사용하는 일종의 천막이다. 그 만막 속에는 벚꽃을 감상하며 술잔을 기울이는 상춘객이 놀고 있지만, 삼광에서는 그 모습을 찾아볼 수 없다. 왜냐하면 상춘객이 화투 하단의 숨겨진 1인치 속에 들어가 있기 때문이다. 국내의 모 가전제품 회사의 TV 광고 멘트에서처럼 "숨어 있던 1인치를 찾았다!"고 외치면, 그 만막 안에서 봄날의 정취를 만끽하고 있던 상춘객이 그대로 튀어나올 법도 하다.

4월은 일본에서 등나무 꽃 축제가 본격적으로 열리는 계절이다. 그래서 4월의 화투 문양은 등나무 꽃이 주류를 이룬다. 한국 사람들은 그것을 흑싸리로 잘못 알고 있다. 등나무는 일본 전통시의 시어(詩語)로 쓰이는 여름의 상징이며, 화투 사(四)의 10점짜리에 그려져 있는 두견

일본의 화투 모양

새 역시 일본에서 시제(詩題)로 자주 등장할 만큼 일본인들에게 사랑받고 있는 새다.

한편, 대부분의 한국인들은 5월을 나타내는 화투 오(五)의 문양이 난초라고 생각한다. 그러나 그것은 난초가 아니라 붓꽃이다. 물과 난초가 상극이라는 단 한 가지 사실만 떠올려보더라도 그 이유를 금방 알 수 있다. 5월의 붓꽃은 보라색 꽃이 피는 습지의 관상식물로서 여름을 상징하는 시어다. 한국인들은 화투 오(五)의 10점짜리에 나오는 세 개의 작은 기둥과 T자 모양의 막대를 성냥개비 묶음 정도로 알고 있는데, 이 또한 틀린 생각이다.

그것은 붓꽃을 구경하기 위해 정원 내 습지에다 만들어놓은 산책용 목재 다리이며, 일본인들은 그 다리를 '야쯔하시(八橋; やつはし)'라고 부른다. 또 다리 끝에는 붓꽃을 감상하는 사람이 있는데, 삼광에서와 같이 화투 좌·우·하단의 보이지 않는 1인치 속에 들어가 있기 때문에 우리가 그 사람을 볼 수 없다.

6월의 화투 문양은 모란꽃이다. 모란꽃은 여름의 시어인 동시에 고귀한 이미지를 갖는 꽃으로서 일본인들의 가문(家門) 문양으로 많이 쓰인다. 꽃과 나비 하면, 바로 모란꽃이 연상될 만큼 동양 사회에서는 모란꽃을 꽃의 제왕으로 쳐준다. 그러나 한국화에서는 모란꽃과 나비를 함께 그리지 않는 것이 오래 된 관례다. 그것은 당 태종이 신라의 선덕여왕에게 보낸 모란꽃의 그림에 나비가 없었다는 점에서 연유한다고 한다. 그러나 6월을 의미하는 화투 육(六)을 보면 일본화(日本畵)의 관례대로 모란꽃과 나비가 함께 그려져 있는 것을 볼 수 있다. 우리는 그것을 통해 한국과 다른 일본 고유의 문화적 메시지를 발견할 수 있다.

참고적으로 화투 육(六), 구(九), 십(十)의 5점짜리에는 푸른색의 청단이 있는데, 일본에서 청색은 우울하거나 좋지 않은 일을 암시하는 색상이다. 실제로 일본에서는 6·9·10월에 태풍이나 집중호우로 수재민들이 발생할 뿐만 아니라, 평균적으로도 1년 중에서 이 기간에 각종 사건 사고가 가장 많이 발생한다고 한다.

7월의 화투 문양을 보면 10점짜리에 싸리나무 숲에서 숫멧돼지가 노니는 모습이 등장하고 나머지는 모두 싸리나무로만 채워져 있다. 이것은 근세 일본에서 성행했던 멧돼지 사냥철이 7월이었기 때문이다. 그런데 멧돼지 사냥은 숫멧돼지로만 한정된다. 이는 종족번식을 위해서다.

또 8월의 화투 문양을 보면 산, 보름달, 기러기 세 마리가 등장한다. 이는 일본에서도 8월이 오쯔끼미(달 구경; おつきみ)의 계절인 동시에 철새인 기러기가 대이동을 시작하는 시기임을 알려주는 일종의 문화적 암호다.

또 한국의 화투 팔(八)에 검은색으로 표현된 산에 억새풀이 없는데 반해, 일본의 화투 팔(八)에는 억새풀이 그려져 있는 점도 특기할 만하다. 게다가 8월의 화투에는 5점짜리 화투도 없고 홍단이나 청단도 없다. 그것은 일본에서도 음력 8월이 1년 중에서 제일 바쁜 추수철이기 때문에 한가롭게 시를 쓰고 낭송할 만큼의 여유가 없다는 것을 시사해 준다.

9월은 일본에서 국화 축제가 열리는 대표적인 계절이기 때문에, 국화가 구(九)의 화투 문양을 대표한다. 또 화투 구(九)의 10점짜리를 보면 '목숨 수(壽)' 자가 새겨진 술잔이 등장한다. 이는 9세기경인 헤이안 시대부터 9월 9일에 국화주를 마시고, 국화꽃을 덮은 비단옷으로 몸을 씻으면 무병장수를 한다는 일본의 전통을 반영한 것이다.

특히 국화가 일본의 왕가(王家)를 상징하는 문양임을 고려할 때, 그것은 일왕(日王)을 비롯한 권력자들이 흐르는 물에다 술잔을 띄워놓고 국화주를 마시면서 자신들의 권세와 부귀가 영원하기를 기원했던 데서 비롯된 것이 아닌가 싶다.

그래서 그런지 필자는 구(九)의 10점짜리 화투문양만 보면, 신라시대의 고관대작들이 포석정에 둘러앉아 술잔을 기울이며 임금과 자신들의 태평과 안녕을 기원했던 풍류가 연상된다. 술잔을 의미하는 사카즈끼(さかずき)와 국화를 뜻하는 키쿠(きく) 간에 말운과 두운이 연속성을 갖는 점도 흥미 있는 일이다.

일본에서도 10월은 단풍놀이의 계절인 동시에 본격적인 사슴 사냥철이다. 화투 십(十)의 10점 짜리 화투에 숫사슴과 단풍들이 등장하는 것도 그러한 계절의 특성을 반영했기 때문이다. 사슴을 의미하는 시까(鹿; しか)와 단풍을 뜻하는 카에데(丹楓; かえで) 간에도 말운과 두운이 일치하는데, 그것 또한 일본식 풍류다.

오동과 비에 대한 한일 양국 간의 차이

11월과 12월을 의미하는 화투는 한일 양국 간에 매우 큰 차이가 있다. 한국 화투는 11월이 오동이고 12월이 비인데 반해, 일본 화투는 11

월이 비이고 12월이 오동이다. 일본에서 오동이 12월을 의미하는 화투가 된 것은, 오동을 뜻하는 키리(きり)가 에도(江戶)시대의 카드였던 '카르타'에서 맨 끝인 12를 의미했다는 사실에 기인한다. 그러한 사연을 미리 이해하고 화투 오동과 비에 대해 좀더 살펴보자.

고스톱을 즐기는 한국인들이 가장 좋아하는 것은 오동이다. 속칭 '똥광'으로 불리는 오동의 광(光)은 광으로도 쓸 만하고 피(皮) 역시 오동만이 유일하게 석 장이다. 더욱이 빨간색이 들어간 오동 피는 쌍피로서의 막강한 위력을 갖고 있기 때문에, 화투 피의 숫자는 석 장이지만 점수를 계산할 때는 넉 장의 막강 파워를 과시한다.

한국인에게 더러움, 지저분함, 고약한 냄새의 이미지를 주는 오동이, 왜 노름꾼들에게는 제일로 각광받는 화투패가 되었을까? 그 비밀은 오동의 화투문양에 있다. 오동의 20점짜리 광에는 닭모가지 모양의 이상야릇한(?) 조류(鳥類)와 고구마싹 같은 것이 등장한다. 한국인들은 그 대상이 무엇이고, 또 구체적으로 어떤 것을 의미하는지를 잘 알지 못한다. 그런데 한국에서 11월의 화투 오동에 들어 있는 검정색 문양은 고구마싹이 아니라 오동잎이다.

또 오동잎은 일왕(日王)보다도 더 막강한 힘을 갖고 있었던 일본 막부(幕府)의 최고 상징물이며, 지금도 일본정부나 국공립학교를 상징하는 문양으로 사용되고 있다. 심지어는 500엔 주화에도 오동잎이 도안으로 들어가 있을 정도다. 그리고 닭모가지와 비슷한 형상을 하고 있는 조류 또한 평범한 새가 아니다. 그것은 최고 정치지도자의 품격과 지위를 상징하는 봉황새의 머리다.

이쯤 되면 일본인들이 왜 그렇게 오동을 좋아하는지에 대한 감이 잡힐 것이다. 다만, 한국인들은 오동에 숨겨진 엄청난 비밀에 대해서는 전혀 알지 못한 채, 그저 광과 피 넉장이 노름판의 판돈을 싹쓸이할 가능성을 높여주기 때문에 오동을 좋아했을 뿐이다.

〉〉〉〉 비광과 오노의 전설

12월의 화투 비를 보면 참으로 묘한 문양들이 등장한다. 고스톱에 사족을 못쓰는 노름꾼들에게 광 대접을 제대로 받지도 못하고 화투 패가 엉망일 때, 제일 먼저 집어내 버려야 할 대상으로 지목되는 비광을 보노라면 '광 팔자가 따라지 팔자'라는 말이 떠오른다. 그러나 고스톱을 즐기지 않는 필자의 경우, 5개의 광 중에서 가장 마음에 드는 화투가 비광이다. 그 이유는 비광의 그림이 에도 시대에 성했던 일본의 풍속화 〈우끼요에(浮世繪; うきよえ)〉를 연상시켜주기 때문이다.

아무튼 음력 12월은, 절기상으로 매우 추운 겨울에 해당된다. 그런데도 불구하고 웬 낯선 선비 한 분이 넓은 양산을 받쳐들고 '떠나가는 김삿갓'처럼 어디론가 가고 있다. 그리고 축 늘어진 수양버들 사이로 실개천이 흐르고 있고, 그 옆에는 개구리 한 마리가 앞다리를 들며 일어서려는 모습을 하고 있다. 여름 양산과 땅 속에서 겨울잠을 자고 있어야 할 개구리가 혹한의 화투 12월에 등장하는 것 자체가 매우 신기하다.

그러나 비광 속에 나오는 그림은 과거 일본 교과서에서도 소개된 적이 있는 유명한 '오노의 전설'을 묘사한 것이다. 즉 비광 속의 갓 쓴 선비는 오노노도후(小野道風)라는 일본의 귀족으로서 약 10세기경에 활약했던 당대 최고의 서예가다. 한국 화투에서는 일본 화투에 나오는 그 선비의 갓 모양만 일부 변형시켰을 뿐, 입고 있는 의상은 일본 화투와 똑같다. 또 개구리를 뜻하는 카에루(かえる)와 양산을 의미하는 카사(かさ)의 두운도 일치한다.

오노의 전설은 대강 이렇다. 일본의 선비였던 오노가 붓글씨에 몰두하다 싫증이 나자 잠시 방랑길에 올랐다. 비광에 등장하는 선비의 모습이, 머나먼 방랑길을 떠나는 오노의 모습이다. 그런데 오노가 수양버들이 우거진 어느 길목에 다다랐을 때, 아주 낯설은 풍경을 볼 수 있었다.

개구리 한 마리가 수양버들에 기어오르기 위해서 안간힘을 쓰는 것이었다. 개구리는 오르다가 미끄러지고 또 오르려다 미끄러지기를 여러 차례 반복했지만, 그 실패에 굴하지 않고 계속해서 오르기를 시도하는 것이었다. 오노는 연속적인 실패에도 좌절하지 않고 수양버들에 기어오르기 위해 노력하는 개구리의 모습을 한참 동안 지켜보았다.

그리고 "미물인 개구리도 저렇게 피나는 노력을 하는데, 하물며 인간인 내가 여기서 포기하면 되겠는가"라는 깨달음을 얻은 뒤, 곧장 왔던 길로 되돌아가 붓글씨 공부에 정진했고 결국 일본 최고의 서예가가 되었다고 한다.

또 쌍피의 자격을 갖는 비피의 문양을 보면, 파르테논 신전의 기둥, 방안의 커튼, 문짝 등이 연상된다. 그런데 이 문양은 '교도소에서 죽은 사람을 내보내는 일종의 쪽문'으로서, 우리의 시 구문에 해당하는 라쇼몬(羅生門)이라고 일컬어지고 있다.

이처럼 일본인의 세시풍속과 문화의식을 잘 대변해주고 있는 화투가 200여 년 동안 한국인들의 사랑을 독차지했다는 것은, 정말로 부끄럽고 수치스런 일이다. 그리고도 우리가 오천 년의 찬란한 문화와 전통을 가졌다고 말할 자격이 있는가! 이제 우리들은 후손들에게 어떠한 정신적 유산을 물려줄 것인가에 대해 진지하게 고민하고 반성할 필요가 있다.

끝으로 화투에 대한 문화적 비밀 코드도 잘 모르면서 노름꾼의 길로 달려가는 한국 사람들에게 꼭 들려주고 싶은 말이 있다. "너무 지나치게 일본 화투만 즐기지 마라. 정 고스톱을 치고 싶다면, 일본 화투를 능가할 수 있는 국산 화투의 밑그림을 그려보면서 고스톱을 즐겨라. 만약 그럴 능력이 없다면, 오늘부터 당장 고스톱을 때려치우라."

조선 도공(陶工) 이삼평 선생의 기념비 앞에서

일본에서는 제15대 심수관까지 나오고 있는데,

왜 우리는 그렇지 못한가?

조선의 도공이었던 이삼평(李參平) 선생에 관한 기사가 1997년 5월 4일자 〈동아일보〉와 2000년 9월 1일자 〈공주신문〉에 크게 실린 적이 있다.

두 기사 모두 일본인들의 왜곡된 역사 해석을 시정하려는 뜻 있는 분들의 주장을 소개하고 있었다.

이미 잘 알고 있는 바와 같이, 이삼평 선생은 임진왜란과 정유재란 때 왜군에게 끌려간 조선의 도공으로서 일본 규슈(九州) 사가현(佐賀縣) 아리타(有田) 지역에서 조선의 백자기술을 전함으로써 일본자기(日本磁器)의 시조가 된 사람이다.

일본인들은 그런 그의 공덕을 기리기 위해 1917년 아리타 지역에다 '이삼평공 기념비'를 세웠다. 그리고 지난 1990년, 한국도자기문화진흥협회는 일본의 '이삼평공 기념비건설위원회'와 공동으로 충청남도 공주의 계룡산 입구에 위치한 박정자(朴亭子)공원에다 '일본자기 시조 이삼평공기념비'를 건립했다.

〉〉〉〉 역사 기술에 대한 한일 양국의 첨예한 시각 차이

그런데 공주와 아리타 지역에 세워진 이삼평공 기념비(이하 기념비)의 비문에 심각한 역사왜곡의 문구가 들어가 있다는 것이다. 즉 공주 기념비에는 "이삼평공은 임진·정유란 당시 일본으로 건너가…"라는 문구가 들어 있고, 아리타 기념비에는 "문록(文祿) 원년(元年) 도요토미 히데요시가 한국을 정벌할 때, 우리(일본) 군(軍)을 도와…"라는 표현이 새겨져 있다는 것이다.

1990년부터 기념비의 비문내용에 대한 정정 운동을 벌이고 있는 '이삼평도공 비문정정추진위원회'의 이풍용 위원장은, 공주 기념비에서 문제가 되는 대목을 "이삼평공은 임진왜란·정유재란 때 일본으로 끌려가…"로 고쳐야 한다고 주장한다.

그는 그 근거로서 도요토미 히데요시가 당시 조선 도공들을 잡아올 것을 명령한 기록으로 보아 이삼평은 스스로 건너간 것이 아니라 강제로 끌려간 것이며, 왜란이라는 문구가 들어가야 조선침략의 주체가 명확해진다는 점을 분명히 했다.

또 그는 아리타 기념비의 비문 가운데 정한(征韓)이란 표현을 사용한 것은 도요토미 히데요시의 조선침략을 정당화하기 위한 불순한 의도 때문임을 지적했다. 만약 아리타 기념비에 적혀 있는 바와 같이 이삼평이 왜군을 도왔다면, 그에 대한 객관적인 증거를 제시하라고 강력하게 반박했다.

필자는 이풍용 위원장을 비롯한 '이삼평도공 비문정정추진위원회'의 주장에 전적으로 공감을 표하며, 그와 같은 역사왜곡에 관한 시비가 한일 양국 간 관계자 회의를 통해 원만하게 처리되기를 기대한다.

잇쇼켄메이와 TV 드라마 '임꺽정'

다만, 우리 자신에게도 안타까운 점이 하나 있다.

일본에서는 심수관의 가문처럼 약 400여 년 동안 "한 분야에다 목숨을 건다"는 잇쇼켄메이(一生懸命)의 정신으로 도자기를 구워온 도예의 명가(名家)가 있는데, 왜 우리는 그렇지 못한가에 대한 반성이 없다는 점이다. 이 또한 사농공상의 신분질서를 맹종한 나머지, 장인들을 핍박하고 천시했던 한국인들의 고질병 때문은 아닌지.

한국인들 가운데 고려시대부터 현재까지 대를 이어가며 도자기를 구워온 가문이 있는가? 아니 백 보를 양보해서, 조선시대부터 현재까지 대를 이어가며 도자기를 굽고 있는 집안이 있는가? 유감스럽게도 한국에 그런 가문이 있다는 얘기를 아직까지 들어보지 못했다. 왜 그런 일이 벌어졌을까?

필자는 그 해답을 몇 년 전 국내 모 방송사의 창사 특집 TV 드라마 '임꺽정'에서 찾을 수 있었다. 조선시대 최하층 신분인 백정의 아들로 태어난 임꺽정은 신분세습이라는 혹독한 굴레에 묶여 또다시 백정이 되고 만다. 그러던 어느 날 관가에서 "소를 잡아 대령하라"는 불호령이 임꺽정에게 떨어진다.

임꺽정은 급히 소를 잡은 다음, 쇠고기를 지게에 짊어지고 관가로 간다. 그리고 관가의 회계 담당자인 이방에게 쇠고기에 대한 대금 결제를 요구한다. 그러자 이방은 포졸들에게 "저놈이 아직 제정신을 차리지 못했구먼, 얘들아, 저놈이 돈을 달라고 하지 않을 때까지 두들겨패라"고 명령한다. 곧이어 임꺽정을 내려치는 포졸들의 몽둥이질…. 결국 임꺽정은 돈을 한푼도 받지 못한 채, 온 몸에 심한 상처를 입고 집으로 돌아온다.

그와 비슷한 시기에 도자기를 굽던 조선 도공들의 운명 역시 임꺽정과 크게 다르지 않았을 것이다. 그들도 관가로부터 "도자기를 구워 납품하라"는 엄명을 받고 수많은 도자기를 구운 다음, 지게에다 짊어지고 관가로 갔을 것이다. 그리고 "도자기의 값을 지불해달라"고 말했다가 몽둥이 찜질을 당하고 관가 밖으로 내쫓겼을 것이다. 비록 백정보다는 한결 나은 장인의 신분이었다고는 하나, 사농공상의 엄격한 신분질서 속에서 숨이 막히기는 백정이나 장인이나 마찬가지였을 것이다.

동서고금을 막론하고 장인정신은 자기가 노력한 만큼의 정신적·물질적 보상이 보장될 때에 한해 그 빛이 발휘된다. 이른바 '쟁이'로서의 고집과 끼를 가지고 있는 그들이, 만약 장인으로서 정당한 대우와 보상을 받지 못했을 경우에는 후손들에게 "애비와 같은 장인의 길을 절대로 걷지 말라"고 종용했을 것임에 틀림없다.

고려자기의 비법이 단절된 이유나 "자식들에게 현재의 내 가업(家業)을 절대로 대물림하지 않겠다"는 부자 간의 가업상속에 대한 한국인 특유의 안티 정서도 따지고 보면 장인들을 멸시하고 푸대접했던 우리의 오랜 악습과 밀접한 관련이 있다.

사무라이와 장인정신

그에 반해 일본의 지배계급이었던 봉건영주와 사무라이들은 여러 가지 측면에서 조선의 관리들과 사뭇 달랐다. 그들은 임진왜란과 정유재란 때에 붙잡아간 조선의 장인들에게 온갖 혜택을 제공해주었다. 특히 봉건영주와 사무라이들은 조선의 장인들에게 대문이 딸린 커다란 집과 일용할 양식을 제공해주었을 뿐만 아니라, 아무런 근심이나 걱정 없이 오로지 장인의 삶에 정진할 수 있도록 배려해주었다.

그 당시 일본의 평민계급들은 대문이 딸린 집에서 살 수 없었다. 대문이 있는 집은, 오로지 지배계급이었던 영주와 사무라이들의 전유물이었기 때문이다. 그런 집을 조선의 장인들에게 기꺼이 제공했던 것이다. 물론 그들의 파격적인 배려 뒤에는 고도로 계산된 정치적 의도가 깔려 있음을 부인할 수 없다. 바로 그것이 일본의 봉건영주와 사무라이들의 기발한 통치술이었다.

봉건시대의 일본사회 또한 영주·사무라이·평민 등으로 구성되는 철저한 신분제도를 유지하고 있었으며, 부모의 신분이 자식들에게 그대로 세습됨으로써 수직적인 신분상승이 원천봉쇄되었다. 그와 같은 경직된 신분질서는 자칫 평민들의 거센 저항이나 봉건제도 타파를 위한 반혁명의 가능성이 항시 존재했기 때문에, 봉건영주와 사무라이들은 그것을 무마시키기 위한 전략을 고안해냈던 것이다.

즉 "평민에서 지배계급으로의 신분상승은 불가능하다. 그렇지만 평민들 중에서 장인의 반열에 오른 사람이 있다면, 그에게 지배계급으로의 신분상승 혜택을 줄 수는 없지만, 경제적으로는 사무라이들과 비슷한 수준의 물질적 풍요를 보장해주겠다"는 것이 기본내용이다. 이러한 전략은 평민들의 막혔던 숨통을 확 트이게 한 일대 사건으로서, 평민들로 하여금 특정 분야에서 능력을 인정받는 장인이 되기 위해 잇쇼켄메이를 할 수 있는 토대가 되었다.

〉〉〉〉 이삼평 선생께 정말로 여쭤보고 싶은 이야기

지금도 필자는 이따금씩 박정자 공원에 들러 이삼평 선생과 무언의 대화를 나누곤 한다. 거기서 필자는 늘 이렇게 질문한다. "이삼평 선생님! 저는 당신께 진심으로 묻고 싶은 것이 하나 있습니다. 솔직하게 대답해주십시오. 조선 땅에 뿌리를 박고 온갖 설움과 고초를 이겨가며 도자기를 구울 때와 낯설고 물 설은 일본 땅에 끌려가서 도자기를 구울 때를 비교한다면, 과연 어느 곳이 편안하고 좋았습니까?"

공적 비 논쟁에 대한 이삼평 선생의 속마음은 무엇일까?

    죽은 사람은 언제나 말이 없다. 그러나 "내 비록 조선의 도공이었고 그들이 나를 붙잡아갔지만, 그들은 내가 도공으로서 한 우물을 팔 수 있도록 나와 내 가족들에게 많은 혜택을 주었다네. 힘없는 조선의 백성으로서 겪어야만 했던 고향산천과 혈육들에 대한 향수는 참을 수 없이 괴로운 것이었지만, 도공으로서 박해받지 않았던 일본에서의 삶은 정말로 행복했었네. 내 후손들이 대를 이어가며 도자기만을 굽고 있는 까닭도 그와 무관하지 않다네"라고 말씀하시지 않을까 많이 걱정된다.

    왜냐하면 이삼평 선생께서 그렇게 말씀하신다면, 현재 '이삼평도공비문정정추진위원회'가 추진하고 있는 역사 왜곡에 대한 시비 문제가 상대적으로 초라해질 수 있기 때문이다.

    이미 메말라버린 우리의 민족혼을 되찾기 위해 오늘도 고군분투하고 있는 이풍용 위원장께 힘찬 격려와 위로의 박수를 보내면서도 마음

한구석에는 복잡 미묘한 상념들이 사라지지 않는 이유도 그 때문이다.

어쨌든 이삼평 선생의 기념비를 둘러싸고 벌어지는 한일 양국 간의 미묘한 신경전은 일본을 연구하는 필자에게 있어 가장 피곤하고 골치 아픈 숙제거리로 남아 있다.

업(業)을 알면 살고, 업(業)을 모르면 죽는다!

업(業)을 포기한 기업(棄業)은,

이제 자멸할 수밖에 없다!

기업의 정의를 사전에서 찾아보면, '영리를 목적으로 사업을 경영하는 생산주체'라고 기술되어 있다. 기업에 대한 경제학적 정의도 거기서 크게 벗어나지 않는다. 경제학에서는 기업을 "이윤추구를 목표로 생산요소(노동·자본·토지 등)를 고용해 재화와 서비스를 생산하고, 그것을 판매하는 조직체"라고 정의한다.

그러나 이런 정의는 국경과 시장의 경계가 비교적 명확했던 20세기에서나 통할 수 있는 낡은 개념에 불과하다. 세계화와 완전한 시장개방으로 인해 국경과 시장의 한계가 사라지고 국내기업과 외국기업 간의 차이마저 애매모호해진 21세기는, 우리들에게 새로운 기업관(企業觀)과 생존전략의 수립을 요구한다.

》》》 갑골문에 나타난 기업의 본래 정의

기업을 한자로 표현하면 '企業'이 된다. 첫번째 글자는 '발돋움할

기(企)' 자다. '企' 자는 '사람 인(人)'과 '머물(또는 그칠) 지(止)'가 합쳐진 모습이다. 그런데 갑골문을 전공한 상명대 중문학과 김경일 교수는 《제대로 배우는 한자교실》이라는 책에서 '지(止)'자와 '기(企)'자에 대한 흥미로운 해석을 하고 있다.

즉 갑골문에 나타난 '止' 자는 발가락이 3개인 발(足)의 모습으로서, '전진한다'는 의미를 갖는다는 것이다. 따라서 '企' 자는 '앞을 향해 전진해나가는 사람의 모습'이라는 게 김 교수의 주장이다. 필자는 그의 말에 전적으로 공감한다.

두번째 글자는 '널빤지 업(業)' 자다. '業' 자는 나무판에다 양각과 음각으로 판 홈을 의미하는 글자다. '업(業)' 자의 유래는 고대 건축에서 찾을 수 있다. 고대 건축에서는 못을 쓰지 않았다고 한다. 고(古)사찰의 대웅전을 한번 살펴보라. 그것이 못을 사용해서 지은 건물인지를. 옛날의 대목수들은 2~3층짜리 건물을 지을 때, 못을 사용하지 않고 나무기둥에다 양각과 음각의 홈을 판 다음, 음양(陰陽)의 짝을 맞추면서 높은 건물을 지었다. 또 그와 같은 일은 고도로 숙련된 기술을 가진 큰 목수들만이 할 수 있었다. '업(業)'자가 기술과 관련된 사업이나 직업과 같은 단어에 쓰여지고 있는 것도, 다 그러한 배경에서 비롯된 것이라고 생각한다.

'企' 자와 '業' 자의 의미를 앞에서와 같이 부여한다면, 우리는 기업을 "전진하는 기상과 고도로 숙련된 기술을 갖춘 사람이 하는 일"이라고 정의할 수 있다.

그런 관점에서 본다면, 정경유착이나 온갖 부정한 방법으로 사업을 벌이는 것은 기업(企業)이 아니다. 오히려 자신의 업(業)을 스스로 포기한 '기업(棄業)'으로서 비난받아 마땅하다. 한국경제가 IMF 금융위기를 자초했던 것도, 따지고 보면 자신의 업을 내동댕이친 기업(棄業)들이 너무나도 많았기 때문이다.

업(業)과 21세기 신(新)경영

그렇다면, 업(業)이란 무엇인가?

우리가 21세기의 올바른 기업관을 정립하기 위해서는 무엇보다도 이 문제부터 자세히 검토해볼 필요가 있다. 업이란, 한 마디로 "다른 기업들이 쉽사리 흉내내거나 따라올 수 없는 그 기업 고유의 핵심역량(core competence)"을 말한다. 《한국기업이 망할 수밖에 없는 17가지 이유》의 저자인 고려대 경영학과의 이광현 교수는 핵심역량을 다음과 같이 정의했다.

핵심역량이란 조직 내에 오랫동안 축적되어 타 기업이 흉내내기 어려울 만큼, 내부에 공유된 기업 특유의 총체적인 능력·기술·지식·문화 등을 의미한다. (중략) 지금까지 우리는 기업의 외적인 규모나 장비, 자금력 등 눈으로 보고 측정할 수 있는 것만을 가지고 기업의 능력을 평가하곤 했다.
그러나 좋은 기업 이미지, 축적된 기술이나 소비자 정보를 활용하는 능력, 유통경로에 대한 영향력, 부품 공급업체와의 원만한 관계, 창의적이고 도전적인 기업문화 등도 기업의 경쟁력을 결정짓는 중요한 핵심역량이다.
이들 요소는 실제로 기업의 대차대조표상에 나타나 있지도 않고 또 눈에 잘 보이지도 않는다. 그러나 기업들은 이들 요소를 바탕으로 언제나 경쟁기업보다 한 발자국 앞설 수 있을 뿐만 아니라 그 산업에서 지속적인 선두주자가 될 수 있다.

또 업은 고객만족이나 고객감동을 위한 가치경영을 통해 기업의 독자적인 생존능력과 생존영역을 확보해나가는 과정이나 노력을 의미하기도 한다. 따라서 업의 개념을 이해하고 그것을 체계적으로 설정해나가는 기업들은 최소한 자신들의 강점과 약점을 정확하게 파악하고 있는 우량기업이라고 말할 수 있다.

  게다가 최근에는 경영학계 일부에서 "업의 개념을 모르는 기업들은 이제 자멸할 수밖에 없다"라는 주장들이 심심찮게 제기되고 있다. 왜 갑자기 업이란 단어가 21세기 신경영의 화두(話頭)로 떠오르는 것일까? 도대체 업이 뭐길래.

  우선 경영환경이 1970~1980년대에 비해 크게 달라졌다. 사실 1980년대 말까지만 해도 우리 기업들에게 업이란 개념이 필요 없었다. 국가가 견고하게 구축해놓은 보호막 아래에서 국내기업들끼리 나눠먹기식 경영을 통해 자신들이 생산한 상품을 그런 대로 잘 팔아먹을 수 있었다. 또 이 때는, '국산품 애용운동'이 소비자들의 귀와 눈을 마비시키는 최면제로서 한몫 했음도 부인하기 어렵다.

  그러나 1990년대부터 본격화된 세계화와 신자유주의의 도도한 물결은, 기존의 경제질서를 완전히 바꿔놓았다. 가장 큰 변화는 국경과 시장의 한계가 없어졌다는 점이다. 이는 국내시장이 곧 세계시장이며, 이제 우리 기업들은 기존의 국내시장에서도 세계 초일류기업들과 무한경쟁을 할 수밖에 없다는 것을 의미한다.

  시장환경도 급변했다.

  특히 소비자들의 선호가 매우 빠른 속도로 소프트화·다양화·복잡화되는 추세를 보이고 있다. 자신이 진정으로 원하고 또 남들과 비교해 자신을 돋보이게 해줄 수 있는 상품일 경우, 소비자들은 더 이상 그 상품의 가격에 구애받지 않는다. 제아무리 비싸더라도 그냥 구입하고 만다. 그런데 그러한 상품은 과연 어떤 것들일까? 물어보나마나 세계 제일의 초일류상품일 것이다. 국내 유명 백화점들이 앞다퉈 운영하고 있는 세계 명품점 코너가 대호황을 누리고 있는 현실이 그것을 잘 대변해 주고 있다.

  또 기술의 눈부신 발전과 빠른 확산으로 인해 소비자들은 가격·품질·기능만으로 어느 상품이 가장 훌륭한 것인지를 판단할 수 없게 되었다. 그 상품이 표준화된 기술로 만든 성숙기의 상품일 경우에는 더더욱 그렇다. 우리나라의 자동차 산업이나 가전산업이 그에 대한 전형적인 예다.

이제 소비자들이 인식하는 상품의 차별성은 가격·품질·기능에만 국한되지 않는다. 소비자들은 기업 이미지, 브랜드 가치, 세련된 디자인, 애프터 서비스 정도, 금융할부 서비스와 같은 구매조건, 영업맨들의 친절도 등을 종합적으로 고려해서 상품의 우수성과 차별성을 판단한다. 한 마디로 지금은 만들어놓기만 하면 팔리는 공급자(또는 기업) 중심의 시대가 아니다. 소비자가 원하는 상품을 만들지 못하는 기업은, 앞으로 시장에서 무자비한 퇴출을 각오해야 하는 소비자 중심의 시대인 것이다.

그뿐만이 아니다.

세계화에 따른 글로벌 무한경쟁은 산업의 한계와 업종의 한계마저 여지없이 무너뜨렸다. 불과 몇 년 전까지만 해도 기업들의 경쟁은 같은 산업, 같은 업종으로 한정되어 있었다. 따라서 기업들은 구체적으로 자신의 경쟁자가 누구이며, 그들이 어떤 상품을, 어떻게 만들어, 어떤 방식으로 판매하고 있는지를 소상하게 알 수 있었다. 비록 경쟁이 치열했다고는 하나, 그래도 맞서 이겨야 할 상대가 시야에 정확히 포착되는 '보이는 적(敵)'들뿐이었다.

>>>> 보이지 않는 적들

그러나 이제는 상황이 달라졌다.

일단 싸워야 할 상대가 보이지도 않고 또 누구인지도 모른다. 온통 '보이지 않는 적'들만이 주위에 난무하고 있는 것이다. 그 이유는 그 동안 질서정연하게 구획되었던 산업간·업종간 고유영역이 빠른 속도로 붕괴되면서 예전과는 전혀 다른 국면으로 기존의 영역이 급속하게 재편되고 있기 때문이다.

일례로, 변화의 급물살을 타고 있는 백화점 업계의 경우를 살펴보자.

과거 백화점 업계의 경쟁자들은 모두 백화점뿐이었다. 가령 서울 명동에 자리잡고 있는 롯데백화점의 경쟁자들은 현대백화점, 신세계백화점, 미도파백화점 등이 전부였다. 따라서 롯데백화점이 바겐세일 전략이나 홍보전략을 기획할 경우에는 이들 경쟁 백화점의 대응전략만 고려해도 충분했다.

그러나 이제 백화점 업계를 위협하는 최대의 적은 '보이는 적'으로 일컬어지는 백화점들이 아니다. 까르푸(Carrefour)나 월마트(Wal-mart)와 같은 대형유통업체, 이마트(E-mart)나 마그넷(Magnet)과 같은 대형할인매장, 전자상거래, 우편 및 통신판매, 홈쇼핑업체 등과 같은 '보이지 않는 적'들이 가장 무서운 경쟁자들이다.

IMF 금융위기의 발발 이후, 1998년 한 해 동안만 국내에서는 무려 23개의 대형 백화점들이 도산했다. 한때는 제법 잘 나갔던 국내 굴지의 백화점들이 왜 그리 허망하게 무너졌을까? 그 이유는 간단하다. 백화점 업계를 둘러싼 경쟁 및 시장환경의 변화가 새로운 생존전략을 요구했는데도 불구하고 백화점의 오너들이 그 요구를 거부한 채, 과거의 경영방식인 '성장제일주의'만을 고집했기 때문이다.

사실 지난 30여 년 동안 국내 백화점 업계의 성장전략은, 오로지 매출액 증대를 통한 양적 성장에만 초점이 맞춰져 있었다. 거의 모든 백화점이 은행 빚을 얻은 다음, 장사가 될 만한 지역에다 경쟁적으로 분점을 개설했다. 또 적정 수준보다 지나치게 많은 횟수의 바겐세일을 실시함으로써 매상고를 늘리는 데에만 혈안이 되어 있었다. 이와 같은 무리한 사업확장과 지나친 가격할인경쟁이, 결국 백화점 업계의 재무구

'업'을 모르는 사람들의 비참한 최후

조를 한층 더 악화시키는 결과를 초래하고 말았던 것이다.

그러한 상황에서 IMF 금융위기가 들이닥쳤다. 환율은 약 200% 정도, 은행의 여신금리는 20%대로 수직 상승했다. 그런데도 백화점의 매출액은 예년에 비해 10% 이상 감소했다. 구조조정의 여파에 따른 소비심리의 위축과 대형할인매장을 비롯한 '보이지 않는 적'들의 눈부신 각개약진이 가장 큰 이유였다.

그로 인해 백화점들의 대외채무와 금융부담의 크기는 눈덩이처럼 커져만 갔고, 그 한계를 극복하지 못한 백화점들은 끝내 몰락의 순간을 맞이하고 말았다. 백화점들의 연이은 좌절과 침몰은 이 시대를 살아가는 우리들에게 두 가지 교훈을 던져준다. "기업에 있어서 가장 큰 위기는, 그 기업이 한창 잘 나가고 있을 때에 시작된다"는 점과 "업의 변화를 선도하지 못하는 기업은, 더 이상 시장에서 살아남기 어렵다"는 사실이다.

》》》 세계 초일류기업인 나이키를 벤치마킹하라!

그러면, 앞으로 업을 어떻게 설정해나갈 것인가?

이 물음에 대한 해답은 "아직까지 충족되지 않은 소비자들의 욕구가 무엇인가?"와 "우리 기업이 다른 기업보다 월등히 우세한 핵심역량이 있는가, 있다면 그것은 무엇인가?"를 냉철하게 찾아보는 과정에서 스스로 발견해야 한다. 적어도 그래야만 현재의 업을 어떤 방향으로 재정의하고 개선시켜나갈 것인가와 향후 우리 기업이 기존의 핵심역량에다가 어떤 역량을 추가로 보완해야 할 것인가에 대한 해결의 실마리를 찾을 수 있다.

나아가 어떤 역량이 부족하다고 판단될 경우, 그 부족한 역량을 보완하기 위해 어느 기업과 전략적 제휴를 맺고, 어느 기업을 인수합병할 것이며, 어느 기업에게 아웃소싱할 것인지를 결정할 수 있다. 그래서 올바른 업의 설정이 중요한 것이다.

세계적인 스포츠용품 업체인 나이키는 운동화를 만드는 제조회사가 아니다. 나이키에는 신발을 자체 생산하는 공장이 없다. 우리나라를 포함한 세계 각국의 운동화 전문 제조업체에게 생산기능을 아웃소싱하고 있으며, 나이키는 운동화 깔창 밑에 들어가는 에어졸(airsol)이라는 핵심 부품만 미국 본사에서 생산하고 있다. 그 대신 나이키사는 자신들의 모든 역량을 상품기획, 최첨단 디자인, 마케팅 분야에 집중시킴으로써 그들의 핵심역량을 가일층 강화시켜나가고 있다. 그것이 오늘날 탁월한 생존능력을 인정받고 있는 나이키사의 업(業) 중심 경영전략이다.

빌 게이츠의 성공과 이찬진 사장의 좌절

찐빵과 식혜까지도 복제하는 도둑놈의 나라에서

벤처기업가의 성공은 불가능한 일!

이따금씩 자동차여행을 하다 보면, 도로가에서 '안흥찐빵'이라는 팻말을 붙여놓고 빵 장사를 하는 분들을 종종 만날 수 있다. 언젠가 가족들과 자동차여행을 하다가 배가 출출하기에 도로변의 안흥찐빵 가게에 들러 찐빵을 사먹은 적이 있다. 그런데 그 맛이 강원도 횡성에서 먹어본 안흥찐빵과는 사뭇 달랐다.

'안흥찐빵' 상표의 진짜 주인은?

그래서 빵을 팔고 있는 주인에게 "이 빵, 강원도 횡성에서 온 안흥찐빵 맞아요?"라고 묻자, 그 주인은 "이것은 서울에 있는 안흥찐빵 회사에서 보내주는 진짜 안흥찐빵이에요"라고 대답했다. 필자가 "아저씨! 안흥찐빵의 오리지널은 강원도 횡성의 '안흥 심순녀 찐빵'이에요. 서울의 어떤 업자가 안흥찐빵의 유명세를 보고, 자신이 만든 찐빵에다 '안흥찐빵'의 상표를 붙여서 팔고 있는 것 같네요"라고 말해주자 가게 주인의 표정이 금세 일그러져버렸다.

안흥찐빵 가게를 나오면서 필자는 그 아저씨에게 한 마디 말을 더 건네주었다. "아저씨! 앞으로 이런 안흥찐빵 장사는 기껏해야 2~3년 정도밖에 못할 거예요. 제한적으로 강원도 횡성에서만 팔았어야 할 안흥찐빵이, 요즘처럼 제빵기계로 무제한적으로 생산해서 전국적으로 팔다보면, 얼마 지나지 않아 안흥찐빵에 대한 소비자들의 관심이 수그러들게 될 거예요. 그렇게 되면, 누가 안흥찐빵을 사 먹겠어요. 제가 뭐 이런 말씀드리기 민망합니다만, 서울에 있다는 안흥찐빵 회사도 결국 큰 돈을 벌지 못하고 망하게 될 겁니다"라고. 그 후로 필자는 도로변에서 팔고 있는 안흥찐빵을 더 이상 사먹지 않고 있다.

》》》 '식혜'까지 베끼는 나라

비단 이뿐만이 아니다.

종종 아내와 함께 슈퍼마켓이나 대형할인매장을 찾곤 하는데, 거기서도 안흥찐빵과 비슷한 현상을 자주 만난다. 비락식혜가 바로 그것이다. 원래 식혜를 상품화시킨 원조회사는 '비락'이라는 회사였다. 그런데 비락식혜가 날개돋친 듯 잘 팔리자, 음료시장의 흐름을 관망하고 있던 다른 회사들도 일제히 식혜를 만들어 팔기 시작했다.

식혜의 공급물량이 크게 늘어나면서 식혜를 생산하는 업체끼리의 과당경쟁은 피할 수 없는 일. 한 병에 700원 하던 비락식혜의 캔 음료가격이 다른 업체들과의 출혈경쟁으로 333원(세 병 묶음에 1,000원)대까지 떨어졌다. 한 가지 재미있는 것은 식혜가격이 절반 이상으로 하락했는데도 식혜소비가 늘어나지 않았다는 점이다. 필자 자신부터 그렇게 좋아했던 식혜를 거들떠보지도 않게 되었다. 또 식혜를 생산해서 큰 수익을 올렸다는 회사 이름을 아직까지 들어보지 못했다.

골동품처럼 희소하다고 느끼면 꼭 갖고 싶은 충동을 느끼다가도, 일단 지천으로 남아돌게 되면 쳐다보지도 않는 게 우리 인간들의 고약한 경제심리다. 이와 유사한 예를 우리는 너무나도 많이 경험했고, 지금 이 순간에도 우리 주변에서 비일비재하게 일어나고 있다. IMF 금융위기 이후, 일자리를 잃은 분들이 너도나도 시작했다가 함께 망해버린 조개구이 집부터 매실음료, 대추음료, 이동식 통닭구이, 엇비슷한 술 이름(김삿갓·이몽룡·청산리 벽계수·태백이·황진이) 등등.

뭔가 좀 될성부르면 너도나도 베끼기를 일삼다가 함께 망하거나 서로 큰돈을 벌지 못하는 나라가 우리 한국이다. 일찍이 큐비즘의 창시자였던 파블로 피카소(Pablo Picasso)는 "모방은 자살이다"라는 말을 했다. 모방이 판치는 사회에서는 대부분의 기업들이 남과 차별되는 신상품 개발에 적극 나서기를 매우 꺼려한다. 피나는 노력과 수많은 연구개발비를 투입해서 우수한 상품을 개발해놓으면 다른 기업들이 그것을 재빠르게 베낀 다음, 가격인하 경쟁을 통해 최초의 개발업체를 시장에서 밀어내기 때문이다. 이런 상황에서는 기업들 간에 차별화나 특성화 전략이 힘을 받을 수 없다. 오로지 비슷비슷한 상품을 만들어 제값도 받지 못하고 팔면서 '너 죽고 나 죽기 식'의 치열한 상쟁(相爭)만을 벌일 뿐이다. 그러니 무슨 수로 큰돈을 벌어 자신의 기업을 세계 초일류기업으로 키울 수 있겠는가!

》》》 성공한 빌 게이츠와 실패한 이찬진 사장

몇 년 전, 자신이 설립한 한글과컴퓨터사의 대표이사직을 사임한 이찬진 사장의 좌절도 우리 한국인들의 고질적인 베끼기 문화 때문이다. 이찬진 사장과 미국 MS의 빌 게이츠 회장은 여러 가지 측면에서 닮은 점이 많은 사람이다. 두 사람 모두 한국과 미국의 최고 명문대학(서울대, 하버드대)에 진학했고, 젊은 나이에 패기와 톡톡 튀는 아이디어로 무장한 벤처기업가였으며, 소프트웨어 분야(아래아 한글, 컴퓨터 시스템의 운용체계)에서 탁월한 능력을 발휘했다는 점이 그것이다.

그런데도 두 사람의 운명은 너무나도 판이하게 달랐다. 빌 게이츠는 세계인들이 부러워하는 백만장자가 되었지만, 이찬진 사장은 거부가 되기는커녕 자신이 세운 회사를 떠나야만 하는 처량한 신세가 되었다. 어떻게 이런 일들이 벌어질 수 있었을까? 국제변호사, 방송인, 세종대 부총장으로 활동하고 있는 전성철 박사는 자신의 책 《안녕하십니까, 전성철입니다》에서 그 이유를 명쾌하게 설명한 바 있다.

전성철 박사는 "벤처산업에 대한 한미 양국 간의 인식과 접근방법이 근본적으로 다르다"는 사실부터 지적했다. 미국정부는 벤처기금이라는 돈 뭉치를 들고 벤처시장에 뛰어들지 않는 대신, 벤처기업가들의 권리가 제대로 보호받을 수 있도록 하는 데 전력을 쏟는다. 즉 공정한 경쟁 룰을 정립하고 시장을 철저히 감독함으로써 다른 사람들이 벤처기업가가 애써 만든 제품을 함부로 베끼지 못하게 했다.

그런데 창의적인 벤처제품의 복제가 불가능해지면, 벤처기업가는 시장에서 독점력을 행사할 수 있기 때문에 자연히 큰돈을 벌 수밖에 없다. 그리고 어느 한 벤처기업가가 큰 부자가 되면, 그것을 지켜본 수많은 예비 벤처기업가들도 '벤처노다지'에 대한 꿈을 꾸며 자발적으로 벤처창업을 서두르게 된다.

이 때, 벤처기업가에게 가장 필요한 것은 돈이다. 이것을 정확하게 인식한 미국정부는, 창의적인 아이디어와 벤처정신은 투철하지만 돈과 사업경험이 부족한 벤처기업가와, 돈과 사업경험이 풍부한 벤처자본가를 연결해주는 자본시장을 만드는 데 역점을 두었다. 미국의 장외증권시장으로 널리 알려진 나스닥(NASDAQ)은 그렇게 해서 탄생된 것이다. 미국정부는 이 나스닥을 통해 수천억 달러의 돈이 벤처자본가로부터 벤처기업가로 흘러들어갈 수 있도록 했다.

벤처자본가는 벤처기업가에게 단순히 돈만 빌려주는 게 아니다. 만약 현재의 벤처기업가가 제3세대 벤처기업가라면, 벤처자본가들은 대부분 제1~2세대 벤처기업가로서 크게 성공한 사람들이다. 따라서 이들이 빌려주는 돈 속에는 벤처사업에 대한 경영전략, 영업에 관한 노하우 등이 녹아 있을 뿐만 아니라, 경우에 따라서는 제3세대 벤처기업가들에게 조언이나 자문도 적극적으로 해준다.

제3세대 벤처기업가가 추진하는 벤처사업의 성공확률이 높은 것도 그 때문이다. 또 이러한 벤처사업들로 이루어진 벤처산업은 저절로 발전하게 마련이다. 그 이유는 도전정신으로 똘똘 뭉쳐진 우수한 두뇌, 창의적인 아이디어, 풍부한 자금이 몰리는 산업은 언제나 흥하게 되어 있기 때문이다. 그것이야말로 미국정부가 실리콘 밸리를 21세기 벤처산업의 메카로 우뚝 세울 수 있었던 최고의 벤처전략이자 비결이었다.

거꾸로 가는 한국정부

그러면, 한국정부는 어떻게 했는가?

한국정부는 미국정부와 정반대로 벤처전략을 추진해왔다. 한국정부는 불법 복제물의 근절을 위한 단속 및 처벌 강화, 건전한 자본시장 육성과 같이 정작 신경을 써야 할 사안에 대해서는 별다른 신경을 쓰지 않았다. 그 대신, 엉뚱하게도 벤처기금이라는 명목으로 수조 원대의 돈뭉치를 들고 다니면서 돈 낭비를 하는 데에만 골몰했다.

일례로 이찬진 사장이 심혈을 기울여서 만든 한글 소프트웨어 '아래아 한글'은 전국민의 사랑을 듬뿍 받았던 걸작품이었다. 그러나 국민들은 '아래아 한글'을 말로만 사랑했을 뿐, 돈을 내고 사주지는 않았다. 왜냐하면 그 당시는 우리 사회에서 도둑놈 근성의 천박한 베끼기

빌 게이츠는 대박, 이찬진은 쪽박을 찰 수밖에 없었던 이유

문화가 성행한 시기였기 때문이다.

"정품을 사서 쓰면, 그것을 구입한 사람만 손해다"라는 인식이 우리 사회 전반에 만연된 데는, 무엇보다도 정부의 잘못이 가장 크다. 남의 기발한 아이디어를 돈 한푼 내지 않고 무단 복제해가는 도둑을 잡아야 할 정부가 오히려 도둑질을 하는 데 앞장섰기 때문이다. 참고로 1998년도에 정부부처가 불법으로 복제한 소프트웨어를 정품으로 교체하는 데 소요되었던 예산 규모만 400억 원 이상이라고 하니, 이찬진 사장이 망할 수밖에 없는 것은 지극히 당연한 일.

또 정부가 벤처기업가들에게 벤처 활성화를 주문할 목적으로 지원해준 돈은 그들에게 긍정적인 효과보다는 부정적인 결과만을 불러왔다. 즉 지원받은 돈으로 인해 벤처기업가들의 벤처정신이 한층 약화되었다는 사실이다. 미국정부는 그러한 영향을 정확하게 인지하고 있었기 때문에, 한국정부처럼 벤처기업가들에게 돈뭉치를 나눠주지 않았던 것이다. 미국의 벤처 기업가들은 헝그리 정신으로 자신의 허름한 창고나 차고에서 창업한 후, 벤처노다지를 향한 야망과 정열로 자신의 기발한 아이디어를 상품화시키는 데 성공한 사람들이다. 모험을 뜻하는 벤처정신도 그러한 헝그리 자세를 일컫는 말일 것이다.

그래도 요즈음 우리나라의 벤처환경은 예전보다 크게 좋아지고 있다. 역대 어느 정권보다도 벤처산업의 중요성을 절감한 노무현 정부는 불법복제에 대한 단속을 강화하고 있으며, 벤처기업가와 벤처자본가를 이어주는 코스닥(KOSDAQ) 시장도 상당부분 제모습을 찾아가고 있다. 앞으로 중요한 것은 정부의 초지일관된 자세다.

벤처산업의 육성전략에 관한 한, 우리는 미국정부를 스승으로 삼을 필요가 있다. 지금처럼 돈 뭉치의 살포를 통해 벤처산업의 부흥을 도모할 것이 아니라 신상품 개발에 성공한 벤처기업가가 백만장자가 될 수 있는 사회 및 경제적 여건을 만들어주는 데 주력해야 한다. 그러면 능력 있고 개성 있는 젊은이들이 벤처산업으로 몰려들어 밤낮없이 젊음을 불태우며 새로운 미지의 세계를 개척해나갈 것이다.

그처럼 활화산 같은 분위기 속에서 과연 사이비 벤처기업가가 나올 수 있겠는가? 얼마 전, 우리는 건실한 벤처기업가로 행세하면서 천문학적 숫자의 금융스캔들을 일으킨 J씨의 추악한 모습을 지켜보아야만 했다. 따지고 보면, 그것 또한 금전적 지원 일변도로 벤처산업을 육성하려 했던 우리 정부의 정책실패를 드러낸 대표적인 사건이었다.

인터넷 가입자 수가 많다고 해서, 또 휴대전화 보급률이 높다고 해서 지식정보화 강국이 되는 것은 아니다. 지식정보화 강국의 전제조건은 오직 하나, 즉 정부가 지적 재산권 보호를 위해 각고의 노력을 기울이는 것이다. 불법복제는 그것이 남의 시험 답안지를 베끼는 학생들의 커닝 행위든, 아니면 다른 사람이 애써 개발한 상품이나 최첨단 기술을 무단으로 도용하는 것이든, 모두 중대한 범죄행위다.

  그런 범죄행위가 단죄되지 않고 방치된다면, 제아무리 기발한 발상과 독창적인 아이디어를 갖고 있는 사람이라 해도, 그가 벤처기업가로 성공할 확률은 거의 0%에 가깝다. 무분별한 복제로 큰 부자의 꿈을 날려보낸 안흥찐빵의 심순녀 사장, 비락 주식회사, 이찬진 전 한글과컴퓨터사 대표의 좌절이 그것을 잘 대변해주고 있다.

'태산의 오수(泰山の午睡)'와 팍스 저패니카

선진국이 탐낼 만한 우리 고유의 핵심기술이 없는 한,

그들과의 진정한 기술협력은 불가능하다!

일본 오카야마현(岡山縣)에 가면, 하야시바라(林原)라는 연구소를 만날 수 있다. 연구소의 시설과 규모는 그리 크지 않지만, 항암제 분야의 연구에서는 이미 세계적인 명성을 얻고 있는 대단한 연구소다. "작은 고추가 맵다"라는 말도, 어쩌면 그런 연구소 때문에 생겨난 것이 아닐까 싶을 정도다.

몇 년 전, 일본 출장 중에 일본인 친구의 안내로 하야시바라 연구소를 방문했던 적이 있다. 깨끗하게 단장된 연구소의 현관에 들어서니 '태산의 오수(泰山の午睡)'라는 글귀를 표구한 액자 하나가 필자의 시야에 들어왔다. 처음에는 그것을 대수롭지 않게 생각하고 그냥 스쳐 지나갔다.

그런데 연구소 구내식당에서 점심식사를 마치고 난 다음, 일본인 친구와 차를 한잔하면서 오전에 보았던 '태산의 오수'라는 글귀가 갑자기 생각났다. 필자는 그 친구에게 '태산의 오수'가 무슨 뜻이냐고 물어보았다. 그러자 일본인 친구는 "자신도 잘 모르겠다"라고 대답하는 것이었다. '태산의 낮잠' 정도로 해석되는 저 평범한 글귀가 도대체 무슨 의미를 지니기에, 이렇게 훌륭한 연구소의 현관에다 걸어놓은 것일까? 더구나 깨끗하게 표구까지 해서 말이다.

》》》 '태산의 오수'에 대한 유래

필자는 안내를 맡고 있던 연구소의 홍보실 직원에게 '태산의 오수'에 대한 의미를 물어보았다. 그의 대답은 의외로 간단했다. 그러나 '태산의 오수'에는 세계의 기술혁신을 선도하고 있는 일본 기술경쟁력의 비밀을 밝혀줄 키(key)가 숨겨져 있었다. 연구소 직원이 필자에 설명해준 '태산의 오수'에 얽힌 유래는 대략 다음과 같았다.

아주 오랜 옛날, 일본의 태산이라는 곳에 괴짜 도승(道僧)이 한 분 살고 있었다. 그는 젊은 시절 수행정진을 위해 진력한 결과, 비교적 이른 나이에 득도(得道)를 했다. 아마도 몇 년 전에 입적하신 성철 큰스님과 같은 경지에까지 이르렀던 모양이다. 그러나 언제부터인가 그는 더 이상 도를 닦는 일을 포기하고, 날마다 낮잠과 술로 허송세월 했다.

그런데도 신기한 것은, 그 당시 일본에서 명망이 있다고 하는 사회지도층 인사들이 하루가 멀다하고 그 도승을 알현하기 위해 몰려왔다는 사실이다. 어떻게든 괴짜 도승과의 선문답식 대화를 통해서라도 입신양명의 해법과 세상의 운행이치를 깨우치기 위함이었다.

도승의 신통력은 정말로 놀라웠다. 도승은 축지법이나 은신술과 같은 도술을 부리지도 않았고, 산방(山房)에 기거하며 범부들의 생활과 철저하게 담을 쌓고 지냈다. 그럼에도 불구하고 그는 세상 돌아가는 일과 앞으로 전개될 사항들을 정확하게 꿰뚫어보고 있었던 것이다. 마치 지식정보화 사회의 도래를 정확하게 예측했던 미국의 토플러처럼. 게다가 도승의 뛰어난 신통력이 장안에 회자되면서 일본 전지역의 사람들이 그 도승을 만나기 위해 벌 떼같이 몰려들었다. 시쳇말로 도승의 인기와 유명세는 우리나라의 서태지나 H.O.T를 능가할 정도였다.

사바 세계의 밖으로는 단 한 발짝도 나가보지 않은 사람이, 어떻게 인간세상의 흐름을 앉아서 꿰뚫어볼 수 있었을까. 그 이유는 의외로 간단했다. 수없이 많은 사회지도층 인사들이 제발로 찾아와서 스스로 털어놓은 얘기들이 곧 그 당시 일본 최상류층 사회에서 유통되고 있는 최고급 정보였던 것이다.

도승은 그들이 전해준 다양한 핵심정보들을 종합해봄으로써, 속세의 현재와 미래에 대한 밑그림을 정확하게 그려낼 수 있었던 것이다. 다른 사람들이 흘린 정보를 하나하나 엮어서 속세의 천 리길을 훤히 내다볼 수 있는 지혜로 전환시킬 수 있었던 도승의 탁월한 능력이, 바로 '태산의 오수'가 시사하는 것이었다.

〉〉〉〉 기술강국의 꿈을 실현시킨 일본의 특급 비밀

국가 · 연구소 · 학자들 간의 기술협력이나 기술교류도 이와 똑같은 이치다. 하야시바라 연구소는 항암제 분야에 관한 한, 세계적 수준의 독보적인 기술개발능력을 자랑한다. 그러니까 세계적 수준의 항암제 기술에 접근하려는 여러 나라의 석학들이 앞을 다투어 이 연구소의 연구원들을 찾아와 공동연구나 심포지엄, 심지어는 자신들이 갖고 있는 핵심기술과 항암제 기술 간의 특허공유(cross license)를 제의하는 것이다. 언제나 목마른 사람이 우물을 먼저 파는 법이기 때문이다.

이 때, 하야시바라 연구소의 연구원들은 해외석학들과 활발한 인적 내지 비인적 학술교류를 통해 그들의 머릿속에 체화되어 있는 비공개 핵심기술이나 첨단기술정보를 빼냄으로써, 새로운 기술혁신의 시드

(seed)를 손쉽게 확보할 수 있다. 또 석학들과의 공동연구나 학술 심포지엄을 수행하면서, 다양한 첨단기술 분야의 최근 연구동향까지도 훤히 알 수 있게 된다. 이는 일본정부나 기업 차원에서 최적의 기술개발 전략을 수립하는 데 있어서 아주 중요한 기초자료로 활용될 것이 분명하다.

이처럼 "어느 특정 분야에서 탁월한 기술축적만 이뤄놓는다면 세계적인 초일류연구소는 저절로 될 수 있다"는 일본인 특유의 기술철학을 태산의 도승에 비유시킨 것이 '태산의 오수'였던 것이다. 또한 그것은 제2차 세계대전에서 패전의 치욕을 딛고 일어선 일본이, 그들 고유의 기술력을 바탕으로 21세기의 팍스 저패니카를 꿈꾸게 만드는 막강한 비밀병기로 작용하고 있다.

현재 일본경제는 여러 가지 복합적인 요인들로 인해 헤이세이(平成) 불황을 타개하지 못하고 계속해서 죽만 쑤고 있다. "이제 일본의 팍스 저패니카는 일장춘몽에 불과하다"라는 말로, 일본경제의 재도약에 대해 회의적인 시각을 보이는 학자들도 적지 않다. 그러나 일본인으로서 학사학위가 전부인 40대 초반의 무명 회사원이 2002년 노벨화학상 수상자로 선정된 것은, 그만큼 일본의 과학기술자 층이 두텁고 '태산의 오수'와 같은 기술철학이 견고하게 살아 있음을 시사해준다. 연구를 계속하기 위해 승진을 포기하고, 실수로 인한 연구실패 속에서 보석 같은 진리의 발견으로 세계 화학계의 거목들을 제치고 노벨화학상의 영예를 안은 다나카 주임의 겸손한 모습을 지켜보면서 필자는 일본의 무서운 저력을 실감했다.

〉〉〉〉 '태산의 오수'와 필적할 만한 한국의 히든 카드는?

그렇다면, '태산의 오수'와 맞서 싸울 한국측의 기술철학이나 비장의 무기는 무엇인가? 또 그와 같은 히든 카드가 과연 있기는 있는 것인가? 이제 그 질문에 대한 답은, 경제적 어려움이 닥쳐올 때마다 어설픈 경제논리를 앞세워 기술개발부서의 해체나 축소를 단행했던 기업인과 정치관료들, 그리고 그들 앞에서 자기보신에만 급급했던 과학기술자들이 제시해야 한다.

한국에서 구조조정이 이루어지면, 기술개발과 관련된 연구조직이 제일 먼저 살생부에 등재되어 리엔지니어링이라는 망나니의 칼날 세례를 받아왔다. 이는 기술개발을 담당했던 연구조직이 최고경영자의 눈에 '있어도 그만, 없어도 그만인 하찮은 조직'으로 비쳐졌기 때문이다. 만약 연구조직이 창의적인 기술개발로 회사에 엄청난 부가가치를 안겨주고 기업발전의 견인차 역할을 해왔다면, 최고경영자가 고스톱의 비광처럼 과학기술자들을 마구 집어내버리지는 않았을 것이다. 그런 의미에서 독창적인 기술개발보다는 단순모방이나 개량연구를 통해 어느 정도 성공이 보장된 연구에만 진력했던 과학기술자들의 안일한 연구자세도, '과학기술자 푸대접'의 분위기 조성에 일조했다고 생각한다.

자고로, 벌과 나비는 꿀이 있는 꽃으로만 몰리게 마련이다. 우리가 한국 고유의 핵심기술이나 잘 훈련된 과학기술인력과 같은 꿀을 갖고 있으면, 선진국들의 과학기술자는 자발적으로 벌과 나비가 되어 우리에게 접근해올 것이다. 그럴 때, 비로소 우리가 선진국들과 진정한 기술협력이나 기술교류를 할 수 있다. 지금처럼 선진국들을 유혹시킬 만한 꿀이 없는 상황에서는 설령 선진국들과 기술협력을 추진한다 해도, 그것은 어디까지 표면상의 우리측 주장에 불과할 뿐, 그 내막을 자세히 들여다보면 한낱 기술 구걸에 지나지 않는다.

이제 우리가 '태산의 오수'와 맞설 수 있는 히든 카드를 만들기 위해서는, 우선 두 가지 측면에서 새로운 발상의 전환이 필요하다.

첫째, 창의적인 연구를 장려하기 위해서는 과학기술자들이 연구의

세계 제일을 자랑하는 일본 기술력의 일급비밀

실패를 두려워하지 않는 연구환경을 적극적으로 조성해주어야 한다. 자동차 엔진기술에 관한 한, 세계 제일을 자랑하는 혼다 기술연구소의 고(故) 혼다 소이치로(本田宗一郎) 전 회장은 모방연구를 원천적으로 차단하고 독창적인 기술개발을 독려하기 위해 연구실패상(研究失敗賞)을 처음으로 제정하고 실행에 옮긴 사람이다.

그는 당당하게 실패한 연구과제, 즉 연구결과의 도출에는 비록 실패했지만 그 원인이나 경로를 정확하게 밝혀낸 연구과제에 대해서는 책임을 묻는 대신, 포상으로 과학기술자들의 사기를 북돋아주었다. 그가 연구실패상 제도를 강력하게 추진했던 이유는, 과학기술자들에게 미지의 연구과제에 대한 도전의욕을 고취시키고 연구실패에 따른 책임추궁이나 처벌로 인한 연구결과의 왜곡현상을 막기 위함이었다. 또 연구실패를 자산화시킴으로써 같은 연구에서 반복적인 실수를 사전에 차단시키겠다는 경영자로서의 강한 의지가 연구실패상 제정에 담겨 있는 것으로 볼 수 있다.

　미국도 1986년에 발생했던 우주왕복선 첼린저 호의 폭발사고를 계기로, 실패분석을 통해 새로운 가치를 얻으려는 실패중시(重視) 문화를 만들었다. 실패를 법률적으로 취급하는 '사법거래제도'가 그 대표적인 예다. 사법거래제도란, 실패를 초래한 당사자에게 책임을 묻지 않는 조건으로 실패의 원인과 진상을 소상하게 밝히도록 하는 법 제도를 말한다. 이는 실패의 원인규명과 책임추궁을 병행할 경우, 실패 당사자는 형사책임을 피하기 위해 실패원인과 내용을 왜곡할 가능성이 매우 크기 때문이다.

　그에 반해 과학기술자들이 제대로 연구비를 지출했는가에 초점을 맞추고, 과학기술자들이 연구비정산에 엄청난 시간과 노력을 쏟게 만드는 우리의 척박한 연구환경에서 세계 초일류급의 기술혁신을 기대하는 것은 큰 무리가 아닐 수 없다. 뒤늦은 감은 있지만 이제부터라도 우리는 '의인막용(疑人莫用 ; 의심이 가는 사람은 쓰지를 말고), 용인물의(用人勿疑 ; 일단 썼으면 그 사람을 믿어라)'의 마음으로 과학기술자들을 신뢰하면서 그들이 최선의 노력을 다할 수 있도록 배려해주는 사회적 분위기를 만들어나가야 한다. 거기에다 연구실패상까지 준다면, 그들은 고부가가치 기술개발로 국민들에게 화답(和答)해줄 것이다.

　둘째, 소수 정예의 과학영재들을 조기에 발굴하고 그들에게 알맞는 혁신적인 교육프로그램을 적용시킴으로써 미래의 국가경쟁력을 책임질 수 있는 과학기술자로 집중 육성시켜야 한다. 특히 과학영재들이 획일적인 암기식 교육에 노출되지 않도록 하기 위해서는 초등학교에서부터 대학원 박사과정에 이르기까지, 그들이 입학시험을 치르지 않고 진학할 수 있는 별도의 영재관리 프로그램을 국가 차원에서 운영할 필요가 있다. 현재와 같이 과학영재들이 과학고등학교와 대학진학을 위한 수험준비로 날밤을 새는 한, 그들의 두뇌가 창조적인 뇌력(腦力)을 발휘할 수 없기 때문이다. 앞으로는 독창적인 연구의 활성화와 창의적인 인재양성만이 '태산의 오수'와 맞서 싸울 수 있는 유일한 히든 카드임을 자각하고, 더 늦기 전에 철저한 대비와 준비로 우리나라가 21세기 과학강대국으로 거듭 태어났으면 하는 바람 간절하다.

조선 명의(名醫) 허준이 정말로 위대한 이유

기록할 줄 모르는 민족은,

똑같은 실수를 반복함으로써 국가를 절망에 빠뜨린다!

2000년 새해 벽두부터 방영된 국내 모 방송사의 창사 특집극 '허준'은 필자에게 있어 새 천년을 맞이하는 것 이상으로 큰 감동과 즐거움을 주었다. 그 동안 재탕 삼탕을 거쳐 이제는 약효마저 거의 바닥났을 고전적 드라마 '허준'에 필자가 푹 빠졌던 데는 다 그럴 만한 이유가 있다.

양반가 서자(庶子) 출신의 허준이 온갖 역경을 극복하고 어의(御醫)로 출세한다는, 이른바 '허준식 성공시대'에 대해서는 더 이상 어떤 흥미나 감동을 느끼지 않는다. 이번의 드라마 '허준'에 매료되었던 가장 큰 이유는, 허준을 비롯한 주변 사람들의 치열한 삶과 불꽃 같은 자기혁신의 자세가 우리 사회의 병폐에 대한 원인은 물론, 앞으로의 개선방안까지 명쾌하게 제시해주었기 때문이다. 더욱이 드라마 '허준'이 사회지도층 인사들의 도덕적 해이로 인해 심하게 상처받은 민초들의 영혼을 상당부분 치유해주었다는 점에서, 그 드라마는 한의사의 역할까지 톡톡히 해낸 셈이다.

》》》 허준의 위대한 기록정신

허준에 대한 평가는 사람에 따라, 또는 바라보는 입장에 따라 서로 다를 수 있다. 그러나 필자는 훌륭한 참스승들로부터 의술에 대한 각종 비법을 확실하게 전수받고, 그것을 철저하게 기록해《동의보감》이라는 찬란한 문화유산을 우리 후손들에게 물려준 허준의 위대한 기록정신을 새롭게 조명해보고자 한다.

대부분의 한국 사람들은 기록의 중요성을 제대로 인식하지 못하고 있으며, 또 실제로 기록하는 것을 싫어하거나 하찮은 일로 간주해버린다. 기록하는 것을, 한낱 수전노들이 남에게 빌려준 돈을 떼이지 않기 위해 장부에다 적어놓는 천박한 행위로 업신여기는 사람들이 바로 우리 한국인들이다.

그러나 허준은 그 특유의 뚝심과 미래를 내다볼 줄 아는 혜안으로 역사적인 기록물을 남김으로써 우리들에게 기록의 소중한 가치를 일깨워주었다. 뿐만 아니라 한국인도 누구나 마음만 먹으면 얼마든지 훌륭한 기록물을 남길 수 있다는 자신감까지 심어주었다. 그런 점들 때문에, 필자는 허준을 불세출의 훌륭한 인물이라고 평가하고 싶은 것이다.

》》》 제자 사랑과 정보공유를 실천했던 허준의 참스승들

그러면 허준에게 의술을 전수시켜준 두 분의 참스승들부터 살펴보자. 허준의 인생에 꺼지지 않는 등불 역할을 했던 당대 최고의 명의 유의태! 편법을 통한 출세나 도리에 어긋나는 의술을 일체 용납하지 않았던 그 역시 자신을 태워 남을 밝히는 촛불 같은 삶을 살다가 간 사람이다. 허준이 낙향한 정승댁 마님의 중풍을 고쳐준 뒤, 그 정승에게서 내의원 시험의 합격에 결정적 도움이 될 수 있는 추천서를 받았다는 이유로, 그를 자신의 문하에서 내쫓았던 유의태의 단호함이 그것을 대변해준다.

또 "인격이 제대로 형성되지 않은 자에게는 그 어떠한 비법도 전수해 줄 수 없다"는 비인부전(非人不傳)의 냉혹한 훈육철학은, 오늘을 사는 수많은 교육자들에게 무언의 가르침을 던져준다. 게다가 허준에게 인체를 해부할 수 있는 기회를 주기 위해 스스로 목숨을 끊었던 유의태의 '살신위제자(殺身爲弟子)' 정신은, 과연 인간이 실천할 수 있는 위대함의 한계가 어디까지인지에 대해 고민하게 한다. 친아들을 제쳐놓고 허준에게 자신의 몸을 맡겼던 유의태의 자세는 무능한 친자식들에게 회사 경영권을 대물림했다가 하루아침에 회사를 거덜나게 만든 우리나라 재벌 회장들에게도 많은 교훈을 시사해준다.

또 다른 한 분의 스승이었던 삼적대사 역시 허준의 인생에 커다란 영향을 미친 사람이다. 한때는 그도 내의원에서 장래의 어의감으로 촉망받던 인재였다. 그런 그가 "사람의 생간을 먹으면 나병을 고칠 수 있다"는 잘못된 믿음을 갖고 있던 나병환자에게 자신의 외동아들을 잃게 되자, 그는 자기 아들을 죽인 나병환자 부부를 찾아가 그들을 살해했다.

그 업보(業報)로 그는 내의원직을 사직하고 자신이 차마 죽이지 못했던 나병환자의 아들을 양자로 맞아들인 다음, 자신에게 천추의 한을 심어준 나병환자들을 돌보며 나병 치료법의 개발에 인생을 바쳤다. 특히 삼적대사는 추천서 사건으로 유의태의 문하에서 쫓겨난 허준에게 재기할 수 있는 기회와 용기를 북돋아주었던 인물이다.

그뿐만이 아니다.

삼적대사는 모든 의원이 기피하는 나병환자들과 더불어 사는 삶을 몸소 실천함으로써, 훗날 허준이 낮은 데로 임하는 성자(聖者)의 모습으로 힘없고 가난한 환자들에게 가까이 다가가는 의원이 되도록 했다. 또 평소 착한 심성을 갖고 의술연마에 최선을 다하는 허준을 누구보다 대견하게 생각했던 그의 성품으로 미루어 볼 때, 그가 나병에 대한 온갖 정보와 자신만의 치료 비법을 허준에게 모두 전수해주었을 것이 분명하다.

허준의 《동의보감》 속에는 이렇게 훌륭했던 스승들의 제자 사랑 정신과 각종 비법을 아낌없이 공개하고자 했던 정보공유의 따뜻한 마음들이 녹아들어 있다고 해도 과언이 아니다. 그러나 《동의보감》이 햇볕을 볼 수 있었던 것은, 전적으로 허준의 위대한 기록정신 때문이다.

조선 최고의 어의가 됨으로써 중인 계급에서 양반으로의 신분상승에 성공한 허준은, 그 후 정쟁(政爭)에 휘말리면서 자신의 본의와는 상관없이 귀양살이를 하게 된다. 허준이 평범한 사고를 하는 보통사람이었다면, 아마 그는 또다시 화려한 입궐을 꿈꾸며 재기를 위한 몸부림을 쳤을 것이다.

한번 권력의 꿀맛을 경험한 사람은, 자신이 갖고 있는 권력을 쉽게 포기하고 싶지 않은 것이 인지상정이다. 장기집권을 꿈꾸다가 비명에 간 독재자들의 비참한 말로가 그것을 입증해준다. 그러나 허준은 입궐에 대한 미련을 깨끗이 접은 채, 오로지 《동의보감》의 집필에만 몰두했다.

>>>> 역풍(逆風)이 강할수록 연(鳶)은 높이 난다!

우리의 역사를 반추해볼 때, 전통예술 · 고려청자 · 거북선 · 조선백자 등은 기술 보유자가 그 제조비법을 전수하지 않고 죽었거나, 전수를 했더라도 기술 전수자가 기록을 남겨놓지 않음으로써 그 비법이 영원히 사장(死藏)되고 말았다. 물론 사농공상으로 일컬어지는 당시의 엄격한 신분질서 하에서 장인들에 대한 사회적 대우나 인식이 매우 열악했기 때문에, 자신의 탁월한 기술을 후손들에게 일부러 전해주지 않았을 수도 있다.

그러나 허준은 자나깨나 유의태와 삼적대사의 숭고한 뜻을 후손들에게 남겨주기 위해 노심초사했다. 두 분의 참스승으로부터 전수받은 모든 비법과 가르침을 토대로 중국의 의학서적과 전통 민간요법들을 체계적으로 연구하고 검토해서 우리 민족의 체질에 맞는 《동의보감》으로 집대성시켰던 것이다. 인간에 대한 따뜻한 휴머니즘과 불멸의 기록정신으로 제작된 허준의 《동의보감》이 우리에게 아주 특별하고 가치있는 민족문화유산으로 느껴지는 것도 그 때문이다.

자신의 운명으로 다가온 숱한 고난과 역경을 묵묵히 참아내며 어렵게 터득한 실천적 지식을 실사구시(實事求是)의 자세로 꼼꼼하게 정리했던 허준의 기록정신은, 오늘날 우리 모두가 한번쯤 되새겨볼 만한 값진 정신적 자산이다. 만약 허준의 기록정신이 없었더라면, 우리 한의학이 지금처럼 반석 위에 제대로 설 수나 있었겠는가!

〟〟국가 공문서를 파기하는 정신나간 사람들

그런데 요즈음 우리 사회를 가만히 들여다보면, 기록을 하기는커녕 멀쩡한 자료까지 무분별하게 파기하는 파렴치한들이 적지 않다. 일례로 DJ의 대통령 취임 직전, 당시 국가안전기획부(현 국가정보원)의 일각에서는 북풍문제와 관련된 비밀문건들을 모조리 소각했다고 한다.

물론 떳떳하지 못한 구석이 있어서 그러했겠지만, 국가의 공문서를 파괴한 것은 명백한 범죄행위로서 엄벌에 처해야 마땅하다. 그런데도 필자는 아직까지 관련자들을 체포해서 감옥에 넣었다는 얘기를 들어보지 못했다. 혹시 한국에서는 공문서파괴 죄가 아예 존재하지 않거나, 존재했더라도 이미 오래 전에 그 법적 효력을 상실한 것이 아닌지 하는 의구심만 들 뿐이다.

지식정보화 사회에서는 기록이 곧 살아 숨쉬는 생생한 정보인 동시

허준을 서글프게 만드는 못난 후손들!

에 가치 있는 지식이다. 우리나라가 진정한 민주시민사회가 되려면, 국가의 정책결정과 같은 중대한 사안에 대해서는 그 회의내용을 엄밀하게 기록해 회의록으로 남긴 다음, 미국처럼 25년이 지난 후에 일반인들에게 공개해야 한다.

그것은 국정운영의 책임자들에게 "지금 당신이 하고 있는 일거수 일투족이 25년만 지나면 국민들에게 낱낱이 까발려져 역사의 냉엄한 심판을 받게 된다"는 강력한 경고 메시지로 작용할 것이다. 그렇게 되면 무책임한 국정운영이나 부실한 정책입안의 빈도가 대폭 줄어들게 될 뿐만 아니라, 정부의 대내외 신인도까지 크게 신장될 수 있다.

기록과 관련해 우리보다 한발 앞선 일본인들의 얘기를 두 가지만 소개하고 싶다. 일본에서는 어느 한 법률이 입안되면, 그 실무를 맡았던 담당 사무관이 반드시 책을 출간한다고 한다. 법률 입안의 시대적 · 사회적 배경과 법률이 제정되기까지의 모든 과정을 샅샅이 기록해 한 권의 책으로 남긴다는 것이다. 이러한 기록은 훗날 다른 법률을 입안하려는 여러 사람들에게 의미 있는 참고자료가 될 것이다.

또 다른 하나는 일본인들의 업무 인수인계에 대한 얘기다. 일본인들은 공무원이건, 일반 회사원이건 간에, 업무 인수인계를 완벽하게 한다고 한다. 그들은 자신이 맡았던 업무와 관련한 주요 정보를 일목요연하게 발췌하고 기록해서 후임자에게 전달한다. 심지어는 전임자의 머릿속에 체화되어 있는 무형의 정보까지 상세하게 공개한 후, 업무 인수인계서에 확인도장을 찍는다고 한다. 업무 인수인계 기간도 적게는 1개월에서 많게는 6개월가량 소요된다는 것이 그들의 관행이다. 그러다 보니 새로 업무를 맡은 사람이 별다른 시행착오를 저지르지 않고 인수인계 직후부터 효율적으로 업무를 처리할 수 있는 것이다.

한편, 한국인들의 업무 인수인계 기간은 기껏해야 1주일 정도다. 어느 날 갑자기 인사발령이 떨어지면, 떠나가는 사람이나 새로 부임하는 사람 모두 이곳 저곳을 찾아다니며 이임인사와 취임인사를 하느라고 정신이 없다. 그리고 지금까지 자신의 업무와 관련해서 기록해놓은 것이 없으니, 사실상 후임자에게 물려줄 만한 정보 또한 별로 없다.

그나마 경험으로 터득한 지식과 정보는 만일의 경우에 대비해서 후임자에게 공개하지 않고 그대로 그 자리를 떠난다. 나중에 최고 경영책임자가 자신의 후임자에게 업무와 관련한 도움을 요청할 때, 그가 잘 몰라야만 전임자인 자신을 불러줄 게 아닌가. 그 때 최고 경영책임자에게 조언을 잘 하기만 하면, 자신이 후임자보다 더 많은 신임을 얻게 될 것이라는 편협한 판단 때문이다.

이런 식으로 업무 인수인계를 할 경우, 후임자는 아무것도 모르는 상태에서 엄청난 시행착오를 거치면서 관련업무를 처음부터 새롭게 배워나갈 수밖에 없다. 그러니 이렇게 느슨한 행정조직이나 민간기업이 살벌한 국제경쟁 속에서 어떻게 살아남을 수 있겠는가!

>>>> **어시스트에 대한 공헌을 높이 평가해주는 사회가 되어야…**

그러면, 왜 한국인들은 정보공개와 정보공유에 대해서 인색한 것일까? 그 원인은 단 한 가지. 어시스트(assist)에 대한 공헌을 아무도 인정해주지 않는 우리 사회의 고질적인 촌놈기질 때문이다. 가령, 축구경기를 보더라도 골을 넣은 선수에게만 관중들의 환호와 구단의 관심이 집중된다. 골을 넣는 데 결정적으로 어시스트를 해준 사람에게는 이렇다 할 인센티브가 없다. 축구 팬들도 그런 선수에게는 따뜻한 눈길조차 주지 않는다. 그러니 어느 누가 스포트라이트도 받지 못하는 어시스트를 하려고 들겠는가. 과거 한국축구가 선진축구로 발돋움하지 못했던 것도, 따지고 보면 그와 무관하지 않다.

이제 우리는 좋으나 싫으나 지식정보화의 열풍 속에서 생존을 도모해나가야 한다. 선진국 사람들은 자신들의 정치적·경제적 패권을 지키기 위해 열린 경쟁과 정보공유를 통한 새로운 정보의 확대 재생산과, 재생산된 정보의 실시간 활용을 적극 추진해나가고 있다.

우리도 그들과 당당하게 어깨를 겨루기 위해서는 허준이 보여준 기록정신과 서로의 정보를 함께 나누며 상생의 길을 모색해나가야 한다. 또 그것은 우리가 세계경제 4강 대열로 발돋움할 수 있는 최선의 대안이기도 하다. 특히 기록하는 자세는 수·파·창 프로세스가 원만하게 작동하기 위한 필요조건이다. 지난날의 기록이 있어야 그것을 보고(受), 현재의 모습에 대한 반성과 조망을 통해(破), 다가올 미래의 희망찬 비전을 설계할(創) 것이 아닌가!

《주자가례》와 사색당파

헛된 명분을 위해 당파싸움을 즐겼던 민족의 운명은
언제나 절망적이었다!

제사와 관련해서 필자는 몇 가지 아픈 기억을 갖고 있다. 부모님과 문중 어른들께 제삿상을 차리는 방법과 제사의 절차에 대해 이견을 말했다가 심한 질책을 여러 차례 받았기 때문이다. 필자는 그 후로 '나이' 라는 무서운 끗발(?)에 밀려 더 이상의 반론을 제시하지 못했다. 그러나 사대주의적인 악취가 진동하고 있는 그 분들의 사고에 대해서는 지금도 안타까운 마음을 금할 길 없다.

>>>> **조율이시(棗栗梨柿) 순서의 비밀**

과거 양반가문이었음을 자랑스럽게 여기고 있는 필자의 청풍(淸風) 김씨 문중과 집안 어른들의 제삿상 차리기는 매우 엄격하다. 우선 제주(祭主)를 중심으로, 제삿상의 첫 줄에는 조율이시(대추·밤·배·감)와 홍동백서(紅東白西)의 원칙에 따라 과일이 진열된다. 여기서 한 가지 흥미로운 것은, 조율이시의 순서가 다름 아닌 과일 씨의 갯수를 기준으로

하고 있다는 점이다.

대추는 씨가 하나다. 마치 나라에 임금이 한 명인 것처럼. 따라서 대추의 서열은 임금과 같이 첫번째다. 밤은 씨가 3개인데 이는 삼 정승(영의정·좌의정·우의정)의 직책 수와 같다고 해서 서열이 임금 다음인 두번째다. 배는 씨가 6개다. 이것은 육조판서의 자리 숫자와 똑같다고 해서 서열이 삼 정승 다음의 세번째라는 것이 문중 어른들의 설명이다. 또 제삿상의 둘째·셋째·넷째 줄에는 각각 야채류, 부침개(적)류, 탕의 순으로 제삿상이 차려진다.

특히 기일(忌日)을 맞이한 망자(亡者)께 올리는 밥과 탕국, 숟가락과 젓가락의 위치를 보면, 제주를 기준으로 제삿상의 맨 뒷줄 왼쪽으로부터 숟가락·젓가락·밥·탕국 순으로 진열한다. 술잔은 밥과 탕국의 바로 앞에다 놓음으로써 밥과 탕국과 술잔이 역삼각형(▽)의 모양을 이루도록 한다. 그러나 이와 같은 제삿상 차리기는, 제삿밥을 잡수시기 위해 영혼 방문을 하는 망자의 식사를 아주 불편하게 한다. 이처럼 우리 집안의 제삿상에는 눈곱만큼의 서비스 개념도 들어 있지 않다.

〉〉〉〉 누구를 위한 제삿상인가!

그렇다면 무엇이 문제인가!

첫째, 밥과 탕국의 위치가 잘못되었다. 사람들은 보통 밥은 왼쪽, 국은 오른쪽에 놓고 식사를 한다. 망자의 영혼 또한 예외가 아닐 것이다. 그런데 제사상에서 신위(神位)의 위치는 제주를 향해 돌아앉아 있는 형상이다. 따라서 제주를 중심으로 왼쪽에 놓여 있는 밥과 오른쪽에 놓여 있는 국의 위치를 서로 바꿔놓아야만 망자께서 편안하게 진지를 드실 수 있다. 그렇지 않으면, 망자께서 밥과 국의 위치를 일일이 바꿔놓아야 하는 불편을 겪어야 한다.

조상에 대한 서비스 정신이 실종된 한국인의 제삿상 차리기

둘째, 숟가락과 젓가락의 배열도 제주의 입장만을 고려한 것이다. 돌아앉은 신위를 배려한다면, 숟가락과 젓가락의 위치도 당연히 기존의 위치와는 정반대 방향으로 돌려놓아야 옳다. 그렇지 않으면 망자께서 숟가락과 젓가락의 위치를 바꿔놓은 다음, 진지를 드셔야 하기 때문이다.

셋째, 밥·탕국·술잔을 역삼각형 모양으로 배열한 것 역시 망자께서 생전에 술을 좋아하지 않으셨다는 전제조건 하에서나 가능한 일이다. 만약 망자께서 생전에 술을 즐겨 드셨던 분이라면, 그 어른은 식사전에 반주로 술을 먼저 마셨을 것이다. 그런 어른의 경우는 술잔을 밥과 탕국 앞에다 놓음으로써 술·밥·탕국이 정삼각형(△)의 모양을 이루도록 해드려야 옳다. 술을 좋아하는 어른에게 진지를 다 잡수신 후, 술을 드시라고 강권하는 것 자체가 기일을 맞은 어른의 취향을 무시하는 처사다.

넷째 과일류·야채류·부침개의 순서대로 제삿상을 진열하는 것도 문제다. 제삿상의 진열 순서는 무엇보다도 망자가 생전에 좋아했거나 즐겨 드셨던 음식물과 그 분의 기호(嗜好)에 대한 우선순위를 고려하는 게 가장 바람직스럽다. 망자가 생전에 과일을 제일 좋아하셨고 그 다음이 야채류·부침개였다면, 제삿상의 진열도 신위를 중심으로 밥과 탕국·과일류·야채류·부침개의 순서대로 진열해야 한다. 왜냐하면 영혼으로 다가오신 망자께서 생전에 좋아하셨던 음식을 자신의 입맛대로 편안하게 잡수시고 돌아가실 수 있도록 배려하는 것이 후손의 도리이기 때문이다.

다섯째, 신위와 축문의 내용도 문제다. 생전에 참봉 이상의 벼슬에 오르지 못한 사람들에게 붙여지는 공식 명칭이 '학생(學生)'이다. 그래서 벼슬길에 나가지 못하고 세상을 뜬 사람들의 신위는 '현고학생부군(顯考學生府君), 현비유인(顯妣孺人) ○○○씨(氏)'로 표현한다. 조상들의 생전 관직을 후손들에게 각인시키려는 사농공상관이 아직까지 약발을 받고 있는 구질구질한 대목이다. 또 유세차(有歲次)로 시작해서 상향(尚饗)으로 끝나는 축문의 내용도 지나치게 형식적이고 어렵기 그지없다.

더욱이 한자교육을 제대로 받지 못하고 자라난 요즈음 세대들에게 난해한 한자어귀들로 도배를 한 축문을 읽게 하거나 '어이, 어이…'가 반복되는 곡을 하도록 하는 것 자체가 그들에게는 엄청난 고역이다. 그런데도 어른들은 신세대 아이들에게 자신들이 지금껏 해온 낡은 관행을 강요하고 있다. 이제는 조상을 모시는 제사에도 수·파·창 프로세스가 필요한 시대다.

필자는 개인적으로 제삿상의 한가운데에 신위 대신에 돌아가신 어른의 영정을 모시는 게 훨씬 더 좋다고 생각한다. 추상적인 의미를 갖는 신위보다는 오히려 구체적으로 가까이 다가갈 수 있는 조상의 영정이 추모의 정을 깊게 하고, 가족의 뿌리를 오랫동안 기억하게 해줄 것이라는 믿음 때문이다.

구체적인 것을 좋아하는 한국 사람들의 속성은 여러 가지 측면에서 나타난다. 한국 사람들이 여행을 가게 되면, 그 곳에 왔다갔음을 남기기 위해 사진부터 열심히 찍는다. 또 "만지지 마십시오"라는 한국어 팻말이 붙어 있는데도 조각품이나 기념물들을 열심히 만져보고, 산에 올라가면 바위에다 자신의 이름부터 새겨놓고, "들어가지 마라"는 잔디밭에 꼭 발을 들여놓아야만 직성이 풀리는 사람들이 한국인들이다.

이렇게 구체적인 한국인들에게는 뜻도 이해하기 힘든 한문식 축문보다 누구나 알기 쉬운 우리말로 돌아가신 어른의 가르침 · 사상 · 철학 · 업적 · 인품 등을 회고해보는 추모의 글을 써서 제사를 지내는 것이 더 좋을 것 같다. 그러면 후손들은 제사를 통해 조상과 가문에 대한 긍지뿐만 아니라 조상들에 대한 책임의식까지 갖게 될 것이다.

〉〉〉〉 우리의 주체적인 제사문화를 정립해야 할 때

이상에서 살펴본 바와 같이 우리의 제례는 예나 지금이나 지나친 격식만을 고집하고 있을 뿐, 내용상으로는 온통 허점투성이다. 그 동안 대부분의 한국 가정에서 가례의 바이블로 삼아왔던 《주자가례》는 중국의 '주자(朱子)'라는 이방인이 만들어놓은 예법에 불과하다. 그런데도 조선의 선비들은 그 가례를 놓고 자기 파멸적인 사색당파를 벌였던 것이다.

물론 사색당파의 이면에는 정치적 영향력을 키워보려는 끼리끼리의 횡포가 숨겨져 있었지만, 그들이 상대방을 침몰시키기 위해 명분으로 내세운 것은 가례의 절차와 방법이었다. 현재의 시각으로 보면, 싸움거리도 되지 않는 하찮은 사안을 놓고 목숨을 건 싸움을 했으니 참으로 어이없고 한심한 일이 아닐 수 없다. "사소한 것에 목숨을 건다"라는 리처드 칼슨의 말이, 마치 한국인들에게 들려주는 충고의 말인 것 같아 뒷맛이 개운치 않을 정도다.

유교의 종주국이라 할 수 있는 중국은 이미 오래 전에 '유교 죽이기'를 단행했다. 그들은 한국인들이 현재까지 불변의 진리로 고수하고 있는 4대 봉사를 이미 오래 전에 폐기 처분시켰을 뿐만 아니라 지금은 생전에 돈을 벌어놓지 못하고 죽은 조상들의 제사를 거부하고 있는 실정이다.

중국에서 따뜻한 제삿밥을 얻어먹으려면, 적어도 생전에 많은 재산을 축적해서 후손들에게 위토(位土)나 재물의 형태로 상속을 해주어야만 한다. 가례를 만들었던 종주국도 이렇게 변하고 있는데, 한국의 양반 가문이라는 사람들은 그런 가례를 고수하기 위해서 목숨을 걸고 있으니, 그러고도 이 시대의 존경받는 어른이라고 말할 수 있는가!

그런 의미에서 시도 때도 없이 장유유서(長幼有序)나 '나이 어린 것들이 감히…'를 들먹이며 낡은 전통에만 집착하는 한국 유교도 이제는 전면적인 자기 개혁을 모색해나갈 시점이다. 물론 유교가 지향하는 사상이나 철학 가운데 우리가 지키고 따를 만한 긍정적인 요소가 있음은 인정한다. 그러나 현실에 맞지 않는 불합리한 측면들도 적지 않다는 사실을 한국의 유교론자들은 솔직하게 시인해야 한다.

앞으로 좋은 것은 계승 발전시키고 시대착오적인 사항들은 과감하게 혁신시켜나가는 게 한국 유교의 유일한 살길이다. 만약 한국 유교가 이와 같은 개혁의 시대적 요구를 외면하고 500년 전의 진부한 교리를 고집하는 한, 한국 유교는 국가경쟁력을 떨어뜨린 원흉이자 코리언 에이즈로서 엄청난 비난을 감수해야 할 것이다.

상도(商道)를 모르면 거상(巨商)이 될 수 없다!

상도를 모르면, 떼돈은커녕

코 묻은 돈도 만질 수 없다!

프랜시스 후쿠야마(Francis Fukuyama) 교수의 《트러스트(Trust)》가 출간된 이후, 우리 사회에서는 '신뢰'라는 단어가 스포트라이트를 받고 있다. 더욱이 지식정보화 시대의 기본엔진인 인터넷은 '신뢰'의 중요성을 한층 더 부추기고 있다. 인터넷과 '신뢰'의 결합은, 어느 한순간에 한 개인을 망가뜨리기도 하고 또 대성공을 가져다줄 수도 있다.

가령, 어떤 고객이 특정회사의 제품이나 서비스를 이용해보고 만족이나 감동을 느꼈다고 가정해보자. 옛날 같으면, 그것은 한 개인의 사적 감정에 불과했을 것이다. 그러나 지금은 그렇지 않다. 만약 그 소비자가 자신이 느꼈던 감동을 인터넷상에 게재할 경우, 관련회사는 하등의 홍보비용을 지불하지 않고서도 엄청난 홍보효과를 얻을 수 있다. 우리는 물론 그 반대의 경우도 쉽게 상정해볼 수 있다.

이처럼 글 한 줄로 기업의 운명이 왔다갔다 하는 디지털 시대에, 모든 기업이 당당하게 살아남을 수 있는 최선의 전략은 정직한 상인의 자세로 상도(商道)를 지키는 것뿐이다. 그럼에도 불구하고 아직도 우리 주변에는 상도를 망각하고 영업활동을 하는 기업들이 적지 않다. 그들은 "상도를 모르면 떼돈은커녕 코 묻은 돈도 만질 수 없다"는 상인세계의 진리를 알지 못하는 사람들로서, 가까운 미래에 파멸의 운명을 맞이할 불쌍한 사람들이다.

아직도 제정신을 차리지 못하고 있는 한국 상인들

자동차 여행을 하다 보면, 도로변에서 과일을 파는 노점상들을 많이 만날 수 있다. 한번은 '5,000원에 수박 5통'이라고 써붙인 팻말을 보고, "어떤 수박이기에 저렇게 싸게 팔 수가 있을까?"라는 생각에서 그 과일가게에 들어가 보았다. 가게 주인에게 "5,000원에 5통을 주는 수박을 보여달라"고 주문하자, 그는 "그 수박은 다 떨어졌어요. 그리고 그런 수박은 있어도 먹을 수가 없어요"라고 대답하는 것이 아닌가.

화가 머리끝까지 치밀어 오른 필자는, 가게 주인에게 "아니, 있지도 않고 먹을 수도 없는 수박을 왜 값싸게 판다고 광고합니까? 손님들이 당신한테 한번은 속을지 몰라도, 두 번 다시는 속지 않을 겁니다"라고 쏘아붙였다. 그랬더니 그 가게 주인의 말이 걸작이었다. "아, 그렇게 써붙이지 않으면 손님들이 우리 과일가게는 거들떠보지도 않고 그냥 지나가거든요. 또 옆집 가게들도 다 그렇게 써붙이고 영업을 하니 나 역시 어쩔 수가 없었어요"라고. 티끌만큼의 염치의식(廉恥意識)도 없는 그의 막말을 듣고, 필자는 한동안 먼 하늘만 쳐다보아야 했다.

또 한번은 도로변에서 복숭아 한 상자를 샀는데, 집에 와서 상자를 펼쳐보니 어처구니가 없었다. 손님들이 볼 수 있는 상자의 상층부에만 좋은 복숭아를 배열해놓고, 그 밑의 하단부에는 오랫동안 팔리지 않아 물렁물렁해진 복숭아와 흠집이 난 복숭아들로 가득 차 있었다. 나중에

'장사꾼=사기꾼'의 등식이 통용되는 한국사회

항의를 하기 위해서 복숭아를 샀던 지역의 이동식 과일가게를 찾아갔지만, 주위에 비슷비슷한 과일가게들이 널려 있는 바람에 그 악덕상인을 찾아내지 못하고 집으로 되돌아온 기억이 있다.

그뿐만이 아니다. 필자가 근무하는 공주지역은 전국에서 밤(栗)으로 유명한 곳이다. 특히 공주시 정안면에서 생산되는 '옥광'이라는 밤은, 입맛이 까다롭기로 소문난 일본인들도 극찬을 아끼지 않을 정도로 그 맛과 향기가 독특하고 담백하다. 이처럼 공주의 '정안 밤'이 유명해지자, 공주가 아닌 지역에서도 '공주 정안 밤'이라는 플래카드를 버젓이 걸어놓고 영업을 하고 있다.

쇠고기에 대한 얘기를 들으면, 상인들에 대한 불신이 분노로 바뀌게 된다. 전국의 도축장마다 약간의 차이는 있겠지만, 대체적으로 도축장에서 도살되는 한우와 젖소의 비율은 대략 6 대 4 정도라고 한다. 즉

10마리의 소가 도살된다면, 그 중에서 한우가 6마리, 그리고 젖소가 4마리 정도가 된다는 얘기다. 그런데도 우리나라의 어느 정육점에 가더라도 "우리 정육점에서는 젖소고기도 팝니다"라는 팻말을 붙여놓고 영업하는 곳은 단 한 군데도 없다. 모두가 '한우전문' 정육점뿐이다. 그렇다면 전체 쇠고기의 약 40%를 차지하고 있는 젖소고기는 다 어디로 사라진 것일까? 혹시 대형할인매장, 뷔페식당, 우리 자녀들의 학교 급식용 고기, 결혼식 피로연 식당, 그리고 쇠고기를 값싸게 먹을 수 있다고 선전하는 식당 등으로 유통되는 것은 아닌지. 그렇게 하고도 정육점 주인들이 잘 먹고 잘 사는 것을 보면, 대한민국이라는 나라가 참으로 희한하고 대단한 나라라는 생각이 든다. 하긴 도둑놈이 어디 정육점 주인뿐인가!

》》》》일식집 사장과 비빔밥집 사장의 서비스 차이

필자는 개인적으로 비빔밥을 매우 좋아하는 사람이다. 여러 종류의 채소와 고추장, 참기름이나 들기름을 잔뜩 넣고 비빈 다음, 고추장으로 매워진 입을 후후 불며 먹는 비빔밥이야말로 천하에서 제일 가는 밥맛이 아닐 수 없다. 그런데 필자가 그렇게 좋아하는 비빔밥을 식당에서 주문하면, 그 식당주인이나 주방장의 어설픈 서비스 때문에 식욕이 싹 사라져버리는 경우가 한두 번이 아니다.

그 이유는 식당주인이나 주방장이 필자의 기호(嗜好)를 무시하고, 비빌 그릇에다 제멋대로 채소와 고추장을 넣기 때문이다. 필자는 채소 중에서 고사리를 싫어하는 사람이다. 또 계란 프라이도 거의 먹지 않는다. 체중과 콜레스테롤에 대한 심리적 부담 때문이다. 그러나 평소 매운맛에 길들여진 필자는 보통사람들보다 고추장을 많이 넣는 편이다. 이것이 비빔밥에 대한 최소한의 취향인데, 비빔밥집에 가면 이런 취향마저 깡그리 무시당하기 일쑤다.

하루는 비빔밥집 사장에게 듣기 싫은 말을 퍼부었다. "사장님! 왜 사장님은 내가 좋아하는 것이 무엇인지도 모르면서 비빌 그릇에다 당신 마음대로 채소와 고추장을 넣어요! 나는 고사리와 계란 프라이를 좋아하지 않고요, 고추장은 더 넣어야 되거든요. 앞으로는 제발 그렇게 하지 마세요"라고. 그러자 그 식당주인은 상당히 불쾌한 표정을 지으면서 조리실 안으로 들어가버렸다. 아마도 식당 주인은 마음 속으로 필자를 향해 이렇게 외쳤을 것이다. "망할 놈의 자식! 4,000원짜리 비빔밥 한 그릇을 처먹으면서 웬 잔소리가 그렇게 많아. 너 같은 놈이 와서 밥 팔아주지 않더라도 내가 먹고사는 데 조금도 지장 없다. 그러니 앞으로 우리 식당에 오지 마"라고 말이다. 그러나 그 식당 주인은 일식집 주인이나 주방장이 자신의 손님들을 어떻게 대하는지 벤치마킹을 할 필요가 있다.

일식집에 가서 생선회를 주문한 다음, 그 일식집 주인이나 주방장이 어떻게 하는지 눈여겨보라. 쯔끼다시(つきだし)라고 하는 풍성한 밑반찬과 함께 생선회가 등장한다. 종업원들은 손님마다 두 개의 작은 종지를 내려놓는데 하나는 빈 종지, 다른 하나의 종지에는 와사비가 조금 담겨져 있다. 그리고 고추장과 간장이 담겨져 있는 병을 옆에다 놓고 간다. 이제 모든 것은 손님들 마음이다. 생선회를 고추장에다 찍어먹을 사람, 와사비를 푼 간장에다 찍어 먹을 사람, 와사비를 푼 고추장에다 찍어먹을 사람, 그도 아니면 짬장에다 생선회를 찍어먹을 사람 등. 손님들은 자신의 독특한 취향대로 생선회를 마음껏 즐길 수 있다. 일식집이 비빔밥집보다 월등히 나은 점은 오직 한 가지. 일식집에서는 손님들이 자신의 입맛대로 생선회를 즐길 수 있도록 배려하지만, 비빔밥집에서는 모든 게 '주인이나 주방장 마음대로' 라는 점이다.

만약 일식집 주인과 비빔밥집 주인이 시장 한복판에서 치열한 경쟁을 한다고 했을 때, 과연 누가 이기겠는가? 그것은 불문가지다. 일식집 주인이 비빔밥집 주인을 초전박살 내버리고 말 것이다. 우리는 일본인들의 국제적 별명이 왜 '경제적 동물' 인지에 대해 반문해볼 필요가 있다.

그들은 거의 동물적인 감각으로 소비자들의 기호와 선택을 존중하는 서비스 개념을 창조하고 꾸준하게 실천함으로써 세계의 돈을 일본으로 끌어들이는 데 성공했다. 그들은 어부의 눈으로 물고기를 잡는 아마추어 어부가 아니다. 물고기의 눈으로, 물고기들이 좋아하는 미끼를 준비하고 그것을 먹기 좋도록 만들어서 대어를 낚는 프로급의 전문어부였던 것이다.

한편, 우리나라의 비빔밥집 주인은 마치 옛날 우리 어머니들이 반찬투정을 하는 자식들에게 대하는 것과 거의 비슷한 형태로 대응한다. "이 녀석아! 먹기 싫으면 그만둬라. 지금 네가 배가 불러서 그렇지, 어디 한번 밥을 굶어봐라. 그 때에도 반찬투정을 하는지…."

》》》 떼돈을 벌려면, 상도를 통한 MTM 전략을 적극 활용하라!

MTM(mouth to mouth) 전략은 일종의 '~카더라' 통신이다. 가령 "우리 큰형이 저집에서 생선초밥을 먹었는데, 정말로 맛있다 카더라", "우리 아버지가 저 회사에서 물건을 샀는데, 종업원들이 무척 친절하다고 카더라"와 같이 입소문을 통한 구전(口傳) 전략이 바로 MTM 전략이다. 그런데 MTM 전략은 저절로 생성되지 않는다. 그것은 소비자들이 기업이나 서비스 업체로부터 고객만족이나 고객감동을 느껴야만 비로소 가동되는 속성을 지닌다. 그렇다면, 소비자들의 마음을 울렁거리게 만들 비책은 무엇인가. 그에 대한 최선의 대안은, 그 동안 우리 사회에서 사라졌던 상인들의 상도를 부활시키는 것이다.

상도의 요체는 정직을 통한 신뢰의 회복과 친절한 서비스 정신의 강력한 실천이다. 도로변의 과일가게가 '5,000원에 수박 5통'이라는 거짓 광고팻말을 붙여놓는 대신, 최고로 맛있는 과일을 갖다놓고 정직하게 파는 것이 상도의 시작이다. 처음에는 많은 고객이 찾지 않을 수 있다. 그러나 일단 최고 품질의 과일 맛을 본 고객들은 그 과일가게의 단골손님이 될 것이며, '~카더라' 통신을 가동시켜 새로운 신규고객을 끌고 올 것이다. 이처럼 서서히 단골손님이 늘어나면, 옆의 과일가게들은 자연스럽게 정리되어 사라질 것이다. 떼돈은 그럴 때, 소리소문 없이 다가오는 법이다.

정육점의 영업도 마찬가지다.

정육점 주인이 "우리 가게에서는 젖소고기도 팝니다"라는 플래카드를 걸어놓고 쇠고기를 1등품 한우고기, 보통 한우고기, 젖소고기로 구분한 후, 가격차별화를 통해 젖소고기를 비교적 싼 가격에 판매하는 경우를 가정해보자. '한우전문'이라는 정육점들의 사기행각에 염증을 느낀 소비자들은 너나 할 것 없이 정직한 정육점으로 몰려가서 단골손님을 자처할 것이고, 그 주인은 엄청난 돈과 함께 좋은 평판까지 얻게 될 것이 확실하다.

"돈은 개처럼 벌어서 정승처럼 써야 한다"는 말이 있다. 필자는 그 말에 문제가 있다고 생각한다. 개처럼 돈을 모은 사람은 절대로 정승처럼 품위 있게 돈을 사용하지 못한다. 개처럼 돈을 모은다는 것은, 사기나 공갈협박과 같은 정의롭지 못한 방법을 통해서 돈을 번다는 것을 의미한다. 그런데 그렇게 돈을 모은 사람은, 결코 돈을 의미 있고 가치 있게 사용할 수 없다. 왜냐하면 돈의 사용에는 그 사람의 인격, 삶의 자세나 인생철학이 담겨 있기 때문이다. 따라서 돈을 정승처럼 쓰려면, 정승처럼 고고하고 진실되게 돈을 벌어야 한다. 상도를 통한 정직한 돈벌이가 그 대표적인 예다.

상인들 사이에서 자주 언급되는 얘기들 중에 '1·3·9 법칙'이란 게 있다. 이것은 한 사람의 고객이 만족이나 감동을 느끼면 세 사람의 새로운 고객을 끌어오고, 한 사람의 고객에게 불만이나 불친절을 느끼게 하면 아홉 사람의 고객을 빼간다는 법칙이다. MTM 전략의 '~카더라' 통신과 '1·3·9 법칙'이 상승작용을 일으킬 경우, 상인들은 자신들이 어떻게 처신하느냐에 따라 긍정적인 시너지 효과나 부정적인 시너지 효과를 맛볼 수 있을 것이다. 부디 우리 상인들은 철저한 상도와 친절한 서비스 정신을 실천함으로써 긍정적인 시너지 효과를 만끽하고, 그를 통해 모든 상인이 떼돈을 버는 거상(巨商)들로 거듭 태어나기를 진심으로 기원한다.

수·파·창 프로세스의
작동을 위한 전제조건

제4부에서는 정부·기업·국민들이 모든 부문에서 수·파·창 프로세스를 활발하게 작동시켜야만 세계경제 4강 진입이 가능하다는 점을 강조했다. 그런데 수·파·창 프로세스는 저절로 작동되는 게 아니다. 거기에는 두 가지 전제조건이 충족되어야 한다. 하나는 불법복제가 절대로 허용되지 않는 정의로운 사회를 건설하는 것이고, 다른 하나는 창의적인 인재양성 시스템을 구축하는 일이다.

이미 제4부 5장의 '빌 게이츠의 성공과 이찬진 사장의 좌절'에서 살펴본 바와 같이, 우리나라는 불법복제의 천국이다. 불법복제 때문에 엄청난 손해를 본 선의(善意)의 피해자가 있는가 하면, 그것을 악용해서 떼돈을 번 사악한 사람도 적지 않다. 그러나 유감스럽게도 정부는 항상 사악한 사람의 편이었다. 어떤 경우는 정부가 불법복제를 주도하기도 했다. 이러다 보니 한국에는 온통 가짜상품이 판을 친다. 오죽했으면 '세상은 요지경'이라는 유행가가 대히트를 했을까? 외국의 명품(의류·시계·가방 등)이 자국시장에 등장하면, 그 날로부터 불과 한 달 이내에 가짜명품으로 둔갑한 모조상품이 국내시장에서 날개돋친 듯 팔릴 정도다. 어떤 명품은 2~3일 만에 그대로 복제되어 국내시장에 나돌

만큼, 한국인들의 순발력과 무모한 배짱은 가히 세계적 수준이다. 수천만 명의 한국인들이 자신도 모르는 사이에, 남의 지적재산권을 무단으로 도용했던 사례를 한 가지만 지적해보고자 한다.

붉은악마들이 입었던 빨간색 티셔츠에 새겨져 있던 'Be The Reds!'는 2002년 여름을 뜨겁게 달구었던 한일 월드컵에서 우리 한국인들이 전세계를 향해 포효했던 국민대통합의 상징적인 단어였다. 그런데 'Be The Reds!'의 도안자를 아는 사람은 그리 많지 않다. 현재 대전에서 '네오니아'라는 디자인 기획사를 운영하고 있는 박영철씨가 그 주인공이다. 약 2개월 동안 수백 번의 시행착오를 거쳐 제작된 'Be The Reds!'의 저작권은 박씨의 소유로 되어 있다.

2002 한일 월드컵을 상징하는 의미에서 2,002개의 털로 특별한 붓을 만들고, 우리나라 월드컵 대표팀에 힘을 불어넣는 동시에, 한민족의 강인함을 표현하기 위해 일부러 거친 붓으로 작업했다는 박씨. 특히 'Be The Reds!'의 영문자 R은 모든 국민이 12번째 선수가 되자는 의미에서 숫자 12가 연상되도록 만들었고, 첫 글자인 R의 꼬리가 마지막 글자 S와 만나도록 한 것은 시종일관 한결같은 마음으로 월드컵을 잘 치러내자는 의미의 표현이라는 게 박씨의 얘기다. 또 박씨는 'Be The Reds!'의 마지막 느낌표 아래의 점 때문에 많은 고민을 했다고 한다. 박씨는 오랜 고심 끝에 먹물을 떨어뜨린 다음, 입으로 먹물을 붓는 방법을 택했다. 마침표가 주는 강렬한 느낌은, 그렇게 해서 만들어진 것이다. 이처럼 'Be The Reds!'는 박씨의 특유의 강한 집념과 창의력의 결정체라고 해도 과언이 아니다.

그런데도 박씨는 붉은악마의 광고대행업체인 T사가 준 시안료(작품 공모시 작품의 채택 여부에 관계없이 공모에 응모한 사람들에게 주는 일종의 수고비) 200만 원 외에는 단 한푼의 저작료도 받지 못했다고 한다. 'Be The Reds!'가 새겨진 붉은색 티셔츠가 최소한 수천만 벌이 팔려나갔는데도 저작권자가 돈을 벌지 못했다는 것은, 그만큼 우리나라가 불법복제의 천국인 동시에 도둑놈들이 판치는 무법천지의 나라임을 보여주는 단적인 증거다. 남의 노력을 돈 한푼 내지 않고 무단으로 복제할 수 있는 한, 수·파·창 프로세스는 작동되지 않는다.

자신이 애써 만든 창의적인 상품이나 기술이 무차별적으로 도용되는 상황에서 어느 누가 돈·시간·정력을 낭비해가며 창조적 파괴와 새로운 기술혁신을 시도하려고 하겠는가! 왜 미국의 벤처기업가들이 백만장자가 되고, 벤처산업 또한 날로 번창하는 이유는 과연 무엇인가? 그것은 미국 정부가 남의 독창적인 발명이나 아이디어를 철저하게 보호해주고 있기 때문이다. 불법복제가 일체 용납되지 않으면, 자연히 독창적인 발명가나 기발한 아이디어를 상품화하는 사람이 떼돈을 벌 수밖에 없다. 그러면 자연적으로 벤처기업가가 백만장자가 되고, 벤처산업이 뜨게 된다. 그것이 바로 미국의 벤처산업 육성전략이다.

수·파·창 프로세스가 제대로 작동하기 위한 또 다른 전제조건은 창의적인 인재양성 시스템의 구축이다. 또 창의적인 인재양성 시스템의 첫 단추는, 학생들의 다양한 능력과 개성을 키워줄 수 있는 교육프로그램의 혁명적인 혁신이다. 산업화 사회에서는 '모나지 않고 시키는 일만 잘 하는 모범생'들이 크게 성공할 수 있었다. 그러나 지식정보화 사회는 그런 인재를 더 이상 필요로 하지 않는다. 지식정보화 사회가 요구하는 인재상은 정답이 없는 문제를 잘 풀 수 있는 인재, 즉 암기형 두뇌보다는 무에서 유를 창조할 수 있는 창의적인 두뇌다.

그런 의미에서 획일적·기계적·대량생산적·경직적이라는 특징을 지닌 구시대적 교육 패러다임은 하루 빨리 다양성·유기체성·맞춤식·유연성으로 정의되는 새로운 교육 패러다임으로 바뀌어야 한다. 왜냐하면 교육 패러다임이 변해야 교육이 살 수 있고, 교육이 살아야 국가경제가 재도약할 수 있으며, 국가경제가 재도약에 성공해야만 한국경제의 선진화와 세계 4강 진입이 가능하기 때문이다. 이제 19세기의 교실(강의실)에서 20세기의 교사(교수)가 20세기의 낡은 교육 프로그램으로 21세기의 디지털 청소년(대학생)들을 가르치는 관행은 사라져야 한다. 그것이 선행되지 않는 한, 한국경제의 세계 4강 진입은 어림없는 일이다! 필자가 "교육혁신만이 우리의 살 길"이라고 부르짖고 싶은 것도, 바로 거기에 한국경제의 꿈과 미래가 달려 있기 때문이다.

■ 참고문헌

제1부 리더십 부재와 반복되는 국가적 위기

- 김경묵 · 김연성 공역, 《경쟁론》(마이클 포터 저), 세종연구원, 2001.
- 김기홍 저, 《한국인은 왜 항상 협상에서 지는가》, 굿인포메이션, 2002.
- 김덕수 저, 《생각을 달리하면 희망이 보인다》, 청목출판사, 1998.
- _____, 《김덕수 교수의 통쾌한 경제학》, 한국경제신문사, 2001.
- _____, 《디지털 시대의 성공전략》, 삼성그룹(삼성전기) 특강자료, 2001.
- _____, 《제대로 된 리더십만이 초일류기업을 만든다》, 한국도로공사 특강자료, 2002.
- 김민호 역, 《성공하는 리더를 위한 손자병법》(진재명 저), 예문, 2001.
- 김영곤 역, 《정보파워 이렇게 키워라》(하세가와 케이타로 저), 동방미디어, 1998.
- 김은희 외 저, 《문화에 발목잡힌 한국경제》, (주)현민, 1999.
- 김진현 저, 《한국은 어디로 가고 있는가》, 동아일보사, 1988.
- 남경우 외 역, 《국가의 일》(로버트 비 라이시 저), 까치, 1994.
- 노태돈 외 저, 《시민을 위한 한국 역사》, 창작과비평사, 1997.
- 문원택 외 저, 《디지털 시대의 기업가와 기업가정신》, 한언, 2001.
- 문화이론연구소 편, 《일본인과 일본문화의 이해》, 보고사, 2001.
- 박경록 저, 《www.리더십박사.com》, 미래로, 2000.
- 박만규 역, 《종의 기원》(찰스 다윈 저), 삼성출판사, 1982.
- 박연정 역, 《성공하는 리더를 위한 중국고전 12편》(모리야 히로시 저), 예문, 2002.
- 박정웅 저, 《이봐, 해봤어 : 시련을 사랑한 정주영》, FKI미디어, 2002.
- 변도은 · 이일수 공역, 《21세기 준비》(폴 케네디 저), 한국경제신문사, 1993.
- 서인숙 역, 《위선의 리더십》(켄 셀턴 저), 아라크네, 2002.
- 손풍삼 역, 《루즈벨트》(러셀 프리드먼 저), 고려원, 1992.
- 송철규 역, 《제갈공명처럼 생각하고 행동하라》(나길보 저), 예문, 2001.
- 신문선 저, 《히딩크 리더십》, Leaders 경제연구소, 2001.
- 신봉승 저, 《성공한 왕, 실패한 왕》, 동방미디어, 2002.
- 신완선 저, 《컬러 리더십》, 더난출판, 2002.

- 심우성 역, 《공자 노자 석가》(모로하시 데츠지 저), 동아시아, 2001.
- 안희탁 역, 《사카모토 료마》(도몬 후유지 저), 지식여행, 2001.
- 양병무 저, 《디지털 시대의 리더십》, 좋은 사람들, 2000.
- 유성은 저, 《이순신 장군의 리더십》, 평단문화사, 2001.
- 유창위 역, 《실패를 성공으로 만드는 법》(헤롤드 셔먼 저), 글사랑, 1993.
- 윤봉석 역, 《이순신과 히데요시》(가다노 쯔기오 저), 우석, 1997.
- 이강희 역, 《실패의 교훈》(니와 순페이 저) 사과나무, 2001.
- 이규행 감역, 《권력이동》(앨빈 토플러 저), 한국경제신문사, 1989.
- 이동현 · 김화성 공저, 《CEO 히딩크; 게임의 지배》, 바다출판사, 2002.
- 이동호 저, 《개인만 있고 국가는 없다》, 한국경제신문사, 1998.
- 이면우 저, 《W이론을 만들자》, 지식산업사, 1992.
- _____, 《신창조론》, 한국경제신문사, 1998.
- 이서종 역, 《리더십》(占部都美 저), 한국경제신문사, 1988.
- 이일수 외 역, 《강대국의 흥망》(폴 케네디 저), 한국경제신문사, 1988.
- 이한구 외 저, 《한국병》, 매일경제신문사, 1998.
- 임영혁 저, 《죽도록 패주고 싶은 한국 비판자들》, 창작시대, 2000.
- 전여옥 저, 《대한민국은 있다》, 중앙 M&B, 2002.
- 전희직 역, 《제3의 물결》(앨빈 토플러 저), 혜원출판사, 1992.
- 정주영 저, 《시련은 있어도 실패는 없다》, 제삼기획, 1991.
- 최영균 외 저, 《세계가 놀란 히딩크의 힘》, 중앙 M&B, 2002.
- 홍길표 역, 《잭 웰치의 성공에 감춰진 10가지 비밀》(스튜어트 크레이너 저), 영언문화사, 2000.
- 홍사중 저, 《리더와 보스》, 사계절, 1997.
- 홍하상 저, 《카리스마 VS 카리스마 : 정주영과 이병철》, 한국경제신문, 2001.
- Patel. Keyur, 《Digital Transformation : the Essentials of E-business Leadership》, McGRAW-Hill, 2000.
- Slater. Robert, 《29 Leadership Secrets from Jack Welch》, McGRAW-Hill, 2002.
- 畑村洋太郎 著,《失敗の哲學》, 日本失業出版社, 2001.
- _____,《失敗學の法則》, 文藝春秋, 2002.
- http://www.adic.co.kr/data/sem/adkor98/theme1/sid001~021htm.
- http://www.kongju.ac.kr/sub8.html
- http://www.hankooki.com/hksports/200207/h2002070219054117710.htm
- http://preview.britannica.co.kr/spotlights/nobel/list/B09b2431a.html

제2부 시스템적 사고에 취약한 한국인

- 강석진 역, 《GE 신화의 비밀》, 21세기 북스, 1995.
- 공병호 역, 《80/20 법칙》(리처드 코치 저), 21세기 북스, 2000.
- 구본형 저, 《익숙한 것과의 결별》, 생각의 나무, 2001.
- 김덕수 외 저, 《心は濤を楚えて》, 日本高麗書林, 1996.
- _____, 《생각을 달리하면 희망이 보인다》, 청목출판사, 1998.
- _____, 《김덕수 교수의 통쾌한 경제학》, 한국경제신문사, 2001.
- 김명자 역, 《과학혁명의 구조》(토머스 S. 쿤), 까치, 1999.
- 김용운 저, 《일본인과 한국인의 의식구조》, 한길사, 1995.
- 김효근 저, 《신지식인》, 매일경제신문사, 1999.
- 매일경제 지식프로젝트팀 편, 《지식혁명 보고서》, 매일경제신문사, 1998.
- 부즈·앨런 & 해밀턴, 《한국보고서》, 매일경제신문사, 1997.
- 빌 루이스(Bill Lewis) 저, 《맥킨지 보고서》, 매일경제신문사, 1998.
- 손현덕·김영태 공저, 《신지식 업그레이드》, 청아출판사, 1999.
- 송병락 저, 《경제는 시스템이다》, 김영사, 1999.
- 안영도 저, 《국가경쟁력 향상의 길》, 비봉출판사, 1998.
- 윤길순 역, 《질투하는 문명》(와타히키 히로시 저), 자작나무, 1995.
- 이광현 저, 《한국기업이 망할 수밖에 없는 17가지 이유》, 한국능률협회, 1999.
- 이규태 저, 《한국인 이래서 잘산다》, 신원문화사, 1999.
- _____, 《한국인 이래서 못산다》, 신원문화사, 1999.
- 이면우 저, 《신사고이론 20》, 삶과 꿈, 1995.
- 장영준 역, 《불량국가》(노엄 촘스키 저), 두레, 2001.
- 전성철 저, 《안녕하십니까, 전성철입니다》, 중앙 M&B, 1999.
- 조동성 저, 《경제위기에서 벗어나는 길》, 서울경제경영, 1998.
- 지만원 저, 《국가개조 35제》, 21세기 북스, 1998.
- 한국경제신문사·삼성경제연구소 편, 《21세기 성장엔진을 찾아라》, 삼성경제연구소, 2000.
- Collella, Vanessa Stevens, 《Adventures in Modeling》, Teachers College Press, 2001.
- 金本良嗣 外編, 《交通政策の經濟學》, 日本經濟新聞社, 1989.
- 石原慎太郎 著, 《'NO'と言える日本(新日米關係の方策)》, 光文社, 1989.
- 日本能率協會 編, 《シナリオ·1990 −戰略經營の時代》, 日本能率協會, 1982.
- 倉澤資成 外著, 《構造變化と企業行動》, 日本評論社, 1995.
- 青木昌彦 著, 《經濟システムの進化と多元性》, 東洋經濟新聞社, 1995.
- http://www.gjbfire.co.kr/Gesi-32.htm

- http://www.jls.co.kr/japan/information/jc5.htm
- http://www.bluehouse.go.kr/korean/data/know_policy/economy/econo_b_2.php
- http://www.root.re.kr/root/root-report-5.htm
- http://www.root.re.kr/dong/d2.htm#[문화가 흐르는 한재同姓同本(동성동본)
- http://www.hankooki.com/sed/200205/e2002052618344430130.htm
- http://www.daejin.or.kr/home/yjkim/G-10.htm
- http://young.hk.co.kr/world/200206/h2002061619470613510.htm
- http://migrant.peacenet.or.kr/library/labor/nation/asia1-6.htm

제3부 '우리이즘' 과 '대충주의' 가 판쳤던 나라

- 고영복 저, 《한국인의 성격》, 사회문화연구소, 2001.
- 국제한국학회 저, 《한국문화와 한국인》, 사계절, 1998.
- 김경일 저, 《공자가 죽어야 나라가 산다》, 바다출판사, 1999.
- _____, 《제대로 배우는 한자교실》, 바다출판사, 1999.
- _____, 《나는 오랑캐가 그립다》, 바다출판사, 2001.
- 김덕수 저, 《생각을 달리하면 희망이 보인다》, 청목출판사, 1998.
- 김덕형 저, 《한국의 대안》, 지식산업사, 1993.
- 김용운 저, 《카오스의 날갯짓》, 김영사, 1999.
- 김상조 외 저, 《우리는 부패의 사명을 띠고 이 땅에 태어났다》, 삼인, 2000.
- 김종권 역, 《징비록(신완역)》, 명문당, 1987.
- 김종대 저, 《이순신 평전》, 지평, 2002.
- 김중순 저, 《문화를 알면 경영전략이 선다》, 일조각, 2001.
- 김진섭 저, 《교과서에도 나오지 않은 우리 문화이야기》, 초당, 2001.
- 김탁환 저, 《불멸 1》, 미래지성, 1998.
- _____, 《불멸 2》, 미래지성, 1998.
- _____, 《불멸 3》, 미래지성, 1998.
- _____, 《불멸 4》, 미래지성, 1998.
- 김 훈 저, 《칼의 노래 1》, 생각의 나무, 2001.
- _____, 《칼의 노래 2》, 생각의 나무, 2001.
- 박노자 저, 《당신들의 대한민국》, 한겨레신문사, 2001.
- 박성환 저, 《막스 베버의 한국사회론》, 울산대학교출판부, 1999.
- 박영규 저, 《특별한 한국인》, 웅진닷컴, 2000.
- 서광조 저, 《21세기 한국사회와 우리의 삶》, 자인, 1995.
- 유홍준 저, 《나의 문화유산답사기 1》, 창작과비평사, 1993.

- _____, 《나의 문화유산답사기 2》, 창작과비평사, 1994.
- 이규태 저, 《이것이 우리를 한국인이게 한다》, 남희, 1997.
- _____, 《한국인의 의식구조 1》, (주)신원문화사, 2000.
- _____, 《한국인의 의식구조 2》, (주)신원문화사, 2000.
- _____, 《한국인의 의식구조 3》, (주)신원문화사, 2000.
- _____, 《한국인의 의식구조 4》, (주)신원문화사, 2000.
- 이기동 저, 《사상으로 풀어보는 한국경제와 일본경제》, 천지, 1994.
- 이두만 저, 《중국인의 의식구조》, 아세아문화사, 1997.
- 이민수 역, 《징비록》(유성룡 저), 을유문화사, 1994.
- 이종인 역, 《문화가 중요하다》(새뮤얼 헌팅턴 외 저), 김영사, 2001.
- 이희재 역, 《문명의 충돌》(새뮤얼 헌팅턴 저), 김영사, 1997.
- 전성우 역, 《막스 베버의 사회과학방법론 1》, 사회비평사, 1997.
- 조벽, 최성애 공저, 《한국인이 반드시 일어설 수밖에 없는 7가지 이유》, 명진출판, 1998.
- 조성관 저, 《아! 대한민국》, 자작나무, 1998.
- 지만원 저, 《국가개조 35제》, 21세기 북스, 1998.
- 최봉영 저, 《한국 문화의 성격》, 사계절, 1998.
- 최세희 역, 《발칙한 한국학》(J. 스콧 버거슨 저), 이끌리오, 2002.
- 최준식 저, 《한국인에게 문화는 있는가》, 사계절, 1997.
- _____, 《한국인에게 문화가 없다고?》, 사계절, 2000.
- _____, 《콜라 독립을 넘어서》, 사계절, 2002.
- 탁석산 저, 《한국의 정체성》, 책세상, 2000.
- 한상수 역, 《난중일기》, 명문당, 1987.
- 한정석 역, 《한국, 사라지기 위해 탄생한 나라?》(장 피엘 저), 자인, 2000.
- 홍사중 저, 《한국인, 가치관은 있는가》, 사계절, 1998.
- 홍진희 저, 《양파와 다마네기》, 창조인, 1999.
- 小倉紀藏 著, 《韓國は一個の哲學である》, 講談社現代新書, 1998.
- http://deroh.gsnu.ac.kr/dk2.htm
- http://user.chollian.net/~movieland/html/bondgirl/index3.htm
- http://www.dongailbo.co.kr/docs/magazine/news_plus/news189/np189gg020.html
- http://www.hankooki.com/culture/200208/h2002080309071916030.htm
- http://www.uglykorean.com/uglyis.htm
- http://joke.netian.com/m/edu/sung/08a/a2/s102.htm
- http://joke.netian.com/m/edu/sung/08a/a2/s102.htm
- http://www.buygoat.com/view_1_5.htm

• http://www.koreandb.net/General/person/p123_02367.htm

제4부 수(受)·파(破)·창(創) 프로세스가 작동하지 않는 한국

- 강박광 역, 《강대국의 기술패권》(야쿠시지 타이조 저), 겸지사, 1992.
- 구본형 저, 《익숙한 것과의 결별》, 생각의 나무, 1998.
- _____ , 《그대, 스스로를 고용하라》, 김영사, 2001.
- 구승회 역, 《트러스트》(프랜시스 후쿠야마 저), 한국경제신문사, 1996.
- 김경일 저, 《제대로 배우는 한자교실》, 바다출판사, 1999.
- 김덕수 저, 《김덕수 교수의 통쾌한 경제학》, 한국경제신문사, 2001.
- 김동호 저, 《일본 소니가 한국 삼성에 따라잡힌 이유는》, 창작시대, 2002.
- 김옥순 작, 《개벽 화토》, 2002.
- 김정현 저, 《아버지》, 문이당, 2002.
- 김형동 외 저, 《날기 위해 벗어야 한다》, 삼성경제연구소, 1996.
- 맹은빈 역, 《고독한 군중》(D. 리스먼 저), 일신서적출판사, 1991.
- 민경현 역, 《성공하는 남자, 성공 못하는 남자》(마스이 사쿠라 저), 락스미디어, 2002.
- 박순규 역, 《세계를 지배하는 유태인의 성공법》(카세 히데아키 저), 인디북, 2002.
- 박윤희 역, 《마음의 혁명》(아사이 다카시 저), 개미, 1997.
- 박정숙 역, 《위대한 나의 발견 ★ 강점혁명》(마커스 버킹엄 · 도널드 클리프턴 저), 청림출판, 2002.
- 박종하 저, 《생각이 나를 바꾼다》, 한국경제신문, 2003.
- 양유석 역, 《보이지 않는 것을 팔아라》(해리 벡위드 저), 문예당, 1998.
- 우제열 역, 《자기가 하고 싶은 일을 발견하는 기술 101가지》(야시다 코야타 저), 국일미디어, 2001.
- 유진화 역, 《돈벌이 천재, 일본 따라잡기》(일본경제자료연구회 편), 하늘출판사, 1996.
- 은미경 역, 《일 잘하는 사람 일 못하는 사람》(호리바 마사오 저), 오늘의 책, 2001.
- 이광현 저, 《한국기업이 망할 수밖에 없는 17가지 이유》, 한국능률협회, 1999.
- 이덕봉, 〈한국 속의 일본문화〉, 일본학보, 35, 1995.
- _____ , 〈화투에 숨겨진 문화기호〉, 동덕여대학보, 243호, 1996.
- 이덕훈 역, 《유교 자본주의의 운명과 대안》(후지모리 외 저), 시공아카데미, 1999.
- 이상기 편, 《고사성어》, 전원문화사, 1995.
- 이수정 역, 《브랜드 전쟁》(데이비드 댈러샌드로 저), 청림출판, 2002.
- 이유경 역, 《10대 아들에게 가르쳐주는 창업으로 돈버는 기술》(엠마뉴얼 모드 저), 홍익출판사, 2002.

- 이은성 저, 《동의보감(상·중·하)》, 창작과비평사, 1990.
- 이인식 저, 《이인식의 과학생각》, 생각의 나무, 2002.
- 이정숙 역, 《나 자신을 브랜드로 만들어라》, 중앙 M&B, 2001.
- 전성철 저, 《안녕하십니까, 전성철입니다》, 중앙 M&B, 1999.
- 정대용 저, 《아산 정주영의 기업가정신》, 삼영사, 2001.
- 찐원쉐 저, 《한국인이여! 상놈이 돼라》, 우석, 1999.
- 최성애·조벽 저, 《최성애·조벽 교수의 HOPE 자녀교육법》, 해냄, 2002.
- 최 호 저, 《그림으로 보는 관혼상제》, 필문당, 1993.
- 한국능률협회 역, 《잘 팔리는 기술은 무엇인가》(사와이 히토시 저), 한국능률협회, 1993.
- 한국비교사회연구회 편, 《동아시아의 성공과 좌절》, 전통과 현대, 1998.
- 한국정치연구회 편, 《동아시아 발전모델은 실패했는가》, 삼인, 1998.
- 한기찬 역, 《지식의 지배》(레스터 C. 서로우 저), 생각의 나무, 1999.
- 황문수 역, 《마르쿠제의 행복론》(루드비히 마르쿠제 저), 범우사, 1979.
- Michael E. Porter, "How Competitive Forces Shape Ttrategy", Harvard Business Review 57, No. 2 (1979), p.86 참조.
- _____, 《Competitive Advantage》, New York; Free Press, 1985.
- 畑村洋太郎 著, 《失敗學のすすめ》, 講談社, 2000.
- _____, 《社長の失敗學》, 日本失業出版社, 2002.
- _____, 《失敗學の法則》, 文藝春秋, 2002.
- _____, 《成功にはわけがある》, 朝日新聞社, 2002.
- 村田 昇 著, 《日本教育の危機とその克服》, 東信堂, 2002.
- http://www.bookoo.co.kr/section3/2002/3/20/review3.htm
- http://acemlm.netian.com/smknews001.html
- http://www.pdi.co.kr/9newspaper/000214/000306-1.htm
- http://www.sagoonja.com/
- http://www.youngjoo.co.kr/say/709.html
- http://www.wink2000.co.kr/common/general/s-12-2.htm
- http://www.nike.co.kr/nikestory/
- http://myhome.naver.com/pjy1102/
- http://bric.postech.ac.kr/bbs/daily/krnews/200206_2/20020626_6.html
- http://www.yonhapnews.co.kr/ynafile/1999/company_series/indust_20.html
- http://members.tripod.lycos.co.kr/visiontrip/
- http://www.jonga.co.kr/story_data.htm

김덕수 교수의
경제 IQ 높이기

지은이 / 김덕수
펴낸이 / 김경태
펴낸곳 / 한국경제신문 한경BP
등록 / 제 2-315(1967. 5. 15)
제1판 1쇄 인쇄 / 2003년 9월 25일
제1판 1쇄 발행 / 2003년 9월 30일
주소 / 서울특별시 중구 중림동 441
홈페이지 / http://bp.hankyung.com
e-메일 / bp@hankyung.com
기획출판팀 / 3604-553~6
영업마케팅팀 / 3604-561~2, 595
FAX / 3604-599

*파본이나 잘못된 책은 바꿔 드립니다.
ISBN 89-475-2449-2

값 11,000원